La conspiración de los ricos

Las 8 nuevas reglas del dinero

Robert T. Kiyosaki, nacido en 1947, es autor, docente y empresario e inició su exitosa carrera a finales de la década de 1970, impartiendo clases sobre negocios e inversiones y brindando asesoría a miles de graduados de siete países. Autor de una serie de 15 libros, creada a partir del volumen *Padre Rico, Padre Pobre* y de los que ya se han vendido más de 25 millones de ejemplares, se retiró a los 47 años de edad, joven y millonario. Actualmente realiza inversiones en el mundo inmobiliario y ofrece conferencias a banqueros, inversores y hombres de negocio.

www.richdad.com
www.padrericopadrepobre.com

La Conspiración de los Ricos

Las 8 nuevas reglas del dinero

Robert T. Kiyosaki

Traducción de Alejandra Ramos

punto de lectura

Título original: *Conspiracy of the Rich The 8 New Rules of Money*

Publicado originalmente por Business Plus en asociación
con CASHFLOW Technologies, Inc.

2012, Santillana Ediciones Generales, S.L.
Avenida de los Artesanos, 6. 28760 Tres Cantos (Madrid)
Teléfono 91 744 90 60
www.puntodelectura.com

ISBN: 978-84-663-2580-6
Depósito legal: B-4.100-2012
Impreso en España – Printed in Spain

Cubierta: adaptación de la original.
Formación de interiores: Ma. Alejandra Romero I.

Primera edición: marzo 2012
Segunda edición: febrero 2013

Impreso por 

Contenido

Agradecimientos

Mi padre rico siempre dijo: «Los negocios y las inversiones son trabajos en equipo». Lo mismo se puede decir acerca de escribir un libro, especialmente uno como el que tienes en tus manos. Hemos hecho historia con La conspiración de los ricos. Siendo el primer libro verdaderamente interactivo de la serie de Padre Rico, me llevó a explorar aguas desconocidas. Afortunadamente, tengo un gran equipo, y me apoyé en ellos con frecuencia. Cada uno de ellos estuvo a la altura de la situación y se entregó más allá de mis expectativas.

Sobre todo, agradezco a mi hermosa novia, Kim, por su motivación y apoyo. Tú has estado conmigo a lo largo de nuestra travesía financiera, tanto en las buenas como en las malas. Eres mi compañera y la razón de mi éxito.

Gracias a Jake Johnson de Elevate Consulting Company (elevatecompany.net) por su ayuda en moldear el libro y mis pensamientos, y por trasladar este libro de las ideas a la realidad. También, agradezco a mis editores Rick Wolff y Leah Tracosas, de Hachette, por sus incansables esfuerzos para hacer de este proyecto un éxito, y por arriesgarse.

Agradezco especialmente a Rhonda Shenkiryk de la compañía Padre Rico y a Rachael Pierson de Metaphour (metaphour.com) por sus incansables esfuerzos con la promoción de este libro y por la página web de primer nivel que por tanto tiempo albergó esta obra.

Muchas gracias a los miembros del equipo de Padre Rico, quienes están diariamente en las trincheras y quienes se han mantenido perseverantes al lado de Kim y mío, contra viento y marea. Son el latido del corazón de nuestra organización.

Nota de Robert Kiyosaki: Por qué escribí este libro

En 1971, el presidente de los Estados Unidos, Richard Nixon, retiró, sin aprobación del Congreso, el dólar del patrón oro, cambiando las reglas del dinero no sólo para los Estados Unidos sino para el resto del mundo. Este hecho fue sólo uno en la serie de cambios que llevaron a la actual crisis financiera que comenzó en el 2007. El efecto de este cambio permitió que los Estados Unidos imprimieran cantidades casi ilimitadas de dinero y crearan tanta deuda como quisieran.

¿Será esta actual crisis económica sólo un accidente, un evento asilado? Algunos dicen que sí. Yo digo que no.

¿Pueden quienes están en el poder resolver esta crisis económica? Muchos tienen esperanza en eso pero, de nuevo, yo digo que no. ¿Cómo puede resolverse la crisis si las mismas personas y organizaciones que la originaron –y se beneficiaron de ella– continúan en el poder? El problema en realidad es que la crisis sigue creciendo, no disminuyendo como algunos esperan. En los ochenta, los pagos de fianzas por parte del gobierno equivalían a millones. En los noventa, fueron billones. Hoy en día, se han convertido en trillones.

Una definición de crisis que me gusta utilizar es: «Un cambio esperando que ocurra.» Personalmente, no creo que nuestros líderes vayan a cambiar. Lo cual significa que quien debe cambiar somos tú y yo.

Aunque este libro trata de una conspiración, no tiene como objetivo ser una caza de brujas, señalar culpas o llamar a dimisiones. Como todos sabemos, el mundo está lleno de conspiraciones, algunas de ellas benignas, algunas otras más siniestras. Cada vez que un equipo deportivo entra en los vestuarios en el medio tiempo, técnicamente están realizando una conspiración en contra del equipo contrario. Dondequiera que exista interés en uno mismo, hay una conspiración.

La razón por la que este libro se titula La conspiración de los ricos *es porque trata de cómo los ricos controlan el mundo económico a través de los bancos, los gobiernos y los mercados financieros. Como seguramente sabes, esto ha estado pasando por siglos y continuará sucediendo mientras los humanos habiten la Tierra.*

Este libro está dividido en dos partes. La primera se ocupa de la historia de la conspiración y de cómo los ricos tomaron el control de los sistemas políticos y financieros del mundo a través de la oferta de dinero. Gran parte de la historia financiera moderna gira en torno a la relación entre la Reserva Federal (que en realidad no es federal, no tiene reservas y no es un banco) y el Departamento del Tesoro de Estados Unidos. En la primera parte de esta obra se cubren varios temas como, por ejemplo, la razón por la que los grandes bancos no quiebran, por qué no existe la educación financiera en los sistemas educativos, por qué ahorrar dinero es inútil, cómo ha evolucionado el dinero con el paso de los años, y por qué hoy en día el dinero ya no es dinero pero más bien moneda. La primera parte también se encargará de explicar por qué el Congreso de los Estados Unidos cambió las reglas para los empleados en 1974 e influyó en los trabajadores para invertir en el mercado de la bolsa a través de sus planes de pensiones, a pesar de que los trabajadores tenían una educación financiera casi nula. Ésa es una de las razones por las que, en lo personal, no tengo un plan de pensiones. Prefiero donar mi dinero a mi mismo en vez de a los súper-ricos, quienes manejan esta conspiración patrocinada por los gobiernos.

Dicho fácil, la primera parte trata de la historia, porque si se entiende la historia, es más fácil prepararse y esperar un futuro mejor.

La segunda parte de este libro se ocupa de lo que tu y yo podemos hacer con nuestro dinero; de cómo ganarle a los conspiradores en su propio juego. Aprenderás por qué lo ricos se hacen más ricos al mismo tiempo que nos piden que vivamos por debajo de nuestras posibilidades. En pocas palabras, los ricos se hacen más ricos porque viven bajo otro juego de reglas. Las reglas viejas —trabaja duro, ahorra dinero, compra una casa, paga tus deudas, invierte a largo plazo en una cartera diversificada de acciones, bonos y fondos— son reglas que mantienen a la gente en aprietos financieros. Estas viejas reglas de dinero han llevado a millones de personas a problemas financieros, causando pérdidas tremendas de dinero en sus propiedades y fondos de pensiones.

En suma, este libro trata de las cuatro cosas que mantienen pobre a la gente:

- Impuestos.
- Deuda.
- Inflación.
- Planes de pensiones.

Estas fuerzas son las que los conspiradores utilizan para quedarse con nuestro dinero. Dado que los conspiradores se rigen por otras reglas, saben cómo utilizar estas fuerzas para incrementar su riqueza, mientras esas mismas fuerzas empobrecen a otros. Si quieres cambiar tu vida financiera, necesitarás cambiar tus reglas financieras. Esto sólo puede lograrse aumentando tu IQ financiero a través de educación financiera; ésa es la ventaja injusta que tienen los ricos. Estar cerca de un padre rico me enseñó cosas acerca del dinero y de cómo funciona, me dio una ventaja injusta. Mi padre rico me enseñó acerca de impuestos, deuda, inflación y planes de pensiones, y cómo usarlos a mi favor. Aprendí desde muy temprana edad cómo los ricos juegan el juego del dinero.

Al terminar este libro, sabrás por qué hoy, mientras tanta gente está preocupada por su futuro financiero, los ricos se enriquecen más. Pero más importante, sabrás lo que puedes hacer para proteger tu futuro financiero. Si logras incrementar tu educación financiera y cambias tus reglas hacia el dinero, puedes aprender cómo usar y aprovechar fuerzas como los impuestos, la deuda, la inflación y la jubilación, y no ser víctima de estas fuerzas.

Mucha gente espera que el sistema político y financiero mundial cambie. Para mí, eso es una pérdida de tiempo. En mi opinión, es más fácil cambiarme a mí mismo que esperar a que nuestros líderes y nuestro sistema se modifiquen.

¿Es tiempo de que tomes el control de tu dinero y de tu futuro financiero? ¿Es tiempo de saber lo que aquellos que controlan el mundo financiero no quieren que sepas? ¿Quieres que los complejos conceptos financieros se te presenten de manera simple? Si contestaste que sí a estas preguntas, entonces este libro es para ti.

En 1971, después de que el presidente Nixon retirara el dólar del patrón oro, las reglas del dinero cambiaron y hoy en día, el dinero ya no es dinero. Es por eso que la nueva primera regla del dinero es: el dinero es conocimiento.

Escribí este libro para aquellos que quieran incrementar su conocimiento financiero, porque es tiempo de tomar el control de tu dinero y tu futuro financiero.

Primera Parte

La conspiración

La raíz de todo mal

¿Cuál es la raíz de todo mal? ¿El amor por el dinero o la ignorancia sobre el dinero?

¿Qué aprendiste en la escuela sobre el dinero? ¿Alguna vez te has preguntado por qué nuestros sistemas escolares prácticamente no enseñan nada sobre el dinero? ¿Acaso la omisión de educación financiera en las escuelas es sólo un error de nuestros líderes? ¿O es parte de una conspiración mayor?

No importa si somos ricos o pobres, si tenemos educación o no, si somos niños o adultos, trabajadores jubilados o en activo: todos usamos el dinero. Nos guste o no, el dinero tiene un enorme impacto en nuestras vidas, y dejar fuera del sistema educativo la educación financiera es una crueldad y una inconsciencia.

Comentario del lector

Si como nación no despertamos y comenzamos a responsabilizarnos de nuestra propia educación financiera y de pasarla a nuestros hijos, nos enfrentaremos a una catástrofe.

–Kathryn Morgan

Estudié el bachillerato en Florida y Oklahoma. Nunca recibí educación financiera; eso sí, dí taller de carpintería y metalurgia.

–Wayne Porter

El cambio en las reglas del dinero

En 1971, el presidente Richard Nixon cambió las reglas del dinero. Sin la aprobación del Congreso rompió la relación entre el dólar estadounidense y el oro. Esta decisión la tomó unilateralmente en una pequeña reunión de dos días que tuvo lugar en la Isla Minot, en Maine, y lo hizo sin consultar al Departamento de Estado o al sistema monetario internacional.

El presidente Nixon cambió las reglas porque los países que recibían pagos en dólares estadounidenses comenzaron a sospechar: el Departamento del Tesoro de los Estados Unidos imprimía dinero incesantemente para cubrir las deudas, entonces comenzaron a cambiar dólares por oro, por lo que se agotaron las reservas de este metal en el país. Las arcas empezaron a vaciarse porque el gobierno importaba más de lo que exportaba y por el oneroso gasto que representaba la guerra de Vietnam; nuestra economía crecía, al mismo tiempo que importábamos más y más petróleo.

En términos coloquiales, Estados Unidos estaba en quiebra porque gastaba mucho más de lo que ganaba. El país no podía seguir respaldando sus billetes con oro, así que al liberar al dólar del metal, y al prohibir el intercambio directo de dólares por oro, Nixon encontró la manera de salir de la deuda imprimiendo billetes.

En 1971 cambiaron las reglas del dinero y comenzó el *boom* económico más grande de la historia. El *boom* duró mientras el mundo siguió aceptando dinero de juguete, dinero cuyo único respaldo era la promesa de que los contribuyentes de Estados Unidos pagarían las deudas de su país.

Debido a las modificaciones que Nixon hizo en las reglas del dinero, la inflación se disparó y comenzó la fiesta. Década tras década, conforme se imprimía más dinero, el valor del dólar decrecía y los precios de los artículos y bienes se elevaba. Incluso, algunos estadounidenses se transformaron en millonarios mientras los precios de las casas continuaban en aumento; ellos recibieron tarjetas de crédito por correo: el dinero volaba libremente. Para pagar sus tarjetas, la gente usó sus casas como ATM (condiciones de garantía *at-the-money*) porque después de todo, los inmuebles siempre suben de precio, ¿no es verdad?

Cegados por la codicia y el crédito fácil, muchos soslayaron o ignoraron las funestas señales de advertencia que el mismo sistema emitía.

En 2007 se coló un nuevo término a nuestro vocabulario: *prestatario subprime*. El *prestatario subprime* es una persona que pide dinero prestado para comprar una casa que no puede pagar. Al principio se creyó que el problema de los *prestatarios subprime* se limitaba exclusivamente a individuos pobres y sin educación financiera que soñaban con tener casa propia; o en todo caso, que solamente involucraba a especuladores que pretendían hacer dinero fácil; a estos especuladores también se les llama *flippers*. Ni siquiera el candidato presidencial republicano, John McCain, dio importancia a la crisis a finales de 2008; trató de tranquilizar a todo mundo diciendo: «Los cimientos de nuestra economía son sólidos.»

Más o menos al mismo tiempo se coló otro término en nuestras conversaciones diarias: rescate. Se refería al salvamento que se tuvo que hacer de los bancos, que tenían el mismo problema que los *prestatarios subprime*: una deuda enorme y una cantidad insuficiente de efectivo para cubrirla. La crisis se extendió y millones de personas perdieron empleos, hogares, ahorros, fondos para estudios y planes para su jubilación; los que aún no han perdido algo, se sienten temerosos de que todavía les suceda. Incluso los estados recibieron el golpe: el gobernador de California, Arnold Schwarzenegger, sugirió que para pagar el salario de los legisladores de su estado podrían emitirse pagarés en lugar de cheques de nómina. California, una de las economías más fuertes del mundo, estaba a punto de quebrar.

En 2009, el mundo volteó hacia el presidente electo, Barack Obama, esperando la salvación.

Un atraco de efectivo

En 1983 leí el libro *Grunch of Giants,* de Buckminster Fuller. La palabra *grunch* es el acrónimo de *gross universal cash heist* (el flagrante atraco universal del efectivo). Es un libro sobre los superricos y los ultrapoderosos, y sobre cómo han estado robando y explotando a la gente por siglos; es un libro sobre una conspiración de los ricos.

Grunch of Giants explora desde el tiempo de las monarquías, hace cientos de años, hasta la actualidad; explica cómo los ricos y poderosos siempre han dominado a las masas. También clarifica que los ladrones modernos de bancos no utilizan pasamontañas; más bien, visten traje y corbata, tienen posgrados universitarios y roban los bancos desde su interior, no desde afuera. Hace muchos años, después de leer *Grunch of Giants*, pude ver que se avecinaba una gran crisis económica, sólo que no sabía cuando llegaría. Una de las razones por las que me va bien en mis inversiones e incursiones financieras, a pesar de la crisis económica, es porque leí *Grunch of Giants*; ese libro me dio tiempo de prepararme para la crisis.

Generalmente, quienes escriben libros sobre conspiraciones, viven al margen de la sociedad, pero, a pesar de que el pensamiento del doctor R. Buckminster Fuller estaba adelantado a su tiempo, no era una persona marginada. Asistió a la Universidad de Harvard y, aunque no se graduó, le fue bastante bien, al igual que a Bill Gates, quien también abandonó sus estudios en Harvard. El Instituto Norteamericano de Arquitectos ha honrado a Fuller como uno de los más grandes arquitectos y diseñadores del país; forma parte de la lista de los estadounidenses con mayores logros en la historia y tiene un número importante de patentes registradas bajo su nombre. Fuller era un respetado futurista y fue fuente de inspiración para la canción de John Denver, «What One Man Can Do», en la que el cantante lo llama «abuelo del futuro». También fue un ambientalista, mucho tiempo antes de que la gente supiera siquiera lo que el término significaba. Pero, sobre todo, se le recuerda porque utilizó su genio para trabajar en beneficio de todos, y no sólo para el propio o el de los ricos y poderosos.

Antes de *Grunch of Giants* leí varios libros del doctor Fuller; el problema es que la mayoría de ellos versan sobre matemáticas y ciencias, y superaban mi entendimiento. Con *Grunch of Giants* fue diferente.

Al leer *Grunch of Giants* pude confirmar muchas de las ideas que tenía sobre la manera en que funciona el mundo, y que jamás había compartido. Comencé a entender por qué a los niños no les enseñamos en la escuela nada sobre el dinero. También supe por qué me habían enviado a Vietnam a luchar en una guerra en la que nunca debimos haber participado: dicho llanamente, la guerra es un gran negocio. Con mucha frecuencia, es la codicia y no el patriotismo lo que la alimenta. Pasé nueve años en cuerpos militares; primero asistí durante cuatro a una academia militar federal y después fui piloto de la Marina cinco años más, durante los que serví en dos ocasiones en Vietnam. Al final de ese tiempo, estaba totalmente de acuerdo con las ideas del doctor Fuller. Entendí, por experiencia propia, por qué afirma que CIA en realidad son las siglas de *Capitalism's Invisible Army*: el ejército invisible del capitalismo.

Lo mejor de leer *Grunch of Giants* es que despertó al estudiante que había en mí. Por primera vez en mi vida me sentí atraído al estudio de una materia: la forma en que los ricos y poderosos nos explotan, legalmente. De 1983 para acá, he leído y estudiado más de 50 libros sobre el tema, y en cada uno he encontrado una o dos piezas del rompecabezas. El texto que ahora estás leyendo tiene como propósito unir todas ellas.

¿Existe una conspiración?

Hay montones de teorías sobre conspiraciones, y creo que ya hemos escuchado todas. Las hay en torno a los magnicidios de los presidentes Lincoln y Kennedy, y sobre el asesinato del doctor Martín Luther King, Jr. También en torno al 11 de septiembre de 2001. Las teorías nunca desaparecerán, son simplemente especulaciones, y se fundamentan en sospechas y preguntas que no han sido respondidas.

Yo no escribo este libro para venderte otra teoría de conspiración; a través de mi investigación he llegado a convencerme de que ha habido, y seguirá habiendo, en el presente y el futuro, muchas más conspiraciones de los ricos. Las conspiraciones siempre surgen cuando el dinero y el poder están en riesgo; además, el dinero y el poder siempre harán que la gente se corrompa. Por ejemplo, en 2008, se acusó a Bernard Madoff de elaborar un esquema Ponzi de 50 mil millones de dólares para defraudar, no solamente a sus clientes adinerados, sino también a escuelas, organizaciones de caridad y fondos para pensionados. Madoff en realidad no necesitaba más dinero: había ocupado anteriormente el respetado puesto de presidente de NASDAQ. Sin embargo, se comentó que durante varios años robó a personas muy preparadas y a organizaciones valiosas que dependían de los mercados financieros.

Otro ejemplo de la corrupción que provocan el dinero y el poder es la inversión de más de 500 millones de dólares para elegir al presidente de Estados Unidos, cargo que tiene asignado un salario de solamente 400 mil dólares. No es sano que el país gaste tanto dinero para realizar una elección.

Entonces, ¿hay una conspiración? Pienso que, de cierta forma, sí, pero la pregunta es: «¿Y qué?» ¿Qué vamos a hacer tú y yo al respecto? A pesar de que la mayoría de la gente que provocó la crisis financiera más reciente ya murió, su obra sigue viva. Sin embargo, creo que es inútil discutir con muertos.

Sin importar si existe una conspiración, hay varias circunstancias y sucesos que tienen un impacto profundo en tu vida. Hablemos, por ejemplo, de la educación financiera, porque con frecuencia me sorprende que nuestro sistema educativo carezca de ella.

En el mejor de los casos, a los niños les enseñan a llevar una chequera, especular en la bolsa de valores, ahorrar en bancos e invertir en un plan para su jubilación a largo plazo. Dicho de otra forma, los niños sólo aprenden a entregar su dinero a los ricos, quienes, supuestamente, buscan su bienestar.

Cada vez que, en el nombre de la educación financiera, un maestro lleva a un banquero o asesor financiero al salón, en realidad permite que el zorro entre al gallinero. Con esto no quiero decir que los banqueros y los asesores financieros sean gente mala, sino que son agentes de los ricos y poderosos, su labor no consiste en educar sino en reclutar futuros clientes. Es por ello que predican la doctrina de ahorrar dinero e invertirlo en fondos de interés: eso le sirve al banco, pero no a ti. Quiero reiterar que no hay nada de malo en ello, es un buen negocio para el banco que utiliza una estrategia similar a la de los reclutadores del ejército y la Marina que, cuando estaba en preparatoria, visitaban las escuelas, vendiendo a los estudiantes la gloriosa idea de servir a la patria.

Una de las causas de la crisis financiera es que la gente no sabe distinguir entre un consejo financiero positivo y uno negativo, entre un asesor financiero y un defraudador, o entre una inversión buena y una mala. La mayoría asiste a la escuela para conseguir un buen empleo, trabajar mucho, pagar impuestos, comprar una casa, ahorrar un poco y entregarle el resto a un asesor financiero... o a un experto como Bernie Madoff.

Cuando la mayoría se gradúa, ni siquiera conoce las diferencias básicas entre una acción y un bono, entre deuda y patrimonio neto. Muy pocos saben por qué a algunas acciones se les denomina *preferentes* y por qué a algunos fondos de inversión se les llama *mutualistas*; tampoco conocen la diferencia entre fondos mutualistas, fondos de inversión libre, fondos de intercambio y fondo de fondos. Mucha gente considera negativo tener deudas; sin embargo, la deuda te puede hacer rico porque puede incrementar tus retornos de inversión. Claro, eso sólo sucede si sabes lo que estás haciendo. Solamente algunos saben cuál es la diferencia entre *ganancias de capital* y *flujo de efectivo*, y cuál de ellos es menos arriesgado. La mayoría de las personas acepta ciegamente la idea de ir a la escuela para conseguir un buen empleo, pero nunca se enteran por qué los *empleados* pagan más impuestos que los *empresarios*, quienes son propietarios de los negocios. De hecho, actualmente hay una gran cantidad de gente que está en problemas porque creyó que su casa era un *activo*, cuando en realidad era un *pasivo*. Todos éstos son conceptos financieros básicos y simples, pero, por alguna razón, a nuestras escuelas les pareció muy conveniente omitir esta materia tan necesaria para lograr éxito en la vida: la materia del dinero.

John D. Rockefeller creó, en 1903, la Junta General de Educación, y parece que lo hizo para asegurar una fuente continua de empleados que siempre necesitaran dinero, empleo y seguridad. Hay evidencia de que el sistema educativo prusiano había influido en Rockefeller. Dicho sistema estaba diseñado para producir buenos empleados y soldados, gente que sistemáticamente siguiera órdenes como: «Hazlo o te despido», o «entrégame tu dinero para que lo guarde y lo invierta». Realmente no es importante si éste era el plan de Rockefeller cuando creó la Junta General de Educación; el resultado es que, en la actualidad, la inseguridad financiera afecta a todos, incluso a quienes cuentan con una buena preparación y tienen un empleo seguro.

Esto sucede porque, si no se cuenta con educación financiera básica, es imposible mantener la seguridad financiera a largo plazo. En 2008, millones de *baby boomers* estadounidenses comenzaron a jubilarse a un ritmo de 10 mil personas diariamente. Esperaban que a partir de ese momento, el gobierno se hiciera cargo de ellos en los aspectos médico y financiero. Pero ahora, mucha gente está comprendiendo, al fin, que un *empleo seguro* no garantiza la *seguridad financiera* a largo plazo.

En 1913 se creó la Reserva Federal, a pesar de que nuestros padres fundadores y creadores de la Constitución de los Estados Unidos estaban en contra de la existencia de un banco nacional que controlara los suministros económicos. Debido a la escasa educación financiera, sólo algunas personas saben que la Reserva Federal no es ni federal ni estadounidense, que no tiene reservas y que tampoco es un banco. En cuanto entró en funcionamiento, se establecieron las únicas dos series de reglas económicas: la primera serie es para *la gente que trabaja para obtener dinero*, y la segunda serie es para *los ricos que imprimen el dinero.*

En 1971, cuando el presidente Nixon retiró el dólar del patrón oro, la conspiración de los ricos se completó. En 1974, el Congreso de los Estados Unidos aprobó el Plan de Seguridad de Ingresos de jubilación para el Empleado (ERISA, por sus siglas en inglés); con él, surgieron nuevos vehículos de jubilación como el 401 (k). Este plan logró que millones de trabajadores que gozaban de planes de pensiones de beneficios definidos (BD) proporcionados por sus patrones tuvieran que cambiar a planes de pensiones de contribución definida (CD) poniendo así todo el dinero de su jubilación en el mercado de valores y en fondos de inversión. A partir de ese momento, Wall Street controlaba la jubilación de los ciudadanos americanos. Las reglas del dinero habían cambiado y se habían inclinado a favor de los ricos y los poderosos. El *boom* financiero más grande del mundo había comenzado; hoy, en el 2009 ese *boom* ha explotado.

Comentario del lector

Recuerdo cuando el dólar dejó de ser respaldado por el oro. La inflación creció muchísimo. Yo era un adolescente y había empezado a trabajar, las cosas que necesitaba en ese momento debía pagarlas yo mismo –los precios subieron pero los cheques de mis papás, no.

Las discusiones de los adultos sólo giraban en torno a las razones de esta situación. Sentían que eso podría ser sólo el inicio de una caída repentina de todo el sistema económico. Se tardó en llegar pero ahora, aquí está.

–Cagosnell

¿Qué puedo hacer?

Como mencioné anteriormente, la conspiración de los ricos produjo dos series de reglas respecto al dinero: las antiguas y las nuevas. Una serie es para los ricos y la otra para la gente ordinaria, y quienes están más preocupados por la crisis financiera actual son quienes se han regido por las antiguas reglas. Si tú quieres sentirte más seguro respecto al futuro, tendrás que conocer la nueva serie de reglas: las 8 nuevas reglas del dinero. En este libro podrás conocerlas y utilizarlas en tu beneficio.

A continuación presento dos ejemplos de la oposición entre las antiguas reglas y las nuevas.

Antigua regla: ahorra dinero

El dólar dejó de ser dinero en 1971 para convertirse en divisa (hablé sobre este tema en mi libro *Incrementa tu IQ financiero* de la serie *Padre Rico*), y como consecuencia, los ahorradores comenzaron a perder. El gobierno de Estados Unidos tenía la autorización para emitir dinero en mucho menor tiempo del que se necesitaba para ahorrarlo. Cuando un banquero se emociona hablando del *interés compuesto*, nunca menciona el poder de la *inflación compuesta* o de la *deflación compuesta*, como en el caso de la crisis actual. La inflación y la deflación surgen cuando los gobiernos y los bancos intentan controlar la economía mediante la emisión y préstamo de dinero inexistente; es decir, dinero cuyo único respaldo económico son «la fe y el crédito» de Estados Unidos.

Gente de todo el planeta ha creído durante años que los bonos estadounidenses son la inversión más segura del mundo. Los ahorradores adquirieron obedientemente y por mucho tiempo, bonos estadounidenses, porque lo consideraban un movimiento inteligente. Ahora, los bonos de 30 años del Tesoro de Estados Unidos pagan menos de tres por ciento de interés. Para mí, es una muestra de que hay demasiado dinero falso, de juguete, en el mundo, de que los ahorradores van a salir perdiendo y de que, en adelante, los bonos de Estados Unidos pueden ser la inversión más arriesgada que exista.

No te preocupes si no entiendes por qué sucede así, hay mucha gente que no lo comprende. Es por eso que es tan importante que haya educación financiera en nuestras escuelas. A diferencia de tus clases de economía en la preparatoria, en este libro cubriremos con más detalle los temas de dinero, bonos y deuda. Pero por lo pronto, es importante saber que los bonos estadounidenses, la inversión más segura hace años, ahora es la más arriesgada.

Nueva regla: gasta, no ahorres

En la actualidad, la mayoría de las personas invierte mucho tiempo en aprender cómo ganar dinero. Van a la escuela para obtener un buen empleo, después, pasan años trabajando para conseguir dinero y, luego, se esfuerzan en ahorrarlo. En las nuevas reglas, lo más importante no es que aprendas a ganar y ahorrar dinero, sino que aprendas *cómo gastarlo.* Dicho de otra forma, la gente que gasta su dinero con inteligencia siempre será más próspera que la que sólo ahorra.

Pero por supuesto, cuando hablo de gastar, me refiero a invertirlo u otorgarle un valor a largo plazo. La gente adinerada entiende bien que, en la situación actual, colocar el dinero bajo el colchón, o aún peor, meterlo al banco, no sirve para enriquecerse, sabe que la clave de la riqueza es invertir en activos que produzcan un flujo de efectivo. En estos tiempos necesitas saber cómo invertir tu dinero en activos que retengan su valor, provean ingresos, se ajusten a la inflación y cuyo valor aumente. Exploraremos este concepto con mayor profundidad a lo largo del libro.

Antigua regla: diversifica

La antigua regla de diversificación dice que debes comprar cierto número de acciones, bonos y fondos de inversión. Sin embargo, la diversificación no protegió a los inversores cuando hubo una caída de 30 por ciento en la bolsa de valores, y pérdidas en sus fondos de inversión. A mí me pareció extraño que muchos de los que alababan la diversificación, los mal llamados «gurús de inversión», comenzaron a gritar: «Vende, vende, vende», mientras la bolsa se desplomaba. Si la diversificación te protege, ¿por qué venderlo todo repentinamente, justo cuando el mercado tocaba fondo?

Warren Buffett dice: «La diversificación amplia solamente es necesaria cuando los inversores no entienden lo que hacen.» En el mejor de los casos, la diversificación es como un juego en que si alguien gana, otro pierde, pero en este caso tú eres el único jugador. Es decir, si estás diversificado equilibradamente, cuando un activo baja, el otro sube. Pierdes dinero en un lado y lo ganas en otro, pero realmente no estás ganando terreno, sino permaneciendo estático. Mientras tanto, la inflación avanza. Retomaremos el tema más adelante.

En lugar de invertir, los inversores inteligentes se enfocan y especializan; estudian a profundidad la categoría en que lo harán y saben, mejor que nadie, cómo hacer que el negocio funcione. Por ejemplo, al invertir en bienes raíces, algunas personas se especializan en terrenos baldíos y otras en edificios de apartamentos y, aunque ambas invierten en bienes raíces, lo hacen en categorías de negocio distintas. Al invertir en acciones, me gusta invertir en negocios que pagan un dividendo constante (es decir, que producen flujo de efectivo). Por ejemplo, ahora invierto en negocios que producen oleoductos. Después de la caída de la bolsa, en 2008, se desplomaron los precios de las acciones de estas compañías, y esto ocasionó que los dividendos del flujo de efectivo se convirtieran en una ganga. Es decir, a veces, los malos mercados pueden ofrecer grandes oportunidades si exploras bien en qué vas a invertir.

Los inversores inteligentes entienden que es mucho mejor tener un negocio que se adapte a las crestas y los valles de la economía o invertir en activos que produzcan flujo de efectivo, que ser el dueño de una cartera diversificada de acciones, bonos y fondos de inversión, porque estas inversiones colapsan con el mercado.

Nueva regla: controla y enfoca tu dinero

No te diversifiques; toma el control de tu dinero y enfoca tus inversiones. Durante la crisis financiera actual, he sufrido algunos descalabros, pero mi riqueza permaneció intacta. Lo anterior se debe a que mi riqueza no depende de las subidas o caídas del mercado (también conocidas como *ganancias de capital*), yo invierto casi exclusivamente para obtener *flujo de efectivo.*

Por ejemplo, mi *flujo de efectivo* cayó un poco cuando el precio del petróleo bajó, pero mi riqueza sigue fuerte: cada trimestre continúo recibiendo mi cheque. Aunque el precio de las acciones de petróleo, es decir, las *ganancias de capital*, bajaron, recibo el flujo de efectivo de mi inversión. Yo no tengo que preocuparme por vender mis acciones para obtener una ganancia.

Sucede lo mismo con mis inversiones en bienes raíces. Siempre invierto para obtener flujo de efectivo y mensualmente recibo cheques; es decir, un ingreso pasivo. La gente a la que le está yendo mal es la que invirtió en bienes raíces con el objetivo de obtener ganancias de capital, o sea, en la *especulación inmobiliaria.* Están en problemas ahora porque invirtieron para obtener *ganancias de capital*; es decir, asumieron que el precio de sus acciones o sus inmuebles subiría.

Cuando era niño, mi padre rico jugaba al Monopoly con su hijo y conmigo, todo el tiempo. Mientras jugaba, aprendí la diferencia entre *flujo de efectivo* y *ganancias de capital.* Por ejemplo, si yo tenía una casa verde en alguna de mis propiedades, me pagaban diez dólares mensuales. Si tenía tres casas en la misma propiedad, recibía cincuenta dólares mensuales, pero el objetivo final era conseguir un hotel rojo en la misma propiedad. Para ganar en el Monopoly, tenías que invertir para obtener flujo de efectivo, no ganancias de capital. Una de las lecciones más importantes que me dio mi padre rico, a los nueve años, fue sobre la diferencia entre flujo de efectivo y ganancias de capital. La educación financiera puede ser algo tan sencillo como un juego, y puede ofrecer seguridad económica durante generaciones, aún en tiempos de crisis.

En la actualidad no necesito *un empleo seguro* porque tengo *seguridad financiera*. En realidad, es muy sencillo distinguir entre la *seguridad financiera* y el *pánico financiero*, casi tan simple como distinguir entre *flujo de efectivo* y *ganancias de capital*. El problema es que invertir para obtener *flujo de efectivo* requiere un nivel de inteligencia financiera más alto que el necesario en la inversión para obtener *ganancias de capital*. Más adelante hablaremos de cómo ser más inteligentes e invertir para la obtención de flujo de efectivo. Pero por el momento, sólo recuerda: una crisis financiera representa la mejor oportunidad de invertir en la obtención de flujo de efectivo, así que, cuando se avecine una crisis, no la desperdicies. No escondas la cabeza bajo tierra porque, cuanto más tiempo dure, más gente se hará rica, y quiero que tú estés en ese grupo.

Una de las nuevas reglas consiste en *enfocar* tu mente y tu dinero, en lugar de *diversificar*. Es necesario enfocarse en la obtención de *flujo de efectivo* y no en las *ganancias de capital*, porque si aprendes a *controlar el flujo de efectivo*, se *incrementarán tus ganancias de capital*, y por ende, tu seguridad financiera. De hecho, podrías hacerte rico. Todos estos conceptos son parte de la educación financiera básica que se aprende jugando al Monopoly, y mi juego educativo, *Cashflow*, al que algunos han llamado «Monopoly con esteroides».

Estas premisas, *aprender a gastar en lugar de ahorrar*, y *enfocar en lugar de diversificar*, son dos de las 8 nuevas reglas que exploraremos a profundidad en los siguientes capítulos del libro. El objetivo de este libro es abrirte los ojos y mostrarte que, con la educación financiera adecuada, tienes el poder de controlar tu futuro financiero.

Por otra parte, nuestro sistema educativo le ha fallado a millones de personas, incluso a quienes tienen más preparación. Existe evidencia de que el sistema ha conspirado en contra tuya y de otros, pero eso es cosa del pasado. Ahora, tú controlas tu futuro, y es el momento de educarte, de aprender las nuevas reglas del dinero. Al hacerlo, tomarás el control de tu destino y tendrás la clave para jugar el juego del dinero, desde otra perspectiva.

Comentario del lector

Creo que la mayoría de la gente que lee tus libros está buscando algún tipo de píldora mágica que resuelva todos sus problemas porque ésa es la forma de pensar de la sociedad americana hoy en día, sólo buscan gratificaciones instantáneas. Honestamente creo que haces un excelente trabajo dejando claro que este libro no hace magia. Cuando discutes las nuevas reglas del dinero, lo que dices es excelente para reformar la mente de las personas y la forma en que deben pensar.

—Apcordov

Mi promesa para ti

Después de que el presidente Nixon cambió las reglas del dinero en 1971, el tema económico se tornó confuso y la mayor parte de la gente honesta no lo entiende. De hecho, cuanto más honesto y trabajador seas, menos entenderás las nuevas reglas. Por ejemplo, las nuevas reglas permiten que los ricos emitan sus propios billetes, pero si hicieras lo mismo, terminarías en la cárcel, acusado de falsificación. En este libro te explicaré cómo emito mi propio dinero, legalmente. Éste es uno de los secretos más grandes de la gente rica.

Te prometo que lo explicaré de una manera simple; me esforzaré para utilizar el lenguaje que usamos todos los días y clarificar la complicada jerga financiera. Por ejemplo, existe una herramienta financiera que es una de las razones por las que ahora nos encontramos en crisis, se llama *derivado*. En alguna ocasión, Warren Buffett llamó a los derivados, «armas de destrucción masiva», y resultó ser una descripción bastante acertada. Los derivados están acabando con los bancos más grandes del mundo.

El problema es que muy poca gente sabe qué son. De forma simple usaré el ejemplo de la naranja y el zumo para explicarlo. El zumo de naranja es un derivado de la naranja, así como la gasolina es un derivado del petróleo o el huevo de la gallina. Si compras una casa, la hipoteca es un *derivado tuyo* y de la *casa*.

Estamos sumidos en esta crisis porque los banqueros del mundo comenzaron a crear derivados de los derivados, de los derivados, de los derivados; es decir, en capas. Algunos de estos nuevos derivados tenían nombres extravagantes como obligaciones de deuda colateral o bonos corporativos de alto rendimiento, también conocidos como bonos de alto riesgo *(junk bonds)*, y cobertura tipo *swap* por riesgos crediticios *(credit default swaps)*. Recuerda que uno de los objetivos de la industria de las finanzas es lograr que la gente se confunda, y por eso voy a esforzarme en definir estos términos con palabras de uso cotidiano.

Los derivados financieros en capas están muy cerca de ser un fraude legal de primera línea. Es lo mismo que usar una tarjeta de crédito para saldar otra tarjeta de crédito, refinanciar tu hipoteca para pagar las tarjetas y volver a usarlas. Es por ello que Warren Buffett los llamó armas de destrucción masiva: los derivados financieros en capas están destruyendo el sistema bancario mundial, así como las tarjetas de crédito y los préstamos hipotecarios lo hacen con las familias. Las tarjetas de crédito, el dinero, las obligaciones colaterales de deuda, las hipotecas y los bonos de alto riesgo también son derivados financieros, pero con distintos nombres.

En 2007, cuando la *casa de derivados* se desmoronaba, la gente más adinerada del mundo comenzó a gritar: «¡Rescate!» Los rescates se aplican cuando los ricos quieren que los contribuyentes paguen por los errores o fraudes que aquéllos cometieron. En mi investigación descubrí que el rescate es parte esencial de la conspiración de los ricos.

Creo que una de las razones por las que *Padre Rico, Padre Pobre* es el libro más vendido sobre finanzas personales, es que mantuve los términos técnicos al mínimo, y planeo hacer lo mismo aquí. En una ocasión, un hombre prudente dijo: «La simplicidad es genialidad.» Para mantener un nivel simple, no entraré en detalles excesivos o explicaciones complejas. Para darme a entender usaré anécdotas de la vida real en lugar de explicaciones técnicas, pero si deseas conocer más detalles, puedes recurrir a la lista de libros que profundizan en los temas que aquí exploraremos. Por ejemplo, podrías leer el libro del doctor Fuller, *Grunch of Giants*.

Creo que es importante mantener la simplicidad: ya hay mucha gente que convierte el tema del dinero en algo confuso y complejo, y gracias a eso, recibe grandes beneficios económicos. Es más sencillo tomar el dinero de otra persona si ésta se encuentra confundida.

Así que, pregunto de nuevo: «¿El amor por el dinero es la raíz de todo mal?» Yo digo que no. Creo que lo maligno es mantener a la gente en la oscuridad, permitir que siga ignorante respecto a temas financieros. El mal surge cuando la gente no sabe cómo funciona el dinero: la ignorancia financiera es un elemento esencial de la conspiración de los ricos.

Comentario del lector

Yo fui a Wharton y me da mucha pena decir que nada en mi plan de estudios explicó la creación de riqueza tan claramente. Todos deberían leer este libro (bueno, todos los de Robert) al empezar la preparatoria.

-RROMATOWSKI

Robert, yo diría que el amor por el dinero sí es la raíz de todos los males por la misma razón que tú afirmas que no lo es. El mal de mantener a las masas en la ignorancia acerca del dinero es sólo un «derivado» del maligno amor por el dinero.

-ISTARCHER

1

¿Obama puede salvar al mundo?

Cronología de la crisis

El pánico se dispersó silenciosamente alrededor del mundo en agosto de 2007 porque el sistema bancario se estaba paralizando. Este hecho causó un efecto dominó que, hasta la fecha, amenaza con echar abajo la economía mundial. A pesar de los rescates gubernamentales masivos y de los paquetes de estímulo que, globalmente, se estima que ascienden a entre siete y nueve billones de dólares, algunos de los negocios e instituciones bancarias más grandes, como Citigroup y General Motors, continúan tambaleándose, sin saber cuál será su futuro.

La crisis no sólo amenaza a las compañías más fuertes y a los conglomerados bancarios multinacionales, también ha puesto en riesgo la seguridad de las familias trabajadoras. En este momento, se encuentran en problemas económicos millones de personas que creyeron correcto seguir los consejos tradicionales, consejos como ir a la escuela, conseguir un empleo, comprar una casa, ahorrar dinero, no acumular deudas e invertir en una cartera bien diversificada de acciones, bonos y fondos de inversión.

He conversado con personas de todo el país que están preocupadas y temerosas; algunas atraviesan fuertes depresiones tras haber perdido sus empleos, casas, ahorros personales y ahorros para los estudios de sus hijos, así como el dinero que tenían reservado para su jubilación. Hay muchas que no entienden lo que le sucede a la economía ni cómo los afectará; se preguntan qué ocasionó la crisis, si hay a quien culpar o alguien que pueda resolver el problema, y cuándo terminará todo. Con esto en mente, creo que vale la pena invertir tiempo en la revisión de los sucesos que nos llevaron a este desastre. A continuación presentaré una breve cronología en que se señalan los sucesos económicos globales más importantes que nos colocaron en la precaria situación que vivimos.

6 de Agosto de 2007
American Home Mortgage, uno de los mayores proveedores de hipotecas, se declaró en bancarrota.

9 de Agosto de 2007
Debido a problemas con las *hipotecas subprime* de Estados Unidos, el banco francés BNP Paribas anunció que no podía valorar activos por un valor de 1600 millones de euros.

Mientras se cerraban los mercados crediticios, el Banco Central Europeo inyectó cerca de 95 mil millones de euros en el sistema bancario Eurozone con el objetivo de vigorizar los préstamos y la liquidez.

10 de Agosto de 2007
Al día siguiente, el Banco Central Europeo inyectó otros 61 mil millones de euros a los mercados globales de capital.

13 de Agosto de 2007
El Banco Central Europeo liberó otros 47 600 millones de euros, una tercera inyección de efectivo con la que se sumaban casi 204 *mil millones* de euros en el lapso de tres días hábiles.

Septiembre 2007
Northern Rock, un fuerte banco que también funciona como la agencia hipotecaria más grande del Reino Unido, experimentó el pánico bancario de sus depositantes. Fue el primer pánico bancario en más de 100 años.

La campaña presidencial se calienta

Mientras la crisis financiera se extendía alrededor del mundo en 2007, la campaña presidencial de Estados Unidos, la más larga y costosa campaña de la historia, acumulaba ímpetu.

A pesar de que había señales claras de que la economía mundial estaba al borde del colapso, los candidatos presidenciales casi no mencionaron el problema durante la primera etapa. Los temas más candentes fueron la guerra en Iraq, el matrimonio *gay*, el aborto y la inmigración. En las pocas ocasiones que los candidatos discutieron el tema económico, lo hicieron con un tono displicente —que se evidenció aún más cuando el candidato John McCain dijo: «Los cimientos de nuestra economía son sólidos», comentario que se popularizó cuando lo repitió a finales de 2008, el mismo día que el índice Dow Jones estableció un récord con un desplome de 504 puntos.

¿Dónde estaba nuestro presidente mientras aparecían las evidencias de que se gestaba una crisis financiera de grandes proporciones? ¿Dónde estaban nuestros candidatos presidenciales principales y nuestros líderes financieros? ¿Por qué las figuras consentidas del ámbito financiero en los medios no advertían a los inversores que debían salirse del juego? ¿Por qué los expertos financieros seguían recomendando a la gente «invertir a largo plazo»? ¿Por qué nuestros líderes políticos y financieros no dieron el aviso de alarma de que se avecinaba una tormenta? ¿Por qué no tuvieron al menos el valor de ponerse de pie y decir: «Estúpido, es la economía»? La canción dice: «La luz los cegaba.» El siguiente suceso en nuestra cronología nos muestra que todo se veía bien...

9 de Octubre de 2007
El índice Industrial del Dow Jones cerró a un alto nivel histórico de 14164 puntos.

Un año después

Septiembre 2008
Un año después de que el Banco Central Europeo inyectara 204 mil millones de euros a la economía, en agosto de 2007, y también casi un año después de que el índice Dow Jones llegara a su punto más alto de todos los tiempos, el presidente Bush y el Tesoro de los Estados Unidos solicitaron 700 mil millones de dólares para rescatar la economía.

Los tóxicos derivados financieros ocasionaron el colapso de Bear Stearns y Lehman Brothers, así como la privatización de Fannie Mae, Freddie Mac, y de una de las aseguradoras más grandes del mundo, AIG.

Además, la industria del automóvil de Estados Unidos reveló que había sido dañada, y GM, Ford y Chrysler solicitaron dinero para ser rescatados. También lo hicieron muchos estados y ciudades.

29 de Septiembre de 2008
En un lunes negro, después de que el presidente Bush solicitara el dinero para el rescate, el Dow Jones se desplomó 777 puntos. Fue el día que se registró la mayor caída en puntos en la historia, y cerró en 10365.

Del 1 al 10 de Octubre de 2008
En uno de sus peores periodos, el Dow Jones cayó 2380 puntos en tan solo una semana.

13 de Octubre de 2008
El índice Dow Jones comenzó a mostrar volatilidad extrema: subió 936 puntos en un día, con lo que marcó la mayor ganancia de la historia, y cerró a 9387.

15 de Octubre de 2008
El índice Dow Jones se desplomó 733 puntos y cerró a 8577.

28 de Octubre de 2008
El índice Dow Jones ganó 889 puntos, su segunda mayor ganancia de puntos en la historia; cerró a 9065.

4 de Noviembre de 2008
Barack Obama fue elegido presidente de Estados Unidos con el lema de campaña: «Cambio en el que podemos creer.» Tomaría el mando de un gobierno que, para salvar la economía, adquirió distintos compromisos que suman unos 7,8 billones de dólares.

Diciembre 2008
Se comunicó que los estadounidenses perdieron 584 000 empleos en noviembre, la mayor pérdida anunciada desde diciembre de 1974. Después de 15 años, el desempleo tuvo un alza de 6,7 por ciento, con pérdidas de dos millones de empleos en Estados Unidos durante 2008, exclusivamente. Además, China, la economía con el crecimiento más vertiginoso, perdió 6,7 millones de empleos en 2008: un indicativo de que la economía global estaba siendo golpeada y al borde de una debacle.

Los economistas finalmente admitieron que la economía estadounidense había estado en recesión desde diciembre de 2007. ¿Y tuvo que pasar un año entero para que lo notaran?

Warren Buffett es considerado por muchos, uno de los inversores más hábiles del mundo. Su compañía, Berkshire Hathaway, perdió un 33 por ciento del valor de sus acciones en un año. Sin embargo, a los inversores les reconfortaba el hecho de que el fondo había superado la actuación del mercado, ya que había perdido menos del promedio. Eso sí que es reconfortante.

Las universidades Yale y Harvard anunciaron que sus fondos del patronato habían perdido más del 20 por ciento en un año.

GM y Chrysler recibieron 17 400 millones de dólares en préstamos del gobierno.

El presidente electo, Obama, anunció un plan de estímulos por 800 mil millones que se centraba en proyectos masivos de infraestructura para paliar las pérdidas récord de empleos. Este plan fue adicional a los 7,8 billones con los que ya se había comprometido el gobierno de Estados Unidos.

31 de Diciembre de 2008
El índice Dow Jones cerró a 8 776 puntos; es decir, 5 388 puntos bajo su nivel récord más alto, establecido un año antes. Ése fue el peor rendimiento anual del índice Dow Jones desde 1931 y representó 6,9 billones en valor perdido.

De vuelta al futuro

Presionado por una abrumadora situación económica, el presidente Bush impulsó un plan monumental de rescate, con el que intentaría salvar la situación: «Esta legislación servirá para salvaguardar y estabilizar el sistema financiero estadounidense y con ella se establecerán reformas permanentes para que no vuelvan a surgir problemas.»

Mucha gente respiró con alivio y pensó: «¡Finalmente nos va a salvar el gobierno!» Pero el problema fue que ésas no eran las palabras del presidente George W. Bush, sino también las de su padre, George H. W. Bush. En 1989, el primer presidente Bush solicitó 66 mil millones de dólares para salvar a la Industria de Ahorros y Préstamos (S&L, por sus siglas en inglés), pero este dinero no solucionó el problema, y además, la industria S&L desapareció por completo. Para colmo, el paquete de rescate estimado en 66 mil millones de dólares, costó a los contribuyentes cerca de 150 mil millones: más del doble de la cantidad original. ¿Adónde se fue ese dinero?

De tal palo, tal astilla

Veinte años después, en septiembre de 2008, el presidente George W. Bush solicitó 700 mil millones e hizo una promesa similar: «Nos aseguraremos que no suceda de nuevo, pero por ahora, debemos solucionar el problema; para eso la gente me ha puesto en Washington, D.C.» ¿Por qué será que tanto padre como hijo dijeron, a 20 años de distancia, casi lo mismo sobre el rescate de la economía? ¿Por qué habrá prometido el primer presidente Bush reparar el inhabilitado sistema?

Todos los hombres del presidente

El lema principal de campaña del presidente Barack Obama fue: «Cambio en el que podemos creer.» Pensando en ello, podemos preguntarnos: «¿Por qué el presidente Obama contrató a tantas personas que también trabajaron en la administración de Clinton?», eso no suena a cambio, más bien parece el estado permanente de las cosas.

¿Y por qué durante la elección, Obama solicitó asesoría en temas económicos a Robert Rubin, quien acababa de renunciar a su puesto como presidente de Citigroup, una empresa al borde de su propio colapso que había recibido unos 45 mil millones de dólares en fondos para su rescate? ¿Por qué nombró a Larry Summers como director del Consejo Económico Nacional de la Casa Blanca y a Timothy Geithner, quien había sido presidente de la Reserva Federal del Banco de Nueva York, como su secretario del Tesoro? Todos estos hombres habían sido parte del equipo de economía de Clinton y participaron en la revocación de la ley Glass-Steagall de 1933, que impedía a los bancos vender inversiones. Una de las razones por las que nos encontramos en este desastre hoy, es precisamente porque los bancos venden inversiones en forma de derivados. La ley Glass-Steagall de 1933, se desarrolló durante la última depresión y, en términos extremadamente simples, su propósito era separar a los bancos de ahorros, que tenían acceso a los fondos de la Reserva Federal, de los bancos de inversiones, que no contaban con ese mismo acceso. Clinton, Rubin, Summers y Geithner lograron la revocación de esta ley, y con eso se legitimó la formación de Citigroup, el más grande «supermercado financiero» en la historia de Estados Unidos. Mucha gente no lo sabe, pero con su fundación, en aquel tiempo, Citigroup estaba violando la ley Glass-Steagall.

El siguiente, es un comentario que hizo Kenneth Guenther, Presidente Ejecutivo de Independent Community Bankers of America (Pequeños Banqueros de Estados Unidos), en PBS en 2003 sobre la formación de Citigroup:

> *¿Quiénes creen que son? Otras personas, otras compañías, no tienen autorización para actuar de esta forma... Citicorp y Travelers eran tan grandes que lo lograron: formaron la conglomeración financiera más grande, el proyecto financiero más ambicioso que incluía banca, seguros y valores, cuando la legislación todavía estaba en los libros, y estipulaba que era un acto ilegal. Y además lo lograron con la bendición del presidente de Estados Unidos, Bill Clinton; el presidente del sistema de Reserva Federal, Alan Greenspan; y el secretario del Tesoro, Robert Rubin. Y luego, cuando ya pasó todo, ¿qué es lo que sucede?*

El secretario del Tesoro se convierte en el vicepresidente del naciente Citigroup.

La última oración es la más reveladora: «El secretario del Tesoro [Robert Rubin] se convierte en vicepresidente del naciente Citigroup.» Como se mencionó anteriormente, Robert Rubin fue el asesor de Obama durante su campaña presidencial.

Actualmente, el secretario del Tesoro del presidente Obama es Timothy Geithner, quien fuera subsecretario del Tesoro de 1998 a 2001, cuando los secretarios eran Robert Rubin y Lawrence Summers. Summers es el mentor de Geithner; asimismo, muchos dicen que Geithner es un protegido de Robert Rubin. ¡Ah, qué telaraña tan enredada estamos tejiendo!

Dicho de otra forma, éstos son los mismos hombres que fueron responsables, en parte, de la detonación de la crisis financiera. Al permitir que los bancos de ahorros se combinaran con los bancos de inversión, estos individuos aceleraron la venta de los exóticos derivados financieros a los que Warren Buffett llamó «armas de destrucción financiera masiva», y eso ocasionó que la economía global se pusiera de rodillas. ¿Cómo puede haber un cambio si la misma gente que expandió este desastre financiero continúa al mando? ¿A qué se refiere el presidente Obama cuando promete un cambio en el que sí podemos creer?

Republicanos, demócratas y banqueros

Una de las razones por las que tanto el presidente Bush padre como Bush hijo usaron exactamente las mismas frases, que el rescate salvaría a la economía y que no volvería a suceder, es que ellos fueron elegidos para proteger el sistema, no para repararlo. ¿Acaso el presidente Obama contrató prácticamente al mismo equipo financiero de la administración Clinton porque le interesa proteger el mismo sistema? ¿Un sistema diseñado para hacer que los ricos se vuelvan más ricos? Eso sólo lo podrá decir el tiempo. La verdad es que, aunque el presidente Obama está orgulloso de no haber recibido dinero de cabilderos para su campaña, su equipo financiero está plagado de infiltrados que promovieron la crisis que ahora tienen como encomienda solucionar.

El único candidato que mencionó regularmente el tema de la economía y de la creciente crisis financiera durante la primera parte de la campaña presidencial de 2008, fue Ron Paul, representante de Texas ante el congreso: un verdadero disidente republicano. El 4 de marzo de 2008, en un artículo para *Forbes.com*, escribió: «A menos que adoptemos reformas fundamentales, estaremos atrapados en una tormenta financiera que humillará a esta gran nación como ningún enemigo extranjero lo ha hecho.» Por desgracia, muy pocos votantes le prestaron atención.

Comentario del lector

Yo voté por Obama por que creo que es un líder sincero y compasivo. Pero no importa cuán inteligente sea o tan capaz sea su equipo, tú, Robert, me has hecho ver que la educación financiera en este país ¡es escasa! Me preocupa que las personas que están en el poder no tengan el suficiente IQ financiero.

–VIRTUALDEB

Al parecer, el Presidente Obama y su equipo están más concentrados en tácticas superficiales a corto plazo que en metas estratégicas de largo plazo. Hasta la fecha, todas las «acciones» emprendidas por la nueva administración se han enfocado en tapar el sol con un dedo. Parece que no tienen la intención de determinar la verdadera causa y cambiar las fallas institucionales que nos llevaron a la actual crisis financiera.

–EGRANNAN

Las raíces de la crisis

Dicen que Meyer Amschel Rothschild, fundador de una de las familias bancarias más poderosas de Europa, alguna vez comentó: «Denme el control de los suministros económicos de la nación y no me va a importar quién hace las leyes.» Para entender la crisis actual, es necesario comprender la relación entre el gobierno de Estados Unidos, el sistema de Reserva Federal, y algunas de las personas más poderosas del mundo. Dicha relación se describe en este sencillo diagrama:

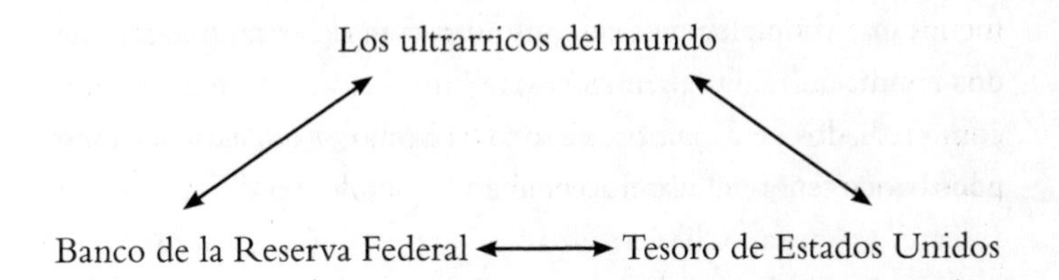

La creación del sistema de Reserva Federal en 1913 otorgó a los más adinerados del mundo el poder de controlar los suministros monetarios de Estados Unidos y, con ello, la materialización del espíritu en las ideas de Rothschild. Mucha gente no sabe o no entiende que el sistema de Reserva Federal no es una institución gubernamental, ni un banco, y que no tiene ninguna reserva. Mejor dicho, es un cártel bancario dirigido por algunos de los hombres más poderosos del ámbito de las finanzas. La creación de la «Fed», fue básicamente una licencia para imprimir billetes.

La otra razón por la que se creó el sistema, fue impedir fallas en los bancos más grandes: la Reserva los proveía de liquidez cuando se encontraban en problemas; así, lo que se protegía era la riqueza de los ricos, no la de los contribuyentes.

Las cosas funcionan así hasta la fecha. En 2008, cuando el presidente Bush autorizó 700 mil millones de dólares para el rescate, el secretario del Tesoro, Henry Paulson (quien anteriormente había pertenecido a Goldman Sachs), en conjunto con la Reserva Federal, entregó a sus amigos, los bancos más grandes del país, de inmediato y sin preguntas, miles de millones de dólares como parte del Programa de Alivio para Activos en Problema (*Troubled Asset Relief Program*, TARP, por sus siglas en inglés).

La realidad es que el dinero del rescate para el TARP, salió directamente de nuestros bolsillos, de quienes pagamos impuestos, y se fue a los bolsillos de los bancos y las corporaciones que gestaron el desastre financiero. A nosotros nos dijeron que el dinero se le daría a los bancos con la condición de que lo prestaran, pero el gobierno fue incapaz o simplemente no quiso supervisar el cumplimiento de esta condición. Tal vez ambas cosas.

A mediados de diciembre de 2008, cuando *USA Today* cuestionó a los bancos sobre el uso que estaban haciendo del dinero para el rescate, JPMorgan Chase, un banco que recibió 25 mil millones de dólares en dinero de los contribuyentes, respondió: «No le hemos revelado eso al público, nos negamos a hacerlo». Morgan Stanley, un banco que recibió 10 mil millones, respondió: «No contestaremos esa pregunta.» El Banco de New York Mellon respondió: «Hemos decidido no revelar esa información.» El dinero del rescate bancario fue en realidad un rescate entre amigos ricos, y con él se cubrieron los errores de mucha gente y un fraude muy obvio. El rescate no era para salvar la economía.

La prueba está frente a nuestras narices. El 26 de enero de 2009, en un artículo llamado «Los grandes bancos de los Estados Unidos prestan sólo "gotas"», el *Wall Street Journal*, informó: «De acuerdo con un estudio bancario realizado por el *Wall Street Journal*, 10 de los 13 enormes beneficiarios del programa TARP (del Departamento del Tesoro), presenciaron un declive en sus balances de préstamos, por un total de 46 mil millones de dólares, o 1,4 por ciento, entre el tercer y cuarto trimestres de 2008». Este declive tuvo lugar a pesar de los 148 mil millones de dólares en dinero de los contribuyentes que, gracias al TARP, los bancos habían recibido con la promesa de que estimularían los préstamos.

Si el presidente Obama realmente desea llevar a cabo cambios en Washington, tiene que modificar la cálida relación que existe entre el sistema de Reserva Federal, el gobierno de Estados Unidos, y los ricos y poderosos del país; y tal vez entonces habrá una renovación. Pero emplear en su administración al equipo financiero del presidente Clinton no hará el cambio. Tal parece que sólo quiere hacer lo que han hecho todos los presidentes desde Woodrow Wilson: proteger al sistema, no cambiarlo.

Comentario del lector

Debo decir que leer el primer capítulo de tu libro me ha abierto los ojos. Tengo 23 años y nunca había logrado entender qué era la Reserva Federal y en qué beneficiaba al país. Debo decir que no me sorprende; estoy muy agradecida de que seas honesto y no tengas miedo de dar una definición verdadera de lo que muchas cosas son y en realidad significan. Sin embargo, es triste que los contribuyentes nos veamos afectados por esto sin saber o entender lo que las cosas significan.

—JACKLYN

Escuchamos a los medios hablar de la Reserva Federal como si fuera algún tipo de entidad mística cuando, en realidad, no es lo que el público en general cree que es. Yo desconocía que no era una institución bancaria o del gobierno. Me preocupa mucho que esta entidad tiene un poder casi ilimitado sin una verdadera vigilancia. La pregunta es ¿cómo llegó a tener una posición tan prominente?

—KTHOMPSON5

Según algunos cálculos, las pérdidas mundiales combinadas, de *commodities*, acciones, bonos y bienes raíces, son superiores a los 60 billones de dólares. Hasta ahora, en un esfuerzo por solucionar el problema, los gobiernos y bancos del mundo han pagado casi 10 billones. Pero ¿qué hay de los otros 50? ¿Quién cubrirá las pérdidas? ¿Adónde se fue el dinero? ¿Quién nos rescatará a *nosotros*, a la gente que realmente perdió dinero y ahora debe cubrir sus pérdidas y pagar las de los ricos, a través del dinero del rescate que se reunió con nuestros impuestos?

En 2013 se celebrará el centésimo aniversario del sistema de Reserva Federal. Por ya casi cien años, la Reserva ha estado cometiendo el más grande atraco de la historia del mundo. Este atraco es un robo bancario en que los ladrones no usan pasamontañas, sino trajes de vestir con la bandera estadounidense como distintivo en su solapa. Es un robo en el que los ricos roban a los pobres a través de los bancos y de nuestro gobierno.

En una ocasión, cuando estudiaba en la clase del doctor Buckminster Fuller, en 1981, me sentí muy perturbado cuando lo escuché decir: «El objetivo principal del gobierno es actuar como un vehículo para que los ricos metan su mano en nuestros bolsillos.» No me gustó lo que dijo porque, entonces, yo sólo quería pensar lo mejor respecto a mi nación y sus líderes pero, muy en el fondo, y tomando en cuenta mi experiencia, sabía que era verdad lo que decía.

Hasta ese momento había mantenido ocultas mis sospechas sobre el gobierno. Cuando era niño, me preguntaba por qué en la escuela no nos enseñaban sobre el dinero, y cuando fui piloto de la Marina en Vietnam, me cuestionaba por qué teníamos que participar en esa guerra. También fui testigo de cómo mi padre, totalmente perturbado por la corrupción que había encontrado en el gobierno, renunciaba a su puesto como superintendente de educación para luchar por la vicegobernatura de Hawai. Mi padre era un hombre honesto y no pudo soportar lo que vio cuando se convirtió en un funcionario de alto nivel del gobierno, y miembro del equipo del gobernador. Así que, a pesar de que lo que el doctor Fuller decía no era lo que yo quería escuchar porque amaba a mi país y no me gustaba criticarlo, sus palabras fueron suficientemente fuertes para hacerme despertar. A principios de los ochenta comencé mis estudios y abrí los ojos ante los hechos que mucha gente poderosa prefiere ignorar.

¿Cómo me afecta esto?

En el contexto de las finanzas personales existen cuatro fuerzas que provocan que la gente trabaje duro pero continúe teniendo problemas económicos. Estas fuerzas son:

1. Impuestos.
2. Deuda.
3. Inflación.
4. Jubilación.

Tómate un momento para reflexionar brevemente sobre la forma en que estas fuerzas te afectan personalmente. Por ejemplo, ¿cuánto pagas por concepto de impuestos? Recuerda que no solamente pagamos impuestos sobre ingresos sino también sobre ventas, gasolina, bienes raíces… y la lista continúa. Y lo más importante es, ¿a quién le llega ese dinero y en qué se ocupa?

Después de eso, piensa, ¿cuánto pagas en intereses sobre tus deudas? Por ejemplo, ¿a cuánto ascienden los intereses sobre tus pagos de hipoteca, del financiamiento para el coche, tarjetas de crédito y préstamos escolares?

Y ahora, piensa en la forma en que la inflación ha afectado tu vida. Tal vez recuerdes que, hace no mucho tiempo, la gente comenzó a practicar la especulación inmobiliaria porque los precios de los inmuebles subían con rapidez. Durante ese periodo, se incrementaron constantemente los precios de la gasolina, escuelas, alimentos y ropa. Pero los salarios seguían iguales. Mucha gente no ahorró porque parecía más inteligente gastar el dinero en ese momento que esperar y pagar más por el mismo producto, más adelante. Ésa era la inflación en acción.

Y finalmente, a la mayoría de las personas se les retira dinero de sus cheques y se coloca en cuentas como la 401(k). Ese dinero va directamente a Wall Street donde es manejado por alguien que el empleado ni siquiera conoce. Encima de todo, las comisiones y primas adicionales hacen que más dinero se escurra. Hoy, mucha gente no tiene suficiente dinero para jubilarse porque perdieron todo su dinero con la caída del mercado de valores.

Es importante comprender que estas fuerzas: impuestos, deuda e inflación, se mantienen vivas gracias a la licencia con que cuenta el sistema de Reserva Federal para imprimir dinero. Antes de que existiera este sistema, los estadounidenses pagaban muy pocos impuestos, no había deuda externa, las deudas personales eran menores y la inflación era muy baja y la gente no se preocupaba por sus planes de pensiones porque su dinero y sus ahorros mantenían su valor. Aquí se presenta una sencilla explicación de la relación entre la Reserva y estas fuerzas:

1. **Impuestos.** En sus inicios, Estados Unidos era un país en que, relativamente, no existían los impuestos. En 1862, se impuso el primer impuesto sobre el ingreso, para pagar la Guerra Civil. En 1895, la Suprema Corte de Justicia de Estados Unidos dictaminó que el impuesto sobre el ingreso era inconstitucional. Sin embargo, en 1913, el mismo año en que se creó la Reserva Federal, se aprobó la décimo sexta enmienda, con lo que el impuesto sobre el ingreso se hizo permanente. El impuesto se restituyó para que el Tesoro de Estados Unidos y la Reserva Federal se

capitalizaran. Desde ese momento los ricos pudieron meter las manos en nuestros bolsillos a placer.

2. **Deuda.** El sistema de Reserva Federal otorgó a los políticos el poder de pedir dinero prestado, en lugar de aumentar los impuestos. Sin embargo, la deuda es una navaja de doble filo que puede traer como consecuencia impuestos más altos o inflación. En lugar de aumentar los impuestos, el gobierno de Estados Unidos fabrica más dinero a través de instrumentos como bonos del Tesoro, pagarés de los contribuyentes del país, quienes tendrán que pagar más impuestos en el futuro, o imprimiendo más billetes, y con eso se produce la inflación.
3. **Inflación.** La inflación la causan la Reserva Federal y el Tesoro de Estados Unidos al pedir dinero prestado o al emitirlo para pagar las deudas del gobierno. Es por eso que, con frecuencia, a la inflación se le denomina el «impuesto silencioso». La inflación hace que los ricos obtengan más dinero, pero también provoca que aumente el coste de la vida para los pobres y para la clase media. Los más beneficiados son quienes imprimen el dinero porque pueden adquirir bienes y servicios con el dinero nuevo antes de que éste se diluya en el fondo común de la sociedad. Ellos cosechan todos los beneficios pero no las consecuencias, y mientras tanto, los pobres y la clase media ven cómo su dinero se hace más y más insignificante.
4. **Jubilación.** Como ya se dijo, en 1974 el Congreso de los Estados Unidos aprobó el ERISA. Esto forzó a los americanos a invertir el dinero de su jubilación en el mercado de valores a través de vías como el 401(k), el cual, generalmente, tiene primas altas, riesgos altos y beneficios bajos. Además, le dio a Wall Street el control del dinero de las pensiones del país.

Comentarios del lector

Vivo en Zimbabwe y el hecho de que hayamos vivido la inflación más alta del mundo —un porcentaje de más de 5000 billones— me ha hecho comprender el valor agregado de no guardar moneda. Básicamente, el precio de los bienes y productos cambiaba tres veces en un día y había la necesidad de bloquear los precios en la mañana y revender el producto en la noche.

–DRTAFFIE

Creo que el peor de los tres elementos es la inflación. Afecta por igual a las clases media y baja; la clase media paga más impuestos que la baja pero todos pagan lo mismo durante la inflación.

–KAMMI12

EL PRINCIPIO DEL FIN

Este capítulo lo inicié con una fecha importante: 6 de agosto de 2007. Ése fue el día en que American Home Mortgage, uno de los mayores proveedores de hipotecas, se declaró en bancarrota.

La fecha es importante porque marca el punto en que la deuda había crecido demasiado: el sistema global no podía absorber más deuda. El 6 de agosto de 2007 estalló la burbuja de la deuda y eso provocó la *deflación* que experimentamos, y que representa un problema mucho más serio que la *inflación*, pero eso lo analizaremos en capítulos posteriores.

Para salvar al mundo, el presidente Obama debe detener la *deflación*, y la mayor arma con que cuenta para luchar contra ella es la *inflación*. Esto significa que tendrá que utilizar cantidades masivas de deuda e imprimir dinero de la nada. Finalmente, también significa impuestos y deuda mayores, y con suerte, también una inflación mayor.

Imagina que la economía mundial es como un enorme globo relleno de aire caliente. Todo iba muy bien hasta el 6 de agosto de 2007, cuando demasiado aire caliente —*deuda*—, provocó una rasgadura en el globo. Mientras el horripilante sonido de la rasgadura se propagaba, los bancos centrales del mundo, en un intento por evitar que el globo estallara y causara una *depresión*, le comenzaron a inyectar más y más aire caliente —*deuda*.

En su famoso libro *Historia de dos ciudades*, Charles Dickens, escribió: «Eran los mejores tiempos, eran los peores tiempos; era la época de la sabiduría, era la época de la estupidez.» Sorprendentemente, las cosas no han cambiado mucho desde que Dickens lo escribió en 1859.

Para algunas personas, la deflación marca los mejores tiempos porque el coste de la vida disminuye mientras los precios del petróleo, bienes raíces, acciones y *commodities*, se desploman, facilitando su adquisición. Aparentemente, WalMart no es el único que disminuye sus precios. Los bancos centrales y los gobiernos del mundo esperan que la gente, los negocios y los otros gobiernos pidan dinero prestado y se endeuden más. Esto lo logran inyectando billones de dólares a la economía a tasas de interés cero, prácticamente es dinero gratis.

Igual que buitres, los poseedores de fondos comunes de dinero están a la espera de atacar de nuevo el mercado y recoger los cadáveres de las compañías muertas. Ésta es una oportunidad única en la vida para que los inversores bien posicionados arrebaten los activos con un buen descuento. Para los negocios bien posicionados también es el momento de ganar acciones en el mercado, mientras sus competidores se declaran en bancarrota. Estas personas sólo verán abundancia.

Pero para otros, éstos son los peores tiempos.

El coste de la vida puede estar reduciéndose, pero estas personas no pueden cosechar los beneficios porque ya no tienen un empleo para cubrir siquiera sus necesidades básicas, o tal vez están tan endeudados que deben dinero por una cantidad mayor a la de los activos con los que cuentan; además, para este momento, sus activos, como sus casas, ya se han convertido en pasivos.

Los bancos centrales del mundo están inundando el sistema con más dinero, pero no lo hacen para ayudar a la gente que mencioné anteriormente: ellos ya no pueden solicitar préstamos para pagar sus coches o sus casas. Esta gente solamente presencia cómo se encoge su dinero mientras el suministro económico estalla como un globo.

Estas personas no ven la oportunidad de su vida, no tienen fondos comunes de dinero en espera del negocio perfecto. Lo único que ven es carencia y temor. Y, si aún no les ha sucedido, temen perder sus empleos, hogares, ahorros y dinero para jubilarse.

La diferencia entre los que lo ven como los mejores tiempos, y quienes lo ven como los peores, es simplemente el conocimiento y el IQ financiero. La gran falla de nuestro sistema educativo es que no enseña a la gente cómo funciona el dinero. Sus enseñanzas son anticuadas y obsoletas: son las *antiguas* reglas del dinero. Te enseñan a llevar una chequera, pero no cómo hacer crecer un balance, ni siquiera a leerlo. Te enseñan a ahorrar tu dinero, pero no te dicen nada sobre la inflación y la forma en que ésta roba tu riqueza. Te enseñan a emitir un cheque pero no te dicen la diferencia entre activos y pasivos. Y sólo nos queda preguntarnos si el sistema no estará diseñado así intencionalmente para mantenernos en la oscuridad.

En el mundo actual puedes ser un genio académico, pero ser financieramente un imbécil. Esto va contra la sabiduría convencional porque normalmente pensamos que la gente con empleos bien pagados, como los abogados o doctores, cuentan con inteligencia académica y financiera porque ganan mucho dinero. Pero, como ya hemos visto, ganar mucho dinero no significa que tengas inteligencia financiera, especialmente cuando ese dinero lo gastas y lo inviertes con torpeza, o cuando entregas tu dinero a gente a la que no le importa si ganas o pierdes. Siempre recuerda que necesitas una educación financiera sólida, fundamentada en el mundo económico real.

Por lo anterior, *no* me sorprendí cuando vi que nuestra crisis económica se esparcía más allá de las obligaciones hipotecarias de los *prestatarios subprime*. Los líderes y voceros sí parecían sorprendidos, y por eso nuestros candidatos presidenciales no mencionaron el problema durante la campaña. Se mantuvieron a raya todo el tiempo que pudieron, y nos aseguraron que no había crisis y que nuestros problemas financieros se limitaban a la gente pobre que estaba muy endeudada. El problema se inició en los más altos niveles del gobierno y las finanzas. Millones de personas perdieron casi todo aquello por lo que habían trabajado toda su vida, sólo porque no entendieron las nuevas reglas del dinero y la forma en que afectan a nuestras vidas. Es un problema sistemático que ningún político carismático puede solucionar.

Así que aquí volvemos a la pregunta que formulé en el título de este capítulo: «¿Obama puede salvar al mundo?», aunque la pregunta correcta debería ser: «¿Cómo podemos salvarnos?», el conocimiento es la respuesta y la clave para liberarnos de la tiranía de nuestro sistema económico. Cuando aprendes sobre el dinero y la forma en que funciona, estás abriendo el potencial con que cuentas para liberarte de la mentalidad de carencia y ver la abundancia a tu alrededor. Estos podrían ser para ti, verdaderamente, los mejores tiempos.

En lo personal, no espero que el gobierno o las grandes empresas me salven. En lugar de escuchar lo que dicen o prometen, prefiero observar lo que estos poderes en realidad hacen y responder pertinentemente a esas acciones. Pero se requiere educación financiera y valor para saber reaccionar en lugar de seguir a otros, y para actuar confiadamente, en vez de esperar que te digan qué hacer.

Creo que nuestro problema financiero es demasiado grande y sigue creciendo; está fuera de control. Es un problema monetario más que político, y es global, no sólo de Estados Unidos. Hay muchas cosas que Obama puede hacer, pero me temo que lo que haga, no sea suficiente. Lo peor de todo es que la gente que realmente mueve los hilos en el ámbito financiero no tiene que rendir cuentas al presidente de Estados Unidos; no necesita su aprobación para hacer lo que hace, y está más allá del control de los gobiernos del mundo y de sus líderes electos.

¿Cómo podemos salvarnos?

Cuando me preguntan qué enseñaría si estuviera a cargo de la educación financiera en el sistema educativo, respondo: «Me gustaría asegurarme de que los estudiantes entendieran la relación entre los impuestos, la deuda y la inflación, antes de que salgan de la escuela.» Si lo hicieran, tendrían un futuro económico mucho más seguro. Tomarían mejores decisiones financieras para su bienestar, en lugar de esperar que el gobierno o los mal llamados «expertos financieros» los salvaran.

En última instancia, este libro trata de las relaciones entre los impuestos, la deuda, la inflación y la jubilación porque son la base de las nuevas reglas del dinero. Este libro te preparará para tomar el control de tu futuro financiero, te dará el conocimiento necesario para entender las fuerzas de los impuestos, la deuda, la inflación y la jubilación y, por tanto, de las nuevas reglas del dinero. Y cuando hayas entendido estos conceptos, estarás en posición de escapar de la conspiración de los ricos y de vivir una vida de verdadera libertad financiera.

Comentarios del lector

Gracias a las cosas que he aprendido a través de la educación financiera me di cuenta que mi plan de pensiones 401(k) no era en realidad la gran inversión que se dijo; hoy estoy mejor porque tengo ese conocimiento. Me recuerda algo que dijo Robert: «No es la plata, el oro o las bienes raíces lo que te hace rico; es lo que sabes acerca de la plata, el oro y las bienes raíces lo que te hace rico.»

—DAFIREBREATHER

2

La conspiración contra nuestra educación

Por qué no enseñan en la escuela sobre el dinero

El propósito de la fundación [la Junta General de Educación] era usar el poder del dinero para influir en la dirección del proyecto educativo, y no, como mucha gente creía entonces, mejorar el nivel de la educación en Estados Unidos… El objetivo era usar las aulas para enseñar hábitos que invitaran a la gente a ser pasiva y obediente con sus superiores. Se intentaba –y aún se hace– producir ciudadanos con la preparación suficiente para realizar un trabajo productivo bajo supervisión, pero no tan despiertos como para cuestionar la autoridad o para intentar trepar en la escala social. La verdadera educación se limitaba a los hijos y las hijas de las élites. Para el resto, lo mejor era producir trabajadores hábiles sin otra aspiración particular que disfrutar la vida.

—*G. Edward Griffin,* The Creature from Jekyll Island, *de la Junta General de Educación Rockefeller, fundada en 1903.*

La nueva escuela

Mis sospechas sobre la educación comenzaron cuando tenía nueve años. Entonces, mi familia se mudó a otra casa, al otro lado del pueblo, para que mi papá estuviera más cerca de su nuevo lugar de trabajo; iba a comenzar el cuarto año en una nueva escuela.

Vivíamos en el pequeño pueblo de plantaciones de Hilo, en la Isla Grande de Hawai. El azúcar constituía la principal industria del pueblo, y entre el 80 y 90 por ciento de la población era descendiente de inmigrantes asiáticos que habían sido traídos a Hawai a finales de 1800. Yo soy japonés-estadounidense de cuarta generación.

En mi primaria anterior, la mayoría de mis compañeros tenían un aspecto parecido al mío, pero en la nueva, el 50 por ciento eran blancos y el resto asiáticos. Unos y otros eran, en su mayoría, niños ricos que provenían de familias adineradas; aquélla fue la primera vez que me sentí pobre.

Mis amigos ricos tenían hermosas casas en vecindarios muy exclusivos, pero nosotros alquilábamos una casa que estaba atrás de la biblioteca. La mayoría de las familias de mis amigos tenían dos coches, nosotros sólo uno. Algunas de aquellas familias tenían otra casa en la playa. Cuando mis amigos festejaban su cumpleaños, lo hacían en el club de yates; mis cumpleaños los celebrábamos en la playa pública. Cuando mis amigos comenzaron a jugar al golf, tomaron clases con profesionales en el club, mientras yo trabajaba ahí como *caddy* y ni siquiera tenía palos. Mis amigos ricos tenían bicicletas nuevas, algunos incluso veleros y veraneaban en Disneylandia. Mis padres me prometieron que algún día también iríamos, pero no lo hicimos. En lugar de eso, nos divertíamos haciendo excursiones a los parques nacionales locales, para ver la erupción de los volcanes.

Pero fue en la nueva escuela donde conocí al hijo de mi padre rico; en aquel entonces, él y yo éramos parte del 10 por ciento de los alumnos con el nivel económico más bajo, y en algunos casos, también con el nivel académico más bajo. Nos hicimos los mejores amigos porque éramos los más pobres del salón y quisimos mantenernos unidos.

La esperanza de la educación

Mis antepasados japoneses comenzaron a emigrar a Hawai en la penúltima década del siglo XIX; eran enviados a trabajar a los campos de azúcar y a las plantaciones de piña. Al principio, su sueño era trabajar ahí, ahorrar dinero y volver a Japón siendo ricos.

Mis familiares trabajaron con ahínco en las plantaciones, pero la paga era muy baja; además, los propietarios se quedaban una cantidad del salario de los trabajadores por concepto de renta de las casas que les proveían. La única tienda también pertenecía a la plantación, y los trabajadores tenían que comprar sus alimentos y provisiones ahí mismo. Después de descontar los cargos por renta y provisiones, quedaba muy poco para los trabajadores.

Mi familia quería abandonar la plantación lo antes posible, y pensaba que podría lograrlo si conseguía una buena educación. Por lo que me han contado, mis ancestros ahorraron muchísimo para enviar a sus hijos a la escuela y darles educación universitaria, ya que era la única forma de salir de la plantación. Para la segunda generación, la mayoría de mis antepasados lo habían logrado. Actualmente, mi familia se vanagloria de contar con varias generaciones de graduados universitarios; entre ellos, la mayoría cuenta con licenciatura, otros más con maestría y algunos con doctorado. Yo estoy en el fondo de la escalera académica de mi familia, ya que sólo tengo título de bachillerato.

La escuela al otro lado de la calle

El hecho de cambiar de escuela a los nueve años fue un suceso muy importante en mi vida debido a la localización de la nueva escuela. En el siguiente diagrama se muestran los cambios en mi ambiente social.

	C	La oficina de mi papá
	A	
Escuela Hilo Union	L	La escuela Riverside
	L	
	E	Nuestra nueva casa

Al otro lado de la calle, exactamente frente a Riverside, mi nueva escuela, se encontraba la escuela Hilo Union. Hilo Union era para los hijos de los trabajadores de las plantaciones, muchos de los cuales pertenecían a los sindicatos. Riverside, en cambio, era para los hijos de los dueños de las plantaciones.

Cuando pasé a cuarto año, entré a Riverside y asistí a la escuela con los hijos de los propietarios de las plantaciones. En la década de 1950, cuando caminaba hacia la escuela, miraba al otro lado de la calle y podía ver Hilo Union, en donde había un tipo de segregación basada en el nivel económico y no en la raza. Ahí fue cuando comenzaron mis sospechas sobre las escuelas y el proceso educativo; algo andaba mal pero no sabía qué. Si nuestra casa no hubiera estado en el mismo lado de la calle que Riverside, me hubieran podido enviar a Hilo Union.

Del cuarto al sexto grado asistí a la escuela con niños que descendían de los propietarios de las plantaciones: la gente y el sistema de los que mi familia había querido escapar. Durante toda la primaria crecí con ellos, practicamos deportes juntos y visité sus hogares.

Cuando terminamos la primaria, a muchos de mis amigos los enviaron a internados, pero yo asistí a una secundaria pública que estaba un poco más adelante, en la misma calle. Ahí, me junté con los niños del otro lado, los de Hilo Union, y observé las diferencias entre los hijos de las familias acaudaladas y los de familias de clases media y pobre.

Mi padre tenía un nivel educativo muy alto; era el jefe del sistema escolar de Hawai. No sólo pudo escapar de la plantación, también se convirtió en un exitoso empleado del gobierno. A pesar de que mi padre había asistido a la escuela, alcanzado distintos grados académicos y conseguido un empleo con buen salario, nuestra familia continuaba siendo bastante pobre, al menos, comparada con las de mis amigos adinerados. Cuando iba a sus casas, sabía que ahí hacía falta algo, pero no sabía qué. A los nueve años comencé a preguntarme por qué la educación de mis padres no les había ayudado a ser ricos.

Las plantaciones

Mi familia había trabajado y ahorrado para proveer a sus hijos de una buena educación que los ayudara a salir de la plantación de azúcar. Yo pude observar la relación entre las escuelas Hilo Union y Riverside, y viví la experiencia de tener amigos acaudalados, descendientes de los propietarios de las plantaciones, y amigos pobres, descendientes de los trabajadores. En la primaria, la educación es la misma, pero incluso hoy, carece de algo.

Mis antepasados querían que sus hijos salieran de la plantación, el problema era, y continúa siendo, que en la escuela nunca aprendemos a *tener una plantación*. Por ello, muchos de nosotros simplemente vamos a trabajar para *las nuevas plantaciones*: las grandes compañías del mundo, la milicia o el gobierno. Vamos a la escuela para obtener un buen empleo, nos enseñan a trabajar para los ricos, comprar en sus tiendas, pedir préstamos a sus bancos, e invertir en sus negocios a través de los fondos de inversión de nuestros planes para la jubilación, pero no nos enseñan *cómo hacernos ricos*.

A mucha gente no le gusta que le digan que el sistema educativo nos enseña a dejarnos atrapar en la red, la red de la conspiración de los ricos. A muchos tampoco les gusta escuchar que los ricos han manipulado nuestro sistema educativo.

El secuestro del sistema educativo

Uno de los grandes pecados de nuestro actual sistema educativo es que no nos enseña nada sobre el dinero. En lugar de eso, aprendemos a ser buenos empleados y a identificar nuestro lugar en la vida. Algunas personas dirían que todo depende del destino. Por ejemplo, en su libro *The Creature from Jekyll Island*, Griffin cita un párrafo del primero de varios documentos esporádicos de la Junta General de Educación que se intitula *The Country School of To-Morrow*, escrito por Frederick Gates: «Hemos soñado que contamos con fuentes ilimitadas y que la gente cede con perfecta docilidad ante nuestras manos moldeadoras. Las costumbres didácticas de nuestra época se esfuman de nuestras mentes y, sin que la tradición se interponga, beneficiamos a una sociedad rural agradecida y comprometida... Porque el propósito que nos hemos puesto al frente es muy simple y bello: adiestrar a estas personas, en las condiciones en que se encuentran, para que acepten llevar una vida que les parezca ideal, y vivirla justo en donde están.»

Ten en cuenta que la Fundación Rockefeller, una de las más influyentes y con mayor poder económico de todos los tiempos, creó la Junta General de Educación en 1903. El texto aquí reproducido representa una actitud que ha prevalecido durante más de 100 años: la de la elite de los ricos en Estados Unidos y el resto del mundo; aparentemente, los programas educativos se han orquestado bajo este espíritu para el beneficio de los ricos y no necesariamente para cubrir las necesidades del estudiante. Este hecho es importante ahora porque, a pesar de que dichas actitudes tienen más de un siglo, aún prevalecen y representan el motor de tu educación, de la mía y de la de tus hijos. Además, este espíritu es la fuerza que está detrás de la supresión de la educación financiera en la actualidad: no es necesario que sepas sobre dinero cuando estás destinado a ser sólo una pieza más en el engranaje de la máquina de hacer dinero de otra persona, o a ser un trabajador en la plantación de alguien más.

En 1983, después de leer *Grunch of Giants* del doctor Fuller, comencé a entender por qué no nos enseñan sobre el dinero en las escuelas. Hasta ese momento no había tenido el valor de criticar al sistema educativo porque, después de todo, mi padre era el jefe de ese sistema en Hawai. Pero los años pasaron y conocí a otras personas con ideas similares sobre la educación y sobre el porqué de la falta de educación financiera en las escuelas.

Uno de los primeros que conocí y que compartía mis sospechas fue John Taylor Gatto. Él ha escrito, entre otros libros, *Weapons of Mass Instruction* y *Dumbing Us Down*. El señor Gatto había sido nombrado tres veces Maestro del Año de la Ciudad de Nueva York, y en una ocasión, Maestro del Año del Estado de Nueva York. En 1991 abandonó el magisterio y escribió un breve ensayo de opinión para el *Wall Street Journal*, donde decía: «Ya no puedo seguir enseñando de esta forma. Por favor, si se enteran de algún empleo en que no tenga que dañar a los niños, avísenme; comenzaré a buscar trabajo en cuanto llegue el otoño.» Gracias a él me enteré de que nuestro sistema educativo deriva del sistema prusiano, diseñado para producir buenos empleados y soldados, gente que siga órdenes ciegamente, en espera de que le digan qué hacer, incluso que le digan cómo manejar su dinero.

El señor Gatto me dijo recientemente: «El sistema escolar no está diseñado para enseñar a los niños a pensar por sí mismos, ni fue desarrollado para respaldar la noción contemporánea de que todos podemos ser libres. De hecho, nuestro sistema se basa en el modelo prusiano desarrollado para lograr exactamente lo contrario: enseñar a los niños a obedecer y a hacer lo que se les ordena. Los estudiantes que cumplen y obedecen se convierten en empleados felices de trabajar para los ricos o en soldados dispuestos a sacrificar sus vidas para proteger la riqueza de los acaudalados.»

Para conocer más sobre John Taylor Gatto, puedes visitar su sitio en la red: johntaylorgatto.com. Él continúa comprometido con la reforma educativa.

Ya sea que creas o no en la existencia de una conspiración contra la enseñanza de temas económicos en nuestro sistema escolar, resulta innegable que nuestras escuelas han suspendido en lo que se refiere a educación financiera. Sea a propósito o no, la carencia de educación financiera e instrucción respecto a temas monetarios respalda fuertemente la opresión financiera que mucha gente afronta actualmente. Esa misma carencia provoca que muchos otros, a pesar de contar con educación académica sólida, estén preocupados por la crisis financiera global. Hay millones de personas que ya perdieron sus ahorros para la jubilación por seguir los consejos de vendedores financieros; ya hay demasiados a quienes se les humedecen los ojos cuando se ven obligados a mencionar el tema de sus finanzas personales.

Comentarios del lector

Estoy de acuerdo contigo, Robert. Yo fui maestro de primaria durante treinta años antes de renunciar. Estaba muy frustrado por el sistema educativo. Siento que formamos a los jóvenes para fracasar porque los educamos en cosas que no los preparan para la vida. Los antiguos griegos creían en enseñar a la gente a pensar. Nosotros, entrenamos a nuestros jóvenes sólo para obedecer, no pensar.

—Henri54

El intercambio de libertad por dinero

Si la gente no aprende sobre el dinero, puede terminar canjeando su libertad por una nómina, un empleo estable y suficiente dinero para pagar sus deudas. Algunas personas pasan toda su vida temiendo que las despidan. Es por eso que, para millones de trabajadores con estudios sólidos, la seguridad financiera es más importante que la libertad financiera. Por ejemplo, cuando yo estaba en la Marina, tenía la sensación de que algunos de mis colegas pilotos querían permanecer en servicio 20 años, pero no para pelear por el país sino para recibir de por vida un cheque del gobierno. En el mundo académico hay muchos maestros que sueñan con la seguridad de un puesto permanente, más que con el orgullo de enseñar.

La carencia de educación financiera en nuestras escuelas ha dado como resultado que millones de personas libres estén dispuestas a permitir un mayor control del gobierno sobre sus vidas. Como no tenemos suficiente inteligencia financiera para resolver nuestros problemas, esperamos que el gobierno lo haga por nosotros, y con ello entregamos nuestra libertad y le otorgamos más y más control sobre nuestras vidas y nuestro dinero. Cada vez que la Reserva Federal y el Tesoro de Estados Unidos *rescatan* un banco, en realidad no se protege a los ciudadanos comunes, sino a los ricos. Un rescate es el equivalente a la ayuda social pero entregada a los ricos; en cada rescate renunciamos a otra parte de nuestra libertad financiera, y la cantidad que nos corresponde de deuda pública crece y crece. El hecho de que papá gobierno se haga cargo de nuestros bancos y solucione nuestros problemas financieros personales a través de programas gubernamentales como la Seguridad Social y Medicare, habla de una forma de socialismo. Yo creo que el socialismo debilita a las personas y las mantiene así. En el catecismo me enseñaron que no debía regalar pescado a la gente sino enseñarle a pescar. Pienso que la asistencia social y los rescates ilustran muy bien lo que significa regalar pescado a la gente en lugar de enseñarle a cubrir sus propias necesidades.

Impuestos, deuda, inflación y jubilación

Como mencioné en el Capítulo 1, las cuatro fuerzas que mantienen a la gente en medio de una batalla financiera son los impuestos, la deuda, la inflación y la jubilación. También comenté que estas cuatro fuerzas están relacionadas directamente con la Reserva Federal y el Tesoro de Estados Unidos. Reitero que, en cuanto la Reserva Federal tuvo autorización para emitir dinero e incrementar la deuda nacional, se incrementaron las deudas, los impuestos, la inflación y las jubilaciones. Dicho de otra manera, el gobierno consolida su poder por medio del debilitamiento financiero de la gente a través de la aplicación de estas cuatro fuerzas. Cuando la gente tiene problemas financieros, está mucho más dispuesta a permitir que el gobierno la salve, y sin saberlo, entregan a cambio su libertad personal.

En 2009 decreció el número de estadounidenses que poseen una casa. Las subastas hipotecarios siguen al alza y el número de familias de clase media ha disminuido. Las cuentas de ahorro son mucho más pequeñas, cuando las hay. Las deudas familiares se incrementan, así como el número de gente que oficialmente está bajo la línea de la pobreza. El número de personas mayores de 60 años que continúan trabajando va en incremento. Las declaraciones de bancarrota se han ido hasta el cielo y muchos estadounidenses no cuentan con el dinero suficiente para retirarse.

Pero no se trata de un fenómeno exclusivo de Estados Unidos, sino de una crisis financiera mundial. La conspiración de los ricos afecta a cada país y persona en el planeta.

Estés de acuerdo o no con la idea de la conspiración, el hecho es que el mundo atraviesa la crisis financiera más terrible de la historia y la gente busca que el gobierno la salve. E independientemente de que estés de acuerdo, el otro hecho es que la mayoría abandona la escuela sin saber nada sobre el dinero, los impuestos, la deuda o la inflación, o sobre la forma en que estas fuerzas afectan sus vidas.

¿Quién se llevó mi dinero?

Tómate un momento para mirar las realidades que muchos de nosotros afrontamos.

Realidades	*Formas en que se aplican a los ricos y a los pobres*
Escuela:	La mayoría de la gente no aprende sobre el dinero en la escuela. Los ricos aprenden sobre el dinero en casa.
Empleo:	La mayoría de la gente obtiene un empleo y trabaja para los ricos.
Impuestos:	Los impuestos se destinan a las compañías de los ricos y a los amigos de los líderes políticos a través de los rescates. Se ha calculado que por cada mil dólares que pagamos en impuestos, sólo un poco menos de 200 regresa a nosotros en beneficios. Los ricos saben cómo jugar con el sistema: poseen los negocios que producen dinero y pagan un porcentaje menor en impuestos de lo que pagan los empleados.
Deuda nacional:	Los rescates de millones de millones de los que habla el gobierno significan que nuestros hijos y descendientes pagarán, durante generaciones, para salvar a los ricos. Nuestros hijos pagarán estos rescates a través de mayores impuestos e inflación.
Vivienda:	Los pagos hipotecarios van a los bancos de los ricos. Si adquieres un préstamo hipotecario de 100 mil dólares a cinco por ciento durante 30 años, pagarás 93 mil dólares exclusivamente en intereses. Esta cifra no incluye otras tarifas o cargos por comisiones y servicios.
Jubilación:	Para su jubilación, la mayoría de la gente invierte en acciones, bonos y fondos de inversión. Buena parte de este dinero ingresa a los negocios de los ricos; si la inversión pierde dinero, eres tú quien lo pierde, pero el asesor financiero, el corredor de bolsa o de bienes raíces, conserva su comisión.

Coste de la vida: ¿Quién se lleva el dinero que gastamos en seguros, gasolina, servicio telefónico, electricidad y otros bienes básicos? Los ricos. ¿Quién recibe el beneficio cuando estos bienes básicos aumentan de precio? Los ricos.

Comentarios del lector

He notado que existe una diferencia muy marcada en el tratamiento médico entre las clases sociales. O tienes que ser rico (seguro médico privado) o muy pobre (cuidados públicos gratuitos) para obtener cualquier tratamiento. Me pregunto cuántos emprendedores y dueños de pequeños negocios pueden pagar un «buen» seguro médico; no sólo un plan catastrófico. Creo que la mayoría de la gente se queda en un trabajo que odia y nunca toma el riesgo de emprender su propio negocio por el miedo a perder el seguro médico de su familia.

–Bryan P

Las mentiras más grandes sobre el dinero

Mi padre pobre era un gran hombre, servidor público y maestro preparado, industrioso e incorruptible. Pero, cuando se trataba de dinero, era un mentiroso. Cuando hablaba sobre el empleo, la enseñanza y la vida, con frecuencia decía cosas como: «No me interesa el dinero» o «no lo hago por el dinero», o «el dinero no es tan importante». Y cada vez que yo lo escuchaba, agitaba la cabeza en negación, porque sabía que eran mentiras. Un día le pregunté: «Si no te interesa el dinero, ¿por qué aceptas tu nómina? ¿Por qué frecuentemente dices: "No me pagan lo que valgo"? ¿Por qué esperas un aumento?», pero no pudo contestarme.

Al igual que a mi padre, a mucha gente le incomoda el tema del dinero. Muchos mienten o viven en negación respecto a la importancia que tiene en sus vidas. Con frecuencia se dice: «Nunca discutas sobre sexo, dinero, religión o política», es así porque la naturaleza de estos temas es muy volátil y primitiva. Por ello, la mayoría de la gente habla del clima, los deportes, lo que hay en televisión o la dieta de moda. Éstos son temas superficiales, podemos seguir viviendo con o sin ellos. Pero no podemos vivir sin dinero.

Muchos se apegan a la creencia que enuncié en la introducción de este libro: «El amor por el dinero es la raíz de todo mal», pero lo que no ven es que, aún en el contexto de ese dicho, el dinero *no* es la raíz del mal. Muchos creen que el dinero tiene el poder de corromper, lo cual es cierto. También que si los niños aprendieran cómo hacer dinero, tal vez ya no querrían tener una buena educación, y eso también es posible. Sin embargo, para vivir la vida se requiere dinero, y ganarlo es una necesidad innegable de la vida. La mayoría de la gente pasa buena parte de su tiempo y, por tanto, de su vida, trabajando por dinero. Muchos divorcios y separaciones familiares son producto de problemas económicos.

Lo verdaderamente malo es permitir que la gente continúe en su ignorancia sobre el dinero, porque, como resultado, puede hacer cosas malas, como trabajar en algo que les desagrada, trabajar para personas que no respetan, casarse con quien no aman, tomar lo que no les pertenece y esperar que otros, como su familia o el gobierno, se hagan cargo de la situación cuando son incapaces de hacerlo.

Ideas obsoletas

La noción de que *el dinero no es importante*, es obsoleta.

Comentarios del lector

El Rey Salomón, 850-900 a.C., el hombre más sabio y rico de su época, escribió en el libro del Eclesiastés 10:19, «Un banquete brinda felicidad, el vino te dará alegría, pero el dinero es la respuesta a todas las cosas.»

—DRMLNICHOLS

En términos simples, los humanos han evolucionado a través de cuatro eras:

1. **La era de la caza y la recolección.** En tiempos prehistóricos, el dinero no era importante: tus necesidades estarían satisfechas siempre y cuando contaras con una lanza, nueces, bayas, una cueva y fuego. La tierra tampoco era importante porque los humanos eran nómadas y perseguían su comida. La gente vivía en tribus con jerarquías mínimas y el jefe no tenía mucho más privilegios que los otros. Durante esta era solamente había una clase social y el dinero no tenía importancia.
2. **La era agraria.** Cuando los humanos aprendieron a domesticar animales y a cosechar, la tierra cobró valor. El medio para transacciones comerciales era el trueque, y el dinero no era importante porque se podía sobrevivir aunque no lo tuviera. Entonces las monarquías administraban la propiedad. Los campesinos que usaban la tierra pagaban impuestos en forma de cosechas y animales, a la familia que controlaba la tierra. De hecho, la palabra *real state*, (bienes raíces, en inglés) proviene de la expresión *estado real*. Es por ello que, para referirse a la persona a la que se le paga la renta, en inglés se utiliza la palabra *landlord* (casero) que quiere decir el señor de la tierra.

Durante esta era hubo dos clases sociales: los campesinos y la realeza.

3. **La era industrial.** Considero que la era industrial comenzó en 1500. Cristóbal Colón buscó un camino que lo llevara a Asia, con lo que desafió la noción de que la Tierra era plana. No buscaba el Nuevo Mundo, como se enseña en muchas escuelas; buscaba rutas comerciales para conseguir materias como oro, cobre, caucho, aceite, madera, pieles, metales industriales, especias y textiles, todos ellos esenciales en la era industrial.

   La gente se mudó de sus granjas a las ciudades, con lo que nació un nuevo mundo de problemas y oportunidades. En la era industrial, en lugar de que los campesinos pagaran al rey, los nuevos capitalistas pagaban al empleado, y en lugar de tierras, los nuevos capitalistas poseían compañías.

   Las compañías se formaron, en principio, para proteger al rico, a sus inversores y su dinero. Por ejemplo, antes de que un barco zarpara hacia el Nuevo Mundo, los ricos formaban una compañía. Si el barco se perdía y los marineros morían, los ricos no eran responsables por esas vidas, lo único que perdían era su dinero.

   En la actualidad las cosas funcionan más o menos igual. Si un director corporativo hace que su compañía se estrelle contra las rocas; es decir, la sobrecarga con deudas excesivas, paga millones de dólares a los ejecutivos en salarios y bonos, o roba de los fondos de pensiones de los empleados, los empleados lo pierden todo, pero, generalmente, los ricos están protegidos contra todas las pérdidas y responsabilidades, incluso contra crímenes.

   Pero, incluso durante la era industrial, el dinero no era tan importante porque las relaciones entre empleador y empleado las definía un trabajo y un salario de por vida: seguridad en el empleo y seguridad financiera. Para la gente de la generación de mis padres, el dinero no era importante porque tenían pensiones proveídas por las compañías para las que trabajaban o el gobierno. También tenían una casa y ahorros en el banco. No necesitaban invertir su dinero.

Todo eso cambió en 1974, cuando el Congreso de Estados Unidos aprobó la Ley de Seguridad de Ingresos de Jubilación para el Empleado, (ERISA, por sus siglas en inglés). Dicha ley produjo instrumentos como el 401(k), IRA, Keogh y otros planes de jubilación. En 1974 el dinero se volvió importante y la gente tuvo que aprender a manejar sus propios recursos o morir en la pobreza, y a depender de la Seguridad Social, como le sucedió a mi padre cuando perdió su empleo en el gobierno.

4. **La era de la información:** Nosotros vivimos en la era de la información. En ella, el dinero sí es importante, y más específicamente, es importante el *conocimiento* sobre el mismo. El problema es que nuestro sistema educativo todavía está en la era industrial: para muchos intelectuales y académicos, el dinero continúa sin tener importancia porque operan con ideas viejas, obsoletas y anticuadas sobre el dinero. Pero, el dinero sí es importante. En nuestros tiempos representa la llave de todos los aspectos de la vida. La *seguridad financiera* es más importante que la *seguridad de un empleo.*

Comentarios del lector

Hasta hace poco tiempo, siempre había equiparado la seguridad laboral con la seguridad financiera. Nunca lo concebí de otro modo. Ahora, sé mejor.

—JAMESBZC

Educación financiera

Actualmente, resulta esencial tener tres distintos tipos de educación:

1. **Educación académica.** Incluye las habilidades de leer, escribir y resolver problemas matemáticos básicos. *En la era de la información, las habilidades aprendidas no son tan importantes como la capacidad de mantenerse actualizado ante la cambiante información.*
2. **Educación profesional.** Es el conocimiento de algún oficio con que se pueda ganar dinero. Por ejemplo, la gente va a la escuela de medicina para convertirse en médico, o a la academia de policía para unirse a las fuerzas de seguridad. En la actualidad, se requiere de mucha más preparación profesional para tener éxito financiero. *En la era de la información, la educación profesional es esencial para obtener seguridad en el empleo.*
3. **Educación financiera.** Es imprescindible para la inteligencia financiera, que no tiene tanto que ver con la cantidad de dinero que produces sino con la que conservas, con cuánto puedes lograr que tu dinero trabaje para ti y con el número de generaciones a las que puedes pasar dinero. *En la era de la información, la educación financiera es esencial para conseguir seguridad económica.*

La mayoría de los sistemas educativos realizan un trabajo bastante bueno en cuanto a la educación académica y profesional que ofrecen, pero, cuando se trata de educación financiera, lo hacen muy mal.

Por qué es importante la educación financiera en la era de la información

También vivimos en un mundo sobrecargado de información. Está por todos lados: internet, televisión, radio, revistas, boletines informativos, computadoras, teléfonos móviles, escuelas, negocios, iglesias, pizarrones, etcétera. La educación es esencial para procesar toda esta información; es por ello que la educación financiera resulta esencial.

En nuestro tiempo, la información financiera proviene de todas direcciones, pero, sin educación financiera, la gente tiene menor capacidad para procesarla y asignarle un valor personal. Por ejemplo, ¿qué entiendes cuando alguien dice que una acción tiene un radio P/E de 6, o que un bien raíz tiene una tasa de capitalización del siete por ciento? O cuando un asesor financiero dice que la bolsa de valores sube un porcentaje de 8 puntos anuales, ¿qué es lo que piensas? Tal vez te preguntas: «¿Esa información será verdadera?, ¿eso será un retorno bueno o malo?» Te reitero que, sin educación financiera, la gente no puede traducir estos datos en información con significado personal. La información sin educación tiene un valor limitado, por lo que este libro tiene el propósito de enseñarte las nuevas reglas del dinero y la manera en que afectan tu vida, aunque no te des cuenta. De esta forma podrás expandir tu educación financiera.

Nueva regla del dinero # 1: El conocimiento es dinero

La primera nueva regla del dinero es: **el conocimiento es dinero.**

Actualmente no es necesario tener dinero para producir más dinero; todo lo que necesitas es conocimiento. Por ejemplo, si hay una acción con un precio de 100 dólares en algunas casas de bolsa, puedes manejarla bajo la modalidad *short*, que consiste en vender acciones que no son tuyas. Digamos que le pido a mi corredor que me preste mil acciones valoradas en 100 dólares cada una. Después las vendo y pongo 100 mil dólares en mi cuenta de corretaje. Luego, las acciones caen a 65 dólares y yo vuelvo a mi corredor, compro mil acciones por 65 mil dólares, reembolso las mil acciones que pedí prestadas a 100 dólares la acción y puedo conservar la diferencia de 35 mil dólares, menos comisiones y costes de transacción. Básicamente, eso es lo que significa manejar una acción bajo la modalidad *short*. Para lograr todo esto, sólo necesité conocimiento. Primero necesito saber que existe la modalidad *short* para luego vender, y luego tengo que saber cómo aplicarla. En los negocios y los bienes raíces también se pueden hacer transacciones similares.

Conforme avance el libro, usaré ejemplos análogos de cómo producir dinero de la nada. Muchos serán transacciones de la vida real que completé personalmente. Además de producir dinero de la nada, mis retornos fueron mayores, gané con mucho menos riesgo que el que implican los fondos de inversión y casi no pagué impuestos.

En la era de la información, en un parpadeo se pueden ganar y perder fortunas, y todo gracias a la buena o mala información. Como la mayoría sabe, recientemente, muchas personas perdieron billones de dólares debido a que recibieron información y consejos malos, y a que carecían de educación financiera. Lo más espeluznante es que buena parte de la gente que repartió esos malos consejos, lo sigue haciendo. Hay una cita bíblica muy famosa que dice: «Mi gente perecerá por falta de conocimiento.» Actualmente, muchas personas perecen financieramente porque siguen las antiguas reglas, como ahorrar dinero y salir de deudas. O tal vez creen que invertir es arriesgado, cuando en realidad lo más arriesgado es carecer de educación financiera, de experiencia y además tener malos asesores económicos. Es posible ganar dinero sin dinero; también puedes perder los ahorros de toda tu vida en un abrir y cerrar de ojos: a eso me refiero cuando digo que el conocimiento es dinero.

Comentarios del lector

Yo diría que esta noción es correcta, pero también afirmaría enfáticamente que ACTUAR sobre el conocimiento que se tiene es más importante. Que alguien sepa cómo vender acciones, crear una página de Internet o cualquier otra cosa no necesariamente se traduce en que esa persona esté tomando las acciones necesarias para crear riqueza.

–RAMASART

Yo plantearía esa máxima en sentido contrario, pero la esencia de esta regla es que tener la información correcta es mucho mejor que simplemente tener dinero. Un hombre rico puede no preocuparse por quedar en bancarrota, porque conoce las tácticas que puede utilizar para retener su riqueza. En cambio, el hombre que tiene una cantidad significativa de dinero puede vivir en la incertidumbre porque no sabe cómo incrementar sus acciones a partir de nuevas habilidades –es decir, la nueva información que no ha sabido aplicar.

–DLSMITH29

EN RESUMEN

Ya es bastante malo que nuestras escuelas no enseñen mucho sobre el dinero, pero ahora, muchos ricos están luchando contra los estímulos económicos que el presidente Obama planea invertir para mejorar la educación. Sólo el tiempo podrá decirnos si el plan de estímulos de Obama funcionará pero, sin tomar en cuenta lo anterior, yo creo que es vital invertir más dinero en la educación para desarrollar una economía sólida, un país fuerte y un mundo libre.

Soy un abogado de la educación. En la cultura asiática, la profesión más respetada es la del maestro pero, en Occidente, los maestros son los profesionales peor pagados. Creo que si valoráramos la educación como decimos hacerlo, les pagaríamos más dinero y, en los vecindarios más pobres, construiríamos escuelas mejores y más seguras. En lo personal, creo que es un crimen que en Estados Unidos, nuestros impuestos sobre bienes raíces determinen el tipo de educación que recibe un niño. Es decir, las escuelas de los vecindarios pobres reciben menos dinero de impuestos que las escuelas de los vecindarios ricos. ¡A esto llamo una conspiración de los ricos!

También pienso que si verdaderamente valoráramos la educación, daríamos a la gente educación financiera, porque reconoceríamos que el dinero es un aspecto importante de la existencia. Así que, mientras muchos de los mal llamados «abogados de la educación» se burlan de mis ideas, yo simplemente pregunto: ¿por qué continuar defendiendo un sistema diseñado para convertirnos en parte del engranaje de una maquinaria mayor, y no para crear pensadores libres? ¿Por qué proteger un sistema que suprime el conocimiento económico en lugar de producir gente con educación financiera que pueda prosperar en un sistema capitalista?

Independientemente de que, al igual que yo, creas que existe una conspiración en la educación, es un hecho innegable que ahora más que nunca se necesita una educación sólida que incluya conocimientos financieros. Cuando era niño, si a alguno de mis compañeros no le iba bien en la escuela, de todas formas podía conseguir un empleo bien pagado en una plantación o en una fábrica. Actualmente, las fábricas cierran y los empleos se van al extranjero, así que, a un niño al que le va mal en la escuela, muy probablemente también le irá mal en la vida. Es por eso que el mundo requiere escuelas más seguras y mejores, maestros bien pagados y mayor educación financiera.

En la era de la información vivimos con una sobrecarga de datos, y la educación nos da el poder de traducir esa información en insumos que podemos usar para mejorar nuestras vidas. Nos puede dar el poder de resolver nuestros problemas financieros en lugar de esperar que el gobierno lo haga. Detén los rescates y las caridades, es hora de terminar con la conspiración de los ricos, es hora de aprender a pescar.

3

La conspiración contra nuestro dinero: El banco nunca quiebra

El banco nunca «quiebra». Si se queda sin dinero, el banquero puede imprimir tanto dinero como sea necesario en papel ordinario.

—Reglas del juego Monopoly

EL DÍA QUE MURIÓ EL DÓLAR

El dólar murió el 15 de agosto de 1971. Ese día, sin la autorización del Congreso, el presidente Nixon desvinculó al dólar estadounidense del oro y nuestra moneda se convirtió en dinero de Monopoly. Después de eso comenzó el mayor *boom* económico de la historia.

Actualmente, en el 2009, mientras la economía mundial se colapsa, los dirigentes de los bancos centrales del mundo están produciendo billones de dólares, yenes, pesos, euros y libras, siguiendo las reglas que indica el Monopoly para los banqueros.

El Monopoly es simplemente un juego, pero sus reglas se pueden convertir en una receta para destruir a la sociedad si se aplican en la vida real. En alguna ocasión, el connotado economista inglés John Maynard Keynes dijo: «No hay una forma más sutil y segura de derribar las bases de la sociedad, que corromper la moneda. El proceso involucra a todas las fuerzas de la ley económica con la destrucción, y lo hace de tal forma que ningún hombre sería capaz de detectarlo.» En este momento nuestra economía se encuentra enferma porque las desbocadas imprentas de la Reserva Federal están inundando nuestro sistema monetario con dinero de juguete que corrompe la divisa existente, y nadie es capaz de detectar el problema, tal como Keynes lo advirtió hace varios años.

Comentarios del lector

Dinero de Monopoly... John Kenneth Galbraith dijo alguna vez que «el proceso por el cual los bancos crean dinero es tan simple que la mente lo rechaza».

–Hellspark

¡Yo no sabía que esa regla existía en Monopoly! Da miedo lo parecido a la vida real que es. Los ejemplos que me vienen a la mente son préstamos bancarios y tarjetas de crédito.

–Ajoyflower

Dinero de la nada

La gente ignoró la advertencia de Keynes, el cambio que Nixon realizó en 1971 y otros indicios de la destrucción monetaria, porque la corrupción de la divisa la hizo sentirse rica inesperadamente. Las tarjetas de crédito llegaban por correo e ir de compras se convirtió en el deporte nacional; muchas personas de clase media se convirtieron en seudomillonarios porque, aparentemente, se estaba incrementando el valor de sus casas como por arte de magia.

La gente llegó a creer que podría cubrir sus gastos de jubilación con ganancias obtenidas en la bolsa de valores. También solicitó préstamos hipotecarios; es decir, con garantía inmobiliaria, para pagar sus vacaciones familiares y, en lugar de un coche, tenía un Mercedes, un monovolumen y una SUV. Los jóvenes asistían a la escuela y ahí los amarraban con préstamos para sus estudios que les llevaría años pagar. La clase media celebraba su recién adquirida riqueza con cenas en restaurantes caros, prendas de diseñador, porsches y *McMansiones*, pero todo estaba respaldado con deudas.

Ahora estamos saliendo del *boom* más grande de la historia, pero el problema es que fue provocado por deuda, no por dinero; se basó en la inflación, no en la producción; en los préstamos y no en el trabajo. Era *dinero por nada* en más de un sentido, porque el dinero en realidad *era* nada. Keynes habría dicho que nuestro dinero había sido corrompido: parecía que éramos ricos pero la sociedad estaba colapsando.

A partir de 1971, los banqueros pudieron producir dinero con sólo imprimir más billetes. En la era digital actual, ya ni siquiera necesitan eso: mientras lees este libro, se emiten electrónicamente billones de dólares, yenes, euros, pesos y libras: todos salidos de la nada.

Las reglas del Monopoly dicen que tú y yo sí podemos quebrar, pero el banquero no, porque el juego del Monopoly global debe continuar.

Testigo del cambio

En 1972 estaba apostado como piloto de la Marina en un portaaviones en la costa de Vietnam. La guerra no iba nada bien y, aunque todos sabíamos que perdíamos, éramos marines y simplemente no podíamos aceptarlo. Mi trabajo consistía en hacer que los otros tuvieran una actitud positiva, que se enfocaran en mantenerse vivos y que, al mismo tiempo, estuvieran dispuestos a dar sus vidas por sus compañeros y su país. No podía permitir que mis hombres descubrieran mis dudas y temores; ellos tampoco mostraban los suyos.

Resultaba difícil mantener el ánimo porque sabíamos que la balanza de la guerra no se inclinaba hacia nosotros. Sabíamos que, también en casa, estábamos perdiendo la batalla: cada vez que veíamos fotografías de los estudiantes que protestaban quemando sus cartillas militares y la bandera norteamericana, nos preguntábamos quién tenía razón y quién no.

Algunas de las canciones de *rock* más populares de la época hablaban en contra de la guerra. Había una cuya letra decía: «¿Para qué sirve la guerra? Absolutamente para nada». En lugar de permitir que la canción nos deprimiera, cuando íbamos a la batalla, mi tripulación y yo gritábamos a todo volumen esa estrofa. Por alguna extraña razón, nos transmitía valor para hacer lo que nos correspondía y afrontar la inminente realidad de la muerte.

La noche anterior a cada misión, subía a la proa del portaaviones, me sentaba solo y dejaba que el viento separara mis pensamientos de mis temores. No rezaba para no morir: rogaba para que, si acaso el amanecer traía consigo mi último día, pudiera yo escoger la forma en que moriría: no quería irme como un cobarde, no quería que el miedo dirigiera mi vida.

Es por ello que cuando volví de la guerra, no busqué la seguridad de un empleo, no permití que el miedo de la inseguridad financiera dirigiera mi existencia. Preferí convertirme en empresario. Cuando mi primer negocio fracasó y perdí todo, tampoco permití que el miedo, la frustración y la duda me impidieran hacer lo necesario. Simplemente recogí los trozos y reconstruí mi negocio. El aprendizaje en mis negocios fue la mejor escuela a la que pude asistir, y aún sigo aprendiendo en ella.

En los años recientes, tampoco permití que, mientras los mercados de acciones y bienes raíces estaban en auge y los tontos se apresuraban a invertir, la codicia se apoderara de mi lógica. En este momento de crisis económica, tengo los mismos temores que los demás, sin embargo, no he permitido que me impidan hacer lo correcto. En lugar de ver solamente la crisis, me empeño en buscar las oportunidades que me presenta. Es la lección que aprendí en la guerra de Vietnam, y por eso considero que, en ese sentido, la guerra fue benéfica para mí.

La guerra también me permitió presenciar, desde primera fila, una de las transformaciones más importantes en la historia del mundo: el cambio de las reglas del dinero.

Una carta de casa

Lo más importante para nosotros en la zona de guerra era el correo. Atesorábamos las cartas que recibíamos de casa porque eran una conexión con la gente más importante en nuestras vidas.

Un día recibí una carta de mi padre rico. Casi no sabía de él porque no era mi verdadero padre sino el de mi mejor amigo. Pero desde los nueve años, además de ser mi mentor financiero, mi padre rico fue como un segundo padre. Su misiva comenzaba con negritas: **«Las reglas del dinero han cambiado».** En la misma carta me recomendaba que leyera el *Wall Street Journal* y que me mantuviera al tanto del precio del oro. Mi padre me explicó que el presidente Nixon había desvinculado el dólar del patrón oro en 1971, e insistió en que el valor del oro se había modificado, a pesar de haber mantenido un precio fijo de 35 dólares la onza durante mucho tiempo. Cuando Nixon rompió el vínculo entre el dólar y el oro, el precio de este último comenzó a subir. Para el momento en que leí la carta el precio del oro fluctuaba entre 70 y 80 dólares la onza.

En ese tiempo yo no tenía idea de por qué él estaba tan emocionado. Mi padre rico rara vez habló del oro cuando era niño, y si acaso lo hizo, fue para decir que era incorrecto que con él se respaldara el dinero. No entendí lo que quería decir, así que la información pasó inadvertida para mí. Pero, por el tono de la carta, pude darme cuenta de que estaba muy emocionado por lo que había hecho Nixon. Su mensaje era el siguiente: con la separación del dólar y el oro, los ricos comenzarían a jugar con el dinero de forma inusitada. Me explicó: «Mientras el precio del oro sube y baja en relación con el dólar, se registran los más grandes *booms* y conmociones pero, con el dólar separado del oro, entraremos en un periodo de extrema inestabilidad financiera. La inflación se irá hasta el cielo, los ricos enriquecerán más y los demás serán eliminados». Terminaba su carta diciendo: «El dólar se ha convertido oficialmente en dinerito de Monopoly, y las reglas de este juego son ahora las nuevas reglas del dinero».

Una vez más no pude comprender por completo el mensaje, pero ahora que soy mayor y sé más, entiendo que me decía que ése era el momento de hacerse rico. Era la oportunidad de su vida y tenía la razón. Mi padre rico enriqueció mientras la economía estaba en auge, en tanto que mi padre pobre se aferró a la seguridad de un empleo y dejó pasar el *boom* financiero más grande de la historia.

Finalmente, la lectura de las reglas

Varios días después fui a la sala de oficiales, en donde encontré un viejo Monopoly y comencé a jugar con un grupo de pilotos. Como lo había jugado innumerables veces, ni siquiera me tomé la molestia de leer las reglas. Pero, conforme avanzó el juego, recordé que mi padre rico dijo que las reglas del Monopoly se habían convertido en las nuevas reglas del dinero en el mundo. Revisé las instrucciones y me encontré la regla a la que se refería mi padre rico:

El banco nunca quiebra. Si se queda sin dinero, el banquero puede imprimir tanto dinero como sea necesario en papel ordinario.

Gracias, en parte, a esa simple advertencia de mi padre rico, actualmente sé por qué atravesamos una crisis financiera masiva y global. Para los ricos y los poderosos, el cambio de reglas significó que podían imprimir dinero en cualquier papel ordinario. Nuestro dinero se había corrompido.

Antes de 1971 nuestro dinero era dorado porque lo respaldaba el metal precioso, pero ahora es tóxico y hace que la gente y los negocios del mundo se enfermen. Es como beber agua contaminada y después preguntarte por qué te sientes enfermo. Al cambiar las reglas del dinero los ricos pudieron robar legalmente nuestra riqueza a través del mismo sistema financiero.

Comienza la educación en la vida real

En 1972 seguí el consejo de mi padre rico y leí religiosamente el *Wall Street Journal* en busca de artículos sobre el oro. De esa forma comencé a aprender sobre este metal y su relación con el dinero. Leí todos los artículos que pude encontrar sobre el tema. Pero la lectura no fue lo único que me dio importantes lecciones: también había ejemplos concretos en mi entorno.

Un día volé en mi artillero a un pequeño pueblo en las afueras de Da Nang, una ciudad importante al sur de Vietnam. Como teníamos unas cuantas horas libres antes de volver al portaaviones, paseé un rato por el pueblo con el jefe de mi tripulación. Él quería comprar frutas exóticas que no teníamos en el barco, como mangos y papayas.

Después de elegir una buena variedad, sacó del bolsillo de su traje de vuelo un fajo de *piastres*, el papel moneda de Vietnam del Sur. Pero la vendedora dijo: «No, no, no», mientras agitaba la mano. Nos estaba diciendo que no iba a aceptar «*p*», como se le llamaba a la divisa. Entonces, el jefe de tripulación sacó un billete de 50 dólares y se lo entregó. Ella lo tomó con reticencia y frunció el ceño al tiempo que inspeccionaba el billete verde con suspicacia. Finalmente, dijo: «Ok, usted espere», y corrió a otro puesto, realizó alguna transacción, volvió corriendo y le dio a mi colega la bolsa con fruta.

—¿Qué fue todo eso? —le pregunté al jefe de tripulación.

—Está lista para huir —me contestó—. Está planeando irse del país.

—¿Cómo lo sabes?

—Porque selecciona el dinero con cuidado. Sabe que el piastre no vale nada, nadie lo aceptará fuera de Vietnam del Sur. ¿Por qué recibiría alguien la moneda de un país que pronto dejará de existir? También sabe que el precio del dólar estadounidense está cayendo y que el oro sube. Es por eso que corrió al otro puesto, para cambiar mis dólares por oro.

Mientras caminábamos de vuelta al artillero, le dije:

—Noté que te dio el cambio en piastres.

—Sí, yo también me di cuenta —me dijo, sonriendo—. Ahora tengo una bolsa de frutas y mi bolsillo lleno de piastres, pero ella tiene oro.

Yo creía que podía comprar oro a un mejor precio si lo hacía detrás de las líneas enemigas. Arriesgar mi vida y la de mi equipo me hizo darme cuenta de que, no importa en dónde esté, el precio del oro es el mismo. Mi educación acerca del mundo real en las nuevas reglas del dinero y su relación con el juego del Monopoly estaba apenas comenzando.

Preocupación general

En el 2009, la economía empeora y crece la preocupación. La gente ya sabe que algo anda mal, el problema es que no sabe qué sucede con *exactitud*. Volviendo a John Maynard Keynes: «El proceso (de corromper la divisa) involucra a todas las fuerzas de la ley económica con la destrucción, y lo hace de tal forma que ningún hombre sería capaz de detectarlo».

Hoy en día, la gente hace lo que se le ha enseñado: va a la escuela, trabaja duro, paga sus deudas, ahorra, invierte su dinero en fondos de inversión y espera que las cosas vuelvan a la normalidad. Es por eso que todo el mundo está reclamando su parte del rescate. Muy pocos comprenden que la raíz del problema es *nuestro dinero*: precisamente aquello por lo que trabajamos y a lo que tanto nos aferramos. De igual manera, muy pocos comprenden que quienes controlan el suministro monetario quieren hacernos más y más dependientes a su dinero tóxico. Porque, cuanto más necesitamos el dinero, más pueden ellos imprimir; cuanto más necesitamos el dinero, más nos debilitamos. Cuanto más necesitamos el dinero, más nos inclinamos al socialismo. En lugar de enseñar a la gente a pescar, el gobierno le *regala* pescado y ésta se hace más dependiente del gobierno en lo que se refiere a la solución de sus problemas económicos.

No confíes en los bancos

Es irónico pero, a pesar de que la Reserva Federal y el Tesoro son la causa del problema, el mundo entero confía en que dichas instituciones resolverán los principales problemas económicos de la gente. Como mencionamos con anterioridad, la Reserva Federal no es federal ni es estadounidense. La «Fed», como se le llama comúnmente, pertenece a algunas de las familias más acaudaladas del mundo; es un cártel bancario, así como la OPEP es un cártel petrolero. Muy pocos se dan cuenta de que no tiene reservas porque no cuenta con dinero, no necesita una gran caja fuerte para guardarlo. Si se están aplicando las reglas del Monopoly, ¿entonces por qué tenemos que acumular dinero? El banco de la Reserva Federal no es un banco, es una idea tan ilusoria como nuestro dinero.

Algunas personas dicen que la creación de esta institución fue inconstitucional. Piensan que dañó la economía mundial, y eso es cierto. También hay quienes opinan que es lo mejor que le ha sucedido al mundo, que ha ayudado a generar riqueza como nunca antes, y eso también es cierto.

Cuestionar a los fundadores de la Reserva Federal no ayuda gran cosa. La realidad es que, hoy en día, la «Fed» dirige el juego. En lugar de preguntar al presidente Obama lo que hará respecto a la crisis económica, mejor pregúntate: «¿Qué haré yo?». En lugar de preguntarte si el paquete de estímulo de billones de dólares funcionará, mejor pregúntate: «¿De dónde salió ese billón de dólares? ¿Todavía sigue en la caja fuerte de alguien más?».

En términos bastante simples, hay dos cosas que los bancos centrales del mundo tienen capacidad de hacer:

1. Producir dinero de la nada, así como lo dicen las reglas del Monopoly (y lo están haciendo por billones).
2. Prestar dinero que no tienen. Cuando pides dinero prestado al banco, el banco no necesita tener el dinero en su caja fuerte.

El juego de perder y ganar

La historia nos muestra que, cada vez que los gobiernos imprimen su propio dinero; es decir, dinero por decreto, ese dinero eventualmente recobra su valor original: cero. Sucede así porque el papel moneda es un juego de perder y ganar. ¿Sucederá lo mismo con el dólar norteamericano, el yen, el peso, la libra y el euro? ¿Se repetirá la historia?

En este momento puedo escuchar a muchos norteamericanos orgullosos y temperamentales decir: «Eso no va a suceder en Estados Unidos. El valor de nuestro dinero nunca será cero». Pero, por desgracia, eso ya pasó en varias ocasiones. Durante la guerra de independencia, el gobierno estadounidense acuñó el continental, y cuando emitió demasiados, nuestro dinero se convirtió en un chiste. Gracias a eso surgió la frase: «Eso no vale un continental». Pasó lo mismo con el dólar confederado. Así que, cuando necesito recordar que el dinero puede volver a valer nada, sólo pienso en aquella vendedora de fruta en Vietnam y en la aversión que tenía al piastre; además, no es historia antigua, sucedió hace poco tiempo.

Hoy en día, todo el mundo funciona con dinero de Monopoly, pero ¿y qué tal si se acaba la fiesta? ¿Nos van a salvar con algún rescate económico? Irónicamente, cada vez que se lleva a cabo un rescate, aumenta la deuda pública, pagamos impuestos mayores, los ricos se enriquecen más y nuestro dinero pierde valor. Cada vez trabajamos mucho más a cambio de menos y menos, y también disminuye el valor de nuestros ahorros.

No quiero decir que el dinero de Monopoly actual valdrá cero, y tampoco estoy diciendo lo contrario. Pero, si la historia se repite y el dólar norteamericano pierde todo su valor, habrá un cataclismo mundial. Será la mayor transferencia de riqueza en la historia del mundo: los ricos se enriquecerán y, definitivamente, los pobres se harán más pobres. La clase media sencillamente desaparecerá.

Apocalipsis ahora

Ahora que la crisis financiera empeora, resulta más difícil ocultar los secretos sobre las nuevas reglas del dinero. Esta crisis nos está llevando hacia el apocalipsis financiero.

Mucha gente con creencias religiosas utiliza la palabra apocalipsis para referirse al fin del mundo, pero no hablo de ese tipo de apocalipsis. La palabra apocalipsis proviene del griego y significa «levantar el velo». Es un término que se aplica cuando algo que está oculto para la mayoría es develado. En pocas palabras, apocalipsis significa «secretos revelados».

Si leíste *Padre Rico, Padre Pobre*, seguramente recordarás que el subtítulo del libro era: «Qué les enseñan los ricos a sus hijos acerca del dinero, ¡que las clases media y pobre no!», leerlo fue para muchos como enfrentarse al apocalipsis, levantar un velo, revelar algo que estaba oculto para la mayoría. En 1997, cuando se publicó, hubo airadas protestas porque en él se decía: «Tu casa no es un activo». Algunos años más tarde, cuando se reveló el desastre de las *hipotecas subprime*, millones de personas perdieron sus hogares y la gente alrededor del mundo perdió billones de dólares porque había apostado por este tipo de hipotecas y otras variaciones de deudas tóxicas. Todo lo anterior fue ocasionado, en parte, porque los banqueros nos inundaron con dinero corrupto sacado de la nada. A pesar de lo que mucha gente aseveró, *Padre Rico, Padre Pobre* no fue un libro sobre bienes raíces, sino sobre conocimiento financiero, conocimiento que fue transmitido de padre a hijo.

Deuda es el nombre del juego

En términos muy sencillos, el dinero se convirtió en deuda a partir de 1971. Para que la economía se expandiera, fue necesario que tú y yo nos endeudáramos; es por eso que las tarjetas de crédito comenzaron a llegar por correo y los préstamos hipotecarios se pusieron a disposición de gente que tenía un mal historial crediticio.

Técnicamente, el dinero que está en tu billetera no te pertenece. Es como un pagaré, es deuda. La crisis financiera actual es así de severa porque las reglas bancarias del Monopoly permitieron que nuestros bancos más grandes y *Wall Street* empacaran la deuda y la vendieran al mundo como si se tratara de un activo. Según la revista *Time*, de 2000 a 2007, la deuda representó la mayor exportación de Estados Unidos. Las mentes más brillantes del ámbito bancario y bursátil estaban haciendo algo muy parecido a lo que hace una persona pobre al refinanciar su préstamo hipotecario para pagar su deuda de tarjetas de crédito.

Si hubiéramos sabido que nuestro dinero estaba corrompido, que se había convertido en dinero de Monopoly, tal vez no estaríamos en medio del desastre financiero que atravesamos. Si tuviéramos educación financiera, más de una persona entre un millón hubiera anticipado nuestro problema financiero. Si tuviéramos más educación financiera, no habría personas ciegas que consideraran su casa un activo, que el ahorro es una medida inteligente, que la diversificación los protegerá del riesgo y que invertir en fondos a largo plazo es la mejor opción de inversión. Pero debido a nuestra falta de educación financiera, han prevalecido las destructivas políticas monetarias de los poderes. A ellos les conviene que tú y yo permanezcamos en la oscuridad. Es por eso que, antes de inundar nuestro mundo con deuda, los ricos tomaron el control de nuestro sistema educativo; es por eso que en las escuelas no nos enseñan nada sobre el dinero.

Comentarios del lector

Al leer esto, recordé lo que Henry Ford dijo acerca de la Gran Depresión en 1930, lo parafraseo: temía que no fuera lo suficientemente larga como para que sus compatriotas aprendieran de ella.

—Kuujuarapik

Nueva regla del dinero # 2: aprende a usar la deuda

Mucha gente enseña que la deuda es negativa o maligna, pregona que lo más inteligente es pagar tus deudas y mantenerte limpio, y hasta cierto punto, están en lo correcto. Existe deuda buena y deuda mala. Pagar la deuda mala es bueno; de hecho, lo mejor es ni siquiera adquirirla. Sencillamente, la deuda mala saca el dinero de tus bolsillos y la deuda buena pone dinero en ellos. Una tarjeta de crédito representa deuda mala porque compra artículos que se deprecian, como enormes pantallas de televisión. Pero solicitar un préstamo para invertir en una propiedad que puedes alquilar, es deuda buena, siempre que el flujo de efectivo del activo cubra los pagos de la deuda y permita que un remanente llegue a tu bolsillo.

Comentarios del lector

Éste es el concepto clave para volverse rico. ¡Es la clave! No pretendo ser un gran hombre de negocios. Tengo una clínica, opero mayoritariamente en el cuadrante A (autoempleado) pero estoy poco a poco incrementando mi cuadrante D (dueño) en términos de ingreso y conocimiento. He aprendido, de primera mano, cómo una pieza de equipo médico puede convertirse en un activo fabuloso, aun cuando esté financiado con deuda.

—Grgluck

Quienes pregonan los males de la deuda no entienden que ésta es esencial para la economía estadounidense; ahora bien, podemos debatir si esta idea es correcta o incorrecta. Lo que no es debatible es que nuestra economía entera colapsaría si no hubiera deuda. Por ello nuestro gobierno está emitiendo cantidades récord de bonos para reunir dinero y se ha involucrado en un gasto *deficitario* nunca antes visto. El mayor temor del gobierno es la deflación; para combatirla necesita inflación y la inflación se produce a través de la deuda.

Sé que el presidente Obama ha prometido cambio y esperanza, pero decidió nombrar a Tim Geithner secretario del Tesoro y a Larry Summers, el secretario anterior, presidente del Consejo Económico Nacional (*National Economic Council*). Estas personas aceleraron la crisis durante la administración del presidente Clinton, y por eso, nada cambiará en realidad si tú y yo no volvemos a endeudarnos. Si dejamos de pedir prestado y los bancos dejan de dar créditos, probablemente se producirá una caída de la bolsa y una depresión posterior.

El congelamiento prolongado del crédito nos llevaría a la depresión porque, en este momento, la economía crece gracias a nuestro endeudamiento, no a la producción de bienes básicos. El presidente George W. Bush dijo en 2003: «Es parte del interés nacional que más gente tenga casa propia.» Obviamente, estaba ensalzando las virtudes de una casa propia porque quería que más gente se endeudara y, así, salvar la economía. Habrás notado que, hoy en día, cuando los bancos subastan una propiedad, es porque no la quieren conservar. Las casas no son activos, el activo eres tú o, mejor dicho, tu capacidad de pagar intereses por el préstamo.

Por supuesto, vivir bajo el yugo de la deuda también significa morir bajo el yugo de la deuda. En 2007, la abrumadora montaña de deuda en tarjetas de crédito y en préstamos hipotecarios alcanzó su límite, y ni Estados Unidos ni el mundo podían absorber más deuda. Hoy en día, millones de personas están descubriendo por qué en 1997, en *Padre Rico, Padre Pobre*, dije: «Tu casa no es un activo».

En el oro confiamos

En 1957 se imprimió la frase «En Dios confiamos» (*In God We Trust*) en el billete de dólar estadounidense, y en 1971, el dólar se desvinculó del oro. Según un artículo reciente de *Vanity Fair*, el poder adquisitivo del dólar ha caído un 87 por ciento. Como dije anteriormente, todas las divisas por decreto y el dinero de Monopoly patrocinado por el gobierno, han vuelto en algún momento a su verdadero valor de cero. En 1970, con 1000 dólares se podían comprar unas 28 onzas de oro; para marzo de 2009, con el oro a 900 dólares la onza aproximadamente, esas 28 onzas podrían venderse por unos 25000 dólares, incluso después de la caída más fuerte de la historia en la bolsa.

John Maynard Keynes nos advirtió en 1924 sobre la corrupción del dinero y desestimó el oro calificándolo de «reliquia bárbara». Por desgracia, no advirtió cuánto podían corromper nuestra moneda la Reserva Federal y el gobierno cuando cambiaron las reglas del dinero en 1971.

Para 1952, la proporción entre la deuda interna y el ingreso disponible era menor al 40 por ciento; es decir, si tenías 1 000 dólares después de impuestos, solamente 400 iban a la deuda. Pero para 2007, el porcentaje había subido a 133. Como los salarios no se incrementaban, la gente sobrevivía gracias a las tarjetas de crédito y a los préstamos hipotecarios. Actualmente, los estadounidenses tienen una deuda de consumidor de 2,56 billones.

Hasta nuestros mejores y más inteligentes banqueros cayeron en la trampa. En 1980, la deuda bancaria representaba aproximadamente el 21 por ciento del gasto total de Estados Unidos (GDP), y para 2007 había aumentado a 116 por ciento.

En 2004, la Comisión de Valores de Estados Unidos (*Securities and Exchange Comission*), permitió, con el objetivo único de salvar la economía, que los cinco bancos más importantes imprimieran la cantidad necesaria de dinero para disolver el límite de reserva de 12 a 1. Un límite de reserva de 12 a 1 significa que, por cada dólar en las cuentas del banco, éste puede prestar 12 dólares en deuda. Al permitir que los cinco bancos más importantes disolvieran el límite de reserva de 12 a 1, también se consintió que imprimieran dinero a voluntad, así como lo indican las reglas del Monopoly:

> *El banco nunca quiebra. Si se queda sin dinero, el banquero puede imprimir tanto dinero como sea necesario en papel ordinario.*

Por desgracia, permitir que los bancos más grandes imprimieran cantidades casi ilimitadas de dinero, no salvó a la economía, solamente empeoró el problema.

Nueva regla del dinero # 3:
aprende a controlar el flujo de efectivo

Si quieres tener seguridad financiera y, posiblemente, hacerte rico, necesitarás saber cómo controlar tu flujo de efectivo personal y observar el flujo global de empleos, gente y dinero.

Dinero que se escapa

Al principio de este capítulo escribí sobre la vendedora de fruta de Vietnam porque deseaba enfatizar la relación entre el dinero y el «escape» en las crisis económicas. El 2 de marzo de 2009, el índice Down Jones cayó 299 puntos hasta llegar a 6763, luego de alcanzar un máximo de 14164 puntos el 9 de octubre de 2007. En términos sencillos, significa que el dinero está *escapando* del mercado de valores, igual que la vendedora se alistaba para huir, cambiando sus dólares por oro. En 2009, usando la frase de mi padre rico, estamos «experimentando un escape del efectivo». La pregunta es: ¿hacia dónde está escapando?

Flujo de efectivo es el término más importante en el ámbito de los negocios y las inversiones; es por ello que el juego didáctico que desarrollé se llama *Cashflow* (flujo de efectivo). Controlar el flujo de efectivo *personal* y el flujo de efectivo *mundial*, es una de las actividades más relevantes que aprendí de mi padre rico. Él me enseñó a observar tres elementos para mantenerme al tanto del flujo de efectivo global:

1. **Empleos:** los empleos se han estado yendo al extranjero durante años. Debido al colapso de General Motors, hoy en día los empleos en Estados Unidos abandonan Detroit, lo cual significa que la economía de esta ciudad padece.
2. **Gente:** la gente ahora trata de huir como aquella mujer vietnamita, huye hacia los sitios donde hay empleos. A mí me gusta invertir en los mercados a los que llega gente, no en los mercados que la gente abandona.

3. **Efectivo:** la misma mujer vietnamita quería dinero global, por eso cambió sus piastres por dólares y los dólares por oro. Sucede lo mismo en la actualidad. El mercado de valores colapsará porque el efectivo escapa de las acciones y fluye hacia los ahorros, los bonos, el oro, y hacia abajo de los colchones de la gente.

Deuda, dinero y flujo de efectivo

Una de las habilidades más útiles que puede aprender una persona es usar la deuda; asimismo, debe tener en cuenta que la deuda solamente es benéfica en relación con el flujo de efectivo. Si yo fuera el encargado del sistema educativo, enseñaría a los estudiantes la diferencia entre deuda buena y deuda mala, y a usar la deuda buena para que el efectivo fluya hacia sus cuentas bancarias y no salga de las mismas. Se requiere IQ financiero para usar la deuda buena de manera eficiente y, como en este momento nuestro dinero es deuda, lo que podría fortalecer la economía es enseñar a la gente cómo usar la deuda adecuadamente.

En mi libro *Incrementa tu IQ financiero*, hablé detalladamente sobre la manera de usar la deuda con bajo riesgo y retornos altos. A pesar del estado actual de la economía, mis inversiones con deuda siguen teniendo un flujo de efectivo positivo. Mis inversiones siguen firmes porque mis socios y yo adquirimos casas en donde hay trabajos, en zonas donde fluyen la gente y el dinero. Dicho llanamente, los bienes raíces no valen mucho si no hay empleos, porque los empleos atraen gente y el efectivo fluye hacia donde fluye la gente.

Comentarios del lector

Lo que es más sorprendente es que no aprendí nada acerca de flujo monetario en clases de administración y contabilidad avanzada, mientras estudiaba una maestría en administración de negocios. ¿No creen que es algo que deberían enseñar? Aprendí cómo calcular los números y cómo colocarlos correctamente para tenerlos registrados. Nunca te enseñan la IMPORTANCIA del flujo monetario para construir o crear riqueza.

—DRMBEAR

ESPERANZA FRENTE A EDUCACIÓN

Pienso que en lugar de esperar a que el presidente Obama salve al mundo, es más inteligente ponerse las pilas con el dinero. La primera nueva regla del dinero es: *el conocimiento es dinero*, y ese conocimiento debe incluir el uso de la deuda y el control sobre el flujo de efectivo personal, así como el seguimiento del flujo de empleos, gente y dinero alrededor del mundo.

Yo diseñé el juego de mesa *Cashflow* para enseñar a la gente a tomar el control de su flujo de efectivo personal y a usar la deuda para que el efectivo fluya hacia su cuenta bancaria, no fuera de ella. Al juego *Cashflow* lo han llamado el Monopoly con esteroides, y tiene tres niveles:

NIVEL #1: *CASHFLOW* PARA NIÑOS DE CINCO A DOCE AÑOS DE EDAD

En lugar de usar palabras y números, en *Cashflow* infantil se utilizan colores e ilustraciones para enseñar los fundamentos del dinero y del flujo de efectivo, así como la manera de usarlos con inteligencia.

NIVEL #2: *CASHFLOW 101*, LOS FUNDAMENTOS DE LA INVERSIÓN

El juego enseña las diferencias entre activos y pasivos, así como la forma de utilizar la deuda inteligentemente. Combina principios contables y bursátiles.

NIVEL #3: *CASHFLOW 202*, INVERSIÓN TÉCNICA

Este juego enseña a los participantes los principios de invertir en mercados de valores al alza y a la baja. Como sabes, con la caída de la bolsa, millones de personas perdieron billones de dólares. *Cashflow 202* te enseña a obtener beneficios en mercados al alza y en mercados a la baja.

Puedes obtener más información sobre los juegos en mi sitio Rich Dad.com. Hay miles de clubes oficiales y no oficiales de *Cashflow* en todo el mundo, donde puedes aprender a jugar gratuitamente o a un coste muy bajo.

Los clubes oficiales de *Cashflow* están suscritos a un servicio electrónico en línea de la compañía Padre Rico. También te ofrecen un programa de diez pasos diseñado para incrementar tu IQ financiero y se les exige que se apeguen a los principios de la compañía Padre Rico. Si no hay un club en tu localidad, tal vez podrías comenzarlo y enseñar: recuerda que es la mejor manera de aprender.

EN RESUMEN

Aunque ya sabemos que el banco nunca quiebra, tú y yo sí; tengo buenas noticias: tú y yo podemos, al igual que el banco, imprimir nuestro propio dinero. En capítulos posteriores te mostraré cómo imprimo mi dinero utilizando mi inteligencia financiera, a veces a través de la manipulación de la deuda y, otras, controlando el flujo de efectivo.

4

La conspiración contra nuestra riqueza

¿Estás preparado para la próxima depresión?

Pregunta: ¿Cuántos años duró la Gran Depresión?

Respuesta: A. 25
B. 4
C. 16
D. 7

La respuesta a esta pregunta depende del parámetro que uses para contestarla. La última depresión duró 25 años de acuerdo con el parámetro de la bolsa de valores. En septiembre de 1929 el índice Dow Jones llegó a un tope de 381, y para el 8 de julio de 1932, el mercado había perdido un apabullante 89 por ciento de su valor; ese mismo día, el volumen de la bolsa de Nueva York se contrajo a cerca de un millón de acciones intercambiadas y el índice Dow Jones se hundió hasta alcanzar los 41 puntos. Ése fue el nivel más bajo al que llegó el *bear market.* A partir de ahí y a pesar de estar justo en medio de la depresión, el mercado se disparó al alza. Sin embargo, a pesar de que con dicha alza comenzó una etapa de *bull market*, pasaron 25 años, de 1929 a 1954, antes de que el Dow Jones sobrepasara su último nivel alto de 381.

En el pasado reciente fuimos testigos de otro repunte del Dow Jones. En octubre de 2007 este índice se disparó hasta 14164, y ahora, en poco tiempo, se encuentra un 50 por ciento más abajo. Si consideramos el indicativo de 1929-1954, el Dow Jones podría llegar nuevamente a 14164 en el año 2032.

El 10 de marzo de 2009, el Dow Jones se disparó 379 puntos hasta alcanzar 6926 en un día; con dicho puntaje prácticamente se igualó la ganancia que hubo entre 1932 y 1954 después de la última depresión. En Wall Street lo celebraron a pesar de que días antes, en febrero, se había informado de la pérdida de más de 650 000 empleos.

Justo en este momento, mientras escribo, la gente afirma: «Ya pasó lo peor, ya tocamos fondo». El presidente de la Reserva Federal, Ben Bernake, espera que la recesión termine para el otoño de 2009, pero el *rally* del 10 de marzo de la bolsa de valores fue provocado porque Citigroup comunicó, mediante un «filtrado», que los dos primeros meses sí habían sido redituables. La información trascendió a pesar de que Citigroup tiene miles de millones en deuda tóxica. Me pregunto qué fumarán estos tipos.

Incluso en medio del reciente optimismo del mercado prevalece el fantasma de la posible depresión que pesa sobre el ámbito financiero. En general yo no soy tan optimista como otros ante el panorama de las economías global y estadounidense a corto plazo. Pero no me malinterpretes, no deseo una nueva depresión: todo lo contrario. Nadie en su sano juicio desea otra Gran Depresión, pero si esta recesión se transforma en depresión, lo mejor será que nos preparemos desde ahora. No todas las depresiones son iguales, ni todas deprimen.

Experiencias ricas y pobres de la Depresión

Mi padre rico y mi padre pobre cursaban la primaria cuando comenzó la Gran Depresión; esa experiencia afectó sus vidas para siempre. Uno de mis padres se hizo rico gracias a las lecciones que aprendió durante ese periodo, y el otro continuó siendo pobre y tímido financieramente por el resto de su vida.

La depresión pobre

El padre de mi padre pobre; es decir, mi abuelo, perdió todo en la Gran Depresión: su negocio y sus valiosos bienes raíces en la bahía de la isla de Maui, en Hawai. Mi abuelo era empresario, por lo que no contaba con una nómina constante para proteger a su familia. La Gran Depresión fue una terrible experiencia para mi padre porque la familia perdió todo cuando los negocios de mi abuelo fracasaron.

Las penurias económicas que sufrió en la Gran Depresión, obligaron a mi padre pobre a adoptar ideas como tener un empleo seguro, ahorrar, comprar una casa, no endeudarse y asegurarse una pensión del gobierno. Mi padre no deseaba ser empresario, quería la seguridad de un empleo proporcionado por el gobierno. Tampoco creía en las inversiones porque vio cómo mi abuelo perdió todo en la bolsa y en los bienes raíces. Mi padre se aferró a esos valores; para él, la *seguridad* era más importante que la *riqueza*, y conservó para siempre sus recuerdos de la última depresión.

Comentarios del lector

Mi abuela, quien era un adulto durante la Gran Depresión, reutilizaba todo, incluyendo las toallas de papel. Las secaba al sol y las volvía a usar hasta que se deshacían en piezas pequeñas. En las raras ocasiones que salía a cenar, llenaba su bolso del pan y la mantequilla que estaban en la mesa. ¡Era el desayuno a la mañana siguiente!

—Rromatowski

La depresión rica

La familia de mi padre rico había tenido problemas financieros desde antes de la Gran Depresión. Su padre estuvo enfermo durante años y murió poco después del inicio de ese periodo, por lo que, a muy temprana edad, mi padre rico se convirtió en el hombre de la casa y único proveedor de ingresos. Era un joven sin educación ni expectativas de empleo; la Gran Depresión lo obligó a convertirse en empresario desde que era adolescente. Se hizo cargo de la tienda familiar e hizo crecer el negocio.

Sin embargo, a pesar de que su familia tenía dificultades, mi padre rico nunca pidió ayuda al gobierno, nunca solicitó apoyo económico. La depresión también lo obligó a crecer con más celeridad y tuvo que aprender a arreglárselas en lo económico. Las lecciones que aprendió en la depresión lo hicieron rico.

Socialista frente a capitalista

Mi padre pobre creció y se convirtió en *socialista.* Era estudioso, pero carecía de la experiencia que proporciona la calle. Pensaba firmemente que el gobierno tenía la obligación de hacerse cargo de la gente de manera permanente.

Mi padre rico creció y se convirtió en *capitalista.* No terminó la escuela pero aprendió mucho en la calle. Pensaba en construir negocios que produjeran un ingreso estable para su familia y para las familias de sus trabajadores. Pensaba que la gente debía aprender a hacerse cargo de sí misma. Era capitalista y creía en enseñar a pescar a los otros.

El socialismo toma el control

El socialismo estuvo al mando en la última depresión. Se crearon los grandes programas de ayuda económica del gobierno y en lugar de enseñar a la gente a pescar, se le regaló el pescado, incluso a la gente rica. Si Estados Unidos fuera una nación verdaderamente capitalista, permitiríamos que la economía cayera, no la sostendríamos con rescate tras rescate. Los mercados bajistas, el colapso de los mercados y las depresiones son formas en que la economía se renueva. Las recesiones y las depresiones son los momentos en que se corrigen los errores y se revelan los crímenes cometidos durante las épocas de bonanza.

Actualmente, en lugar de oprimir un botón para reiniciar el sistema, se regalan billones de dólares a gente incompetente, fraudulenta y obsoleta. Los *bear markets* o mercados pesimistas nos sirven para limpiar los errores, los fraudes y la ineficiencia que surgió a partir de un *bull market* (mercado optimista) anterior. Pero en lugar de dejar que el *bear market* haga su trabajo, aceptamos que el gobierno pague miles de millones de dólares en rescates para los banqueros, banqueros que inundaron el mundo con deuda fraudulenta. Les damos dinero en lugar de enviarlos a la cárcel. Durante los buenos tiempos, negocios como General Motors engordaron demasiado y se hicieron perezosos; ahora que estamos en tiempos adversos, esos mismos negocios se están salvando de la quiebra. Los ejecutivos despiden miles de trabajadores y ven contraerse los negocios que les encomendaron para protegerlos y manejarlos correctamente. También son testigos de cómo los inversores pierden su dinero debido al desplome en el precio de las acciones. Y a pesar de todo, esos mismos ejecutivos reciben bonos en efectivo y un paracaídas de oro.

Eso no es capitalismo. Los rescates que el gobierno realiza hoy en día representan el socialismo de los ricos. En muchos sentidos es peor que el marxismo o el comunismo, porque al menos estos sistemas tenían la ilusión de conseguir el bienestar de la gente. Por lo menos pregonaban la redistribución del dinero de los ricos a los pobres, aunque no fuera así en la práctica. Nuestros rescates, por otra parte, recaudan dinero de los pobres en forma de impuestos y se lo dan a los ricos. Pero aquí no estoy acusando al presidente Obama: este atraco se ha repetido durante años. Los más acaudalados ya tienen el hábito de utilizar nuestro gobierno para robar a las clases media y pobre. Además, nos hemos acostumbrado a que se cobren impuestos a la gente productiva para premiar a flojos, retorcidos e incompetentes.

La historia se repite

Ya se ha dicho que hay una depresión aproximadamente cada 75 años. Si esto es verdad, la que afrontamos debió llegar más o menos en 2005. Es difícil detectarla adecuadamente porque no existe una definición precisa de la palabra *depresión*. Los economistas solamente definen *recesión*.

Posiblemente no hemos llegado a una depresión porque la Reserva Federal y el gobierno estadounidense han manipulado el suministro monetario para mantener la economía a flote. Lo hacen justo ahora. Si realizan un buen trabajo, se salvará la economía, pero si fracasan podrían llevarnos a una depresión.

Mejores definiciones

Los economistas declararon finalmente en 2008 que atravesábamos una recesión, a pesar de que la habíamos vivido durante todo un año. En ese año cayó Lehman Brothers, se colapsó el mercado de valores, los grandes bancos aceptaron miles de millones de dólares en rescates, los fabricantes de coches se declararon en bancarrota, la gente perdió sus casas y sus empleos, y California comenzó a entregar pagarés porque se había quedado sin dinero. A pesar de todas estas malas noticias, a los economistas les llevó un año descubrir que estábamos en recesión. Me pregunto cuánto tiempo van a tardar en declarar una depresión. Es obvio que necesitamos mejores definiciones de *recesión* y *depresión*, o al menos, mejores economistas. En lo personal tengo una definición muy sencilla de *recesión* y *depresión*. Se fundamenta en un antiguo dicho: *si el vecino pierde su empleo, estamos en recesión. Si yo pierdo mi empleo, estamos en una depresión.*

Más de dos millones de estadounidenses perdieron sus empleos en 2008 y, solamente en febrero de 2009, se perdieron más de 651 mil puestos de trabajo.

La depresión que nunca terminó

Si analizas los pasados 75 años empezarás a sospechar que la depresión nunca terminó. Muchas de las dificultades financieras de la actualidad provienen de asuntos surgidos durante la última depresión que nunca fueron solucionados. Los problemas cobraron fuerza hasta nuestra generación. Por ejemplo, la Seguridad Social se creó en 1933 y el precio a pagar por ese programa gubernamental estalló en el rostro en 2008 cuando se comenzaron a jubilar 75 millones de *baby boomers*. La solución que se aplicó para combatir la última depresión se ha convertido en un megaproblema. La Seguridad Social también estimuló la creación de Medicare y Medicaid, problemas cinco veces más grandes que la Seguridad Social. La Federal Housing Administration también dio origen a Fannie Mae y Freddie Mac, dos agencias que se encuentran en el epicentro del desastre *subprime* actual. Dicho de otra forma, al mirar los últimos 75 años podemos deducir que la última depresión nunca terminó, sino que las soluciones socialistas que se produjeron para mantenerla controlada se hicieron más caras.

¿Soluciones o farsas?

A continuación encontrarás un breve resumen de las soluciones gubernamentales creadas para afrontar la Gran Depresión:

1. **Seguridad Social, Medicare y Medicaid**. Estas instituciones representan en la actualidad un creciente problema de 65 billones de dólares.
2. **Organismo Federal de Garantía de los Depósitos Bancarios (FDIC, por sus siglas en inglés)**. La FDIC protege más a los banqueros que a los ahorradores. Como los depósitos están asegurados, la FDIC recompensa a los banqueros arriesgados y castiga a los prudentes; además, disfraza el fraude bancario. El seguro para depósitos da a los ahorradores la falsa sensación de seguridad, cuando en realidad pone sus ahorros en un riesgo mayor. La FDIC contribuyó a la crisis bancaria y a la debacle crediticia. En el siguiente capítulo profundizaré en el tema.
3. **La Federal Housing Administration (FHA)**. La FHA hizo que los políticos controlaran la vivienda, y provocó la creación de Fannie Mae y Freddie Mac, dos empresas patrocinadas por el gobierno, que están en el epicentro del desastre *subprime* y que han costado miles de millones de dólares a los contribuyentes. Hoy en día, Fannie Mae ha demostrado que es un problema financiero más grande que AIG.
4. **Seguro de desempleo**. El seguro de desempleo se estableció en 1935. Normalmente, una persona puede recibir la prestación del seguro durante 26 semanas, y cuando las cosas se ponen verdaderamente mal, el gobierno federal puede extender ese número de semanas. En junio de 2008, el Congreso añadió 13 semanas, mientras el número de despidos se incrementaba.
5. **El acuerdo Bretton Woods**. En 1944, justo cuando iba a terminar la Segunda Guerra Mundial, se realizó una reunión internacional de líderes bancarios en un centro turístico de Bretton Woods, New Hampshire. Fue la Conferencia Monetaria y Financiera de las Naciones Unidas. Esta conferencia dio como resultado el establecimiento del Fondo Monetario Internacional (FMI) y del Banco Mundial. La percepción popular era que se

habían creado para el bienestar mundial. No obstante, ambas han causado bastante daño, especialmente a través de su sistema para decretar internacionalmente que las emisiones no respaldadas por oro pueden sustituir al dinero.

Cuando se desvinculó al dólar del oro, en 1971, el FMI y el Banco Mundial solicitaron al resto de los países hacer lo mismo si querían seguir perteneciendo al club que habían formado. La crisis global actual se dispersó porque la economía global se sustenta con dinerito de Monopoly.

Nota del autor

En 1944, el mundo prácticamente se adhirió al patrón dólar, haciendo del dólar americano la moneda de reserva del mundo. Esto significó que el resto del mundo debía entregar sus dólares como los ciudadanos americanos deben pagar sus impuestos en dólares americanos. La razón de que los Estados Unidos sea un país tan rico hoy en día es que puede pagar sus deudas y comerciar con dólares que nosotros mismos hemos impreso –dinero falso legalizado–. Si otros países, como Argentina o China, pudieran tener su moneda como la moneda reserva del mundo, también serían países ricos. El peligro de todo esto es que si el dólar pierde demasiada credibilidad, países como China podrían crear una nueva moneda de reserva. Si eso pasa, los Estados Unidos están fritos. No podríamos vivir de dinero falso por más tiempo.

6. **Programas para la creación de empleo.** En la última depresión se establecieron los programas gubernamentales de empleo, entre los cuales está el Cuerpo Civil de Conservación (CCC, por sus siglas en inglés). Éste pagaba a la gente desempleada a cambio

de llevar a cabo programas de conservación que había iniciado. También se estableció la Administración de Trabajos en Progreso (WPA), programa que pagaba a la gente para completar proyectos de construcción civil, como puentes. Esta institución también estaba involucrada en relevantes programas de arte, teatro, medios y literatura. En algún momento constituyó la mayor base de empleo de Estados Unidos.

Ahora, en 2009, los gobiernos mundiales están apoyando nuevamente programas para la creación de empleos. Los gobiernos los establecen principalmente para alimentar a la gente, porque la historia ha demostrado que si la gente no es alimentada, se vuelve en contra de sus gobiernos, y el mayor miedo de los funcionarios públicos es el descontento político que lleva a la revolución.

La última depresión nunca culminó, los problemas siguieron creciendo y ahora son más grandes que nunca, más costosos y peligrosos.

Dos tipos de depresión

En la historia se han detectado dos tipos básicos:

1. La depresión provocada por *deflación*.
2. La depresión provocada por *inflación*.

La causa de la última depresión en Estados Unidos fue la deflación, pero en el caso de la última depresión de Alemania, la causa fue la inflación.

Misma depresión, diferente dinero

La depresión de Estados Unidos fue ocasionada por la *deflación* ya que, técnicamente, nuestro dólar todavía tenía valor real. Era dinero que estaba respaldado por un *recibo monetario* de oro y plata. El recibo monetario era básicamente un recibo en papel por el oro y plata que, supuestamente, se encontraban resguardados en la caja fuerte del Tesoro de Estados Unidos.

Después de que el mercado de valores se desplomó en 1929, se esparció el miedo, los estadounidenses se aferraron a sus dólares, la economía sufrió deflación, los negocios cerraron, la gente perdió su empleo y comenzó la depresión. El gobierno no imprimió más dinero para solucionar el problema porque, técnicamente, era ilegal hacerlo. Sin embargo, sí flexibilizó algunas reglas. Los ahorradores salieron ganando en ese caso porque el dinero escaseaba y tenía un valor tangible. La depresión surgió debido a la *deflación*.

La depresión alemana fue provocada por la *inflación* porque el dinero de Alemania ya no era dinero real, sino dinerito de Monopoly, pagarés del gobierno, papel sacado de la nada y convertido en *dinero por decreto*.

El Reichsmark alemán era solamente dinero de Monopoly: un trozo de papel entintado sin nada que lo respaldara. Sin embargo, el gobierno alemán mantuvo sus imprentas trabajando; ésa fue su forma de solucionar los problemas financieros. Los ahorradores perdieron porque, mientras se inyectaban más billetes al sistema, el dinero perdió su valor cada vez más. La depresión comenzó cuando se declaró la *inflación*.

Hay una historia muy popular sobre una mujer que llevó una carretilla llena de reichsmarks alemanes a la panadería para comprar una hogaza de pan. Cuando salió de la panadería para recoger el dinero, descubrió que alguien le había robado la carretilla pero había dejado los billetes. Esta graciosa historia ilustra los devastadores efectos de la hiperinflación.

Preparándose para la siguiente depresión

Las preguntas son: si se avecina una depresión, ¿será como la estadounidense o como la alemana? En la próxima depresión, ¿el dinero dominará o se convertirá en basura?

Preparándose para una depresión tipo estadounidense

La mayoría de la gente se está preparando para la repetición de una depresión como la estadounidense. Se siente segura porque ha ahorrado su dinero en efectivo, recibe regularmente un cheque de jubilación de la compañía para la que trabajó, un cheque de la Seguridad Social que le da el gobierno, ha reducido sus deudas, recortado sus gastos y vive una vida más simple.

Pero, a pesar de que éstas son buenas medidas para una depresión tipo estadounidense, si enfrentaran una depresión tipo alemán, serían totalmente abatidas. Muchos de los directores de fondos de inversión sienten seguridad porque se retiraron a tiempo del mercado y ahora nadan en billetes, pero ¿qué sucederá si lo que se avecina es una depresión tipo alemán? ¿El dinero seguirá gobernando? ¿En verdad fueron tan listos?

Preparándose para una depresión tipo alemán

Muy pocas personas se preparan para una depresión como ésta, y quienes lo hacen, acumulan oro, monedas de plata, un poco de dinero e inversiones ajustables a la inflación. Algunos ejemplos de este tipo de inversiones son: petróleo, alimentos, acciones de oro y plata, y vivienda de protección oficial.

Comentarios del lector

Yo vivo en Detroit y la siguiente depresión ya está aquí. No es una depresión americana ni una depresión alemana, pero más bien una erradicación de la clase media y su forma de vida.

—Cindyri

¿Qué se avecina?

En lo personal, creo que se avecina una depresión tipo alemán, no estadounidense. Lo creo así por las siguientes razones:

1. **El efecto Warburg.** Paul Warburg fue uno de los fundadores de la Reserva Federal; representaba a las familias Rothschild y Warburg, de Europa. También era miembro de M. M. Warburg y Compañía, cuyas oficinas estaban en Alemania y en los Países Bajos. Su hermano, Max Warburg, fue el asesor financiero del Káiser antes de la Segunda Guerra Mundial y director del Reichsbank de Alemania. Los hermanos Warburg estaban en contra del oro: defendían la noción de que el suministro de dinero elástico se expandiera y contrajera para adecuarse a las necesidades de los negocios. Ambos apoyaban al dinero por decreto. Por supuesto, estas acciones generalmente producen la inflación, a la que yo considero una suerte de impuesto silencioso para los ahorradores y para la clase media. Los devastadores resultados de la filosofía monetaria Warburg quedaron demostrados ampliamente en Alemania. Max era judío y huyó de Alemania en 1938, justo después de que se declarara la hiperinflación. En la actualidad, la reserva federal inyecta billones de dólares a nuestra economía, lo que indica que la filosofía económica de los hermanos Warburg se aplica en Estados Unidos.

   También es importante notar que, antes de 1913, no existía el impuesto sobre el ingreso en Estados Unidos. Dicho impuesto se estableció con el objetivo de generar suficiente efectivo para que el gobierno pagara los intereses de su deuda a la Reserva Federal. Así que, en esencia, ésta es culpable del impuesto silencioso que representa la inflación, y del impuesto sobre el ingreso, más evidente, que saca el dinero de nuestros bolsillos para colocarlo en los bolsillos de los ricos.

2. **Imprimiendo dinero para salir de la deuda.** La depresión de 1929 la desataron las acciones puestas al límite. La crisis del 2007 la provocaron los bienes raíces llevados al límite. Sin embargo, como se mencionó anteriormente, la principal diferencia es que debido a que en 1929 el dólar aún estaba vinculado al oro, el gobierno de Estados Unidos no pudo imprimir más dinero para salvarse de la deflación. Hoy en día, el dólar es una divisa que flota libremente sin más respaldo que la buena fe y el crédito del gobierno de Estados Unidos. Ahora que el gobierno tiene la autoridad para imprimir dinero con el fin de saldar sus deudas, ¿qué crees que hará?
3. **El oro de los tontos.** En 1933, Roosevelt pidió al pueblo estadounidense que entregara su oro a cambio de un pago de 20,22 dólares en papel moneda por cada onza del metal. Después, incrementó el precio del oro a 35 dólares la onza. Es decir, por cada 20,22 dólares que se entregaron en oro, a la gente le robaron aproximadamente 15 dólares: un atraco del 58 por ciento. Si se descubría que alguna persona ocultaba monedas de oro, se le penalizaba con una multa de 10 mil dólares y 10 años de cárcel. Estas acciones se llevaron a cabo para disfrazar el hecho de que el gobierno de Estados Unidos había impreso demasiados dólares en papel y no contaba con oro en sus reservas para respaldarlos. Dicho llanamente, el gobierno de los Estados Unidos estaba en quiebra.

   En 1975, el presidente Gerald Ford autorizó que los estadounidenses poseyeran oro físicamente otra vez. Pero esto fue después de que Nixon hubiera desvinculado permanentemente al dólar de este metal. ¿A quién le iba a importar el oro si los que controlaban nuestro gobierno y nuestros bancos podían imprimir dinero a su antojo?

   Actualmente la gente está acostumbrada al papel moneda. La mayoría de los estadounidenses no saben dónde comprar monedas de oro y plata, o por qué deberían hacerlo. Sin embargo, ven cómo desaparecen sus empleos, cómo decae el valor de sus casas y cómo se desploman sus ahorros para la jubilación retiro con el mercado de valores. Hay quienes desean con desesperación obtener un rescate gubernamental, con lo que probablemente están escogiendo la hiperinflación sobre la deflación.

4. **Un mundo de dinero en carretillas.** Anteriormente mencioné que en la reunión de 1944 en Bretton Woods se crearon el Banco Mundial y el Fondo Monetario Internacional (FMI). Estas agencias son ramificaciones de la Reserva Federal y de otros bancos centrales europeos. El FMI y el Banco Mundial solicitaron a los bancos del mundo que transformaran su moneda en divisa decretada; es decir, divisas no respaldadas por oro y plata, iguales a la moneda alemana anterior a la Segunda Guerra Mundial. Dicho de otra forma, Estados Unidos, el FMI y el Banco Mundial comenzaron a exportar al mundo un tipo de sistema monetario igual al alemán: dinero en carretillas.

   Hasta 1971, el dólar estadounidense fue la moneda principal en uso del FMI, pero desde que la gente pudo volver a comprar su oro a 35 dólares la onza, se limitó la cantidad de dinero que podía crearse a nivel internacional. Para operar como un verdadero banco central mundial, el FMI tenía que emitir cantidades ilimitadas de dinero de juguete. El 15 de agosto de 1971, el presidente Nixon firmó una orden ejecutiva en que se declaraba que el gobierno de Estados Unidos no volvería a comprar oro a cambio de dólares. Es decir, en 1971, el dólar estadounidense se convirtió, en todo el mundo, en dinerito de Monopoly.

El dinero del mundo es dinero en carretilla

Hoy en día, todas las divisas importantes del mundo son, en esencia, dinero de Monopoly: dinero en carretilla. Así que, de nuevo, debemos preguntarnos: ¿la próxima depresión será *deflacionaria, tipo estadounidense*, o *hiperinflacionaria, tipo alemán*? ¿El dinero gobernará o se convertirá en basura en algún momento? ¿Los ahorradores ganarán o perderán? ¿Los pensionistas ganarán o perderán? ¿Los precios bajarán o subirán?

Nota del autor

Actualmente, la Fed y el Departamento del Tesoro tratan de detener la deflación. La deflación es mucho peor que la inflación y mucho más difícil de detener. Es por eso que constantemente vemos fianzas y paquetes de estímulos. Si estas tácticas son exitosas, regresaremos a una economía inflacionaria. Pero, y esto es un gran pero, si por el lado contrario los estímulos económicos no funcionan, se tendrán que imprimir cantidades masivas de dinero, lo que nos llevará a una hiperinflación. Si esto pasara, podría ser tan malo como una depresión. Esto ha sucedido, más recientemente, en Zimbabwe, dónde tres huevos cuestan un billón de dólares Zimbabwenses. Si lo impensable pasa y los Estados Unidos entran en una hiperinflación, significaría la muerte del dólar americano. Si esto sucede, la economía mundial colapsará. Eso es lo que nuestros líderes más temen.

El primer paso para enfrentar la depresión que se avecina, es conocer la historia, analizar los hechos, mirar hacia el futuro y tomar tu decisión. Después, decide si quieres seguir la fórmula que usó mi padre pobre durante la depresión o la que usó mi padre rico. Actualmente, mientras las cosas siguen empeorando, siempre recuerdo que mi padre rico enriqueció más y mi padre pobre siguió igual, y que recibí la influencia de ambos gracias a la misma depresión.

Comentarios del lector

En estos momentos, el dinero sigue siendo el rey porque el resto de las monedas del mundo están ancladas al dólar. Mientras la Fed continúe imprimiendo dinero, el dólar se volverá menos y menos atractivo como moneda de reserva. Luego, los otros países buscarán deslindarse del dólar y anclarse a algo más estable como el oro (quizá). Entonces, experimentaremos hiperinflación.

–DEBORAHCLARK

EXPORTACIÓN DE DEUDA

También podría no haber depresión; el presidente Obama tiene el poder de unificar al mundo y de que éste continúe imprimiendo dinero de la nada para siempre. Tal vez los países del mundo continuarán aceptando, a cambio de bienes y servicios, el producto de exportación número uno de Estados Unidos: la deuda. Mientras el mundo siga dispuesto a aceptar nuestra deuda, nuestros *T-bills* (bonos del Tesoro) y otros instrumentos como si fueran dinero, el carrusel seguirá girando. Pero si los países dejaran de aceptar el dólar estadounidense, se detendrá la música y la depresión que se avecina será aún mayor que la última Gran Depresión.

El miércoles 18 de marzo de 2009, la Reserva Federal anunció al mundo que iba a inyectar a la economía otros 1.2 billones de dólares. ¿Significa esto que debes ajustar tu cinturón y sujetarte para un aterrizaje forzoso? Lo que significa es que la institución está imprimiendo dinero a gran escala, igual que lo hizo el gobierno alemán en la última depresión. En una economía normal, cuando el Tesoro de Estados Unidos ofrece bonos, los compran otros países como China, Japón o Inglaterra, o algunos inversores particulares. *Pero cuando la Reserva Federal compra nuestros propios bonos, significa que*

Estados Unidos está imprimiendo el dinero a todo motor. Significa que la economía sigue colapsando como un globo de aire caliente que fue rasgado.

Como sabes, el presidente del organismo, Ben Bernanke, es uno de los estudiantes de la última depresión. Con frecuencia ha dicho que mantendría la economía a flote imprimiendo dinero. También afirmó que para salvar la economía arrojaría dinero desde un helicóptero, y de ahí surgió su apodo, «Helicóptero Ben». El movimiento que realizó el 18 de marzo de 2009 confirma sus intenciones: inflación a cualquier precio. Si él llega tan lejos e hiperinfla el suministro económico, presenciaremos una depresión estilo alemán.

Nueva regla del dinero #4: prepárate para los malos tiempos y así sólo vivirás los buenos

Cuando asistía al catecismo me contaron la historia de un faraón de Egipto que había tenido un sueño perturbador: vio que siete vacas flacas se comían a siete vacas gordas. Angustiado, buscó que alguien interpretara su sueño, hasta que finalmente un joven esclavo lo explicó diciendo que en el mundo habría *siete años de abundancia* seguidos por *siete años de hambruna*. De inmediato, el faraón comenzó a prepararse para la hambruna y Egipto se convirtió en una nación poderosa que pudo alimentar a sus vecinos en esa zona del mundo.

Después de leer en 1983 el libro *Grunch of Giants*, del doctor Fuller, comencé a prepararme para la crisis financiera de hoy. Actualmente, mi esposa y yo, nuestra compañía e inversiones, seguimos prosperando porque siempre nos estamos preparando para los malos tiempos. Es por ello que la nueva regla del dinero #4 es: prepárate para los malos tiempos y así sólo vivirás los buenos. Más adelante encontrarás información al respecto.

Sólo los buenos tiempos

Lo único que conoce mi generación, la generación *baby boomer,* y sus hijos, es el auge económico más grande de la historia. Los *baby boomers* no saben lo que es una depresión. La mayoría sólo ha vivido los buenos tiempos. Los *baby boomers* tuvieron la fortuna de nacer en medio de un *boom* económico que comenzó en 1971, cuando todo el dinero del mundo se convirtió en dinerito de Monopoly. Mucha gente de mi generación hizo montones de dinero que perdió después de la caída del mercado en 2007. Pero quedarse sin tiempo es aún peor que quedarse sin dinero.

Yo me temo que mi generación y sus hijos no están preparados para el declive económico, para la depresión que se avecina. Si lo único que una persona conoce es una economía en expansión, entonces no está preparada en la vida para una economía en *deflación* o en *hiperinflación.*

Creo que es un buen ejercicio buscar gente que haya vivido la última depresión y salir a almorzar con ella. Yo me he reunido con sobrevivientes de las depresiones alemana y estadounidense, y creo que es una excelente forma de comenzar a prepararse para la siguiente depresión. ¿Tú cómo te alistas?

Comentarios del lector

Antes que nada, creo que esto está a la vuelta de la esquina y creo que a la mayoría de la gente la va a coger por sorpresa porque siempre han vivido tiempos de expansión económica, al igual que yo. Veo a las activos duros como una forma de sobrevivir a la próxima depresión. Idealmente, estarás ganando flujo de dinero de un activo ahora para invertir en plata y oro que, con un poco de suerte, será suficiente para compensar la pérdida de flujo monetario o el valor del dinero cuando el dólar americano ya no valga nada.

–Dkosters

5

La conspiración contra nuestra inteligencia financiera

La mejor forma de robar un banco

Pregunta: ¿Cuál es la diferencia entre un banquero y Jesse James?

Respuesta: Jesse James robaba bancos desde el exterior y los banqueros los roban desde el interior.

Pregunta: ¿Cuál es la mejor forma de robar un banco?

Respuesta: La mejor forma de robar un banco es tener uno.

—William Crawford, *comisionado del Departamento de Ahorro y Préstamos de California*

La gente es lista

El dinero evoluciona de la misma forma que lo hace la gente, pero en muchos casos, nuestro dinero evoluciona y nosotros nos rezagamos. Es por eso que tantas personas están en crisis financiera. La razón por la que no evolucionamos es que existe una conspiración contra nuestra inteligencia financiera, y por ella, nuestra evolución se vio atrofiada.

En general, las personas tienen una perspicacia natural en lo que se refiere al dinero, incluso un niño de 10 años sabe cuál es la diferencia entre un billete de cinco dólares y uno de 50; la mayoría elegiría el de 50 dólares si se le diera a escoger.

Sin embargo, para disminuir nuestra inteligencia financiera natural, tuvieron que estupidizarnos. Lo lograron a través del sistema bancario, es decir, con el complejo y confuso sistema que crea el dinero. En muchos casos, el sistema monetario moderno no tiene ningún sentido para una persona que piensa lógicamente. Porque, por ejemplo, ¿cómo se pueden producir billones de dólares de la nada?

Comentarios del lector

¿Cuántas veces te han pedio firmar «aquí, aquí y aquí» sin fijarte realmente en los detalles de lo que estás firmando? ¿O sólo escuchando la breve explicación de la persona que solicita tus firmas? Normalmente, se dice que esta práctica facilita las cosas para los clientes; en realidad, la mayoría de las veces sólo hace clientes más simples.

—Dafirebreather

Cuentos de hadas financieros

Yo creía en los cuentos de hadas cuando era niño, pero al llegar a los siete u ocho años, supe que eran historias para niños más pequeños. Así que, cuando el presidente de Estados Unidos nos pide que tengamos esperanza, y al mismo tiempo la Reserva Federal emite billones de dólares sacados de la nada, comienzo a pensar que nuestros líderes esperan que creamos en huevos de oro. Porque parece que nuestros líderes se toparon con esa gallina, la que produce riqueza de la nada. Sólo esperemos que nuestra historia no termine como la de aquella gallina que también ponía huevos de oro.

Un espectáculo de magia

También creía en la magia cuando era niño. Pero más adelante aprendí que no existe, sólo hay trucos, la prestidigitación. Por desgracia, en la actualidad el dinero se produce de la misma forma, con trucos y prestidigitación. Todo es un espectáculo de magia. El Tesoro de Estados Unidos emite un bono denominado *T-bill*, la Reserva Federal emite un cheque mágico para ese bono, y el cheque se deposita en un banco central que emite cheques a bancos regionales que, a su vez, emiten cheques para bancos locales más pequeños.

Pero esto no es todo lo que hay en el saco de magia. La verdadera magia sucede cuando el suministro monetario se incrementa en cada banco. Por cada dólar que recibe una sucursal puede incluso imprimir más dinero. Lo anterior es posible gracias al acto de prestidigitación conocido como *sistema bancario de reserva fraccional*, que analizaremos más adelante. Todos los bancos pueden hacer este truco, lo único que necesitan es encontrar gente, como tú o como yo, que esté desesperada por obtener dinero y dispuesta a vender su alma al diablo para acceder a un préstamo de dinero mágico. Claro, cuanto más desesperado estás, más alta es la tasa de interés.

Tanto los bancos grandes como los pequeños cuentan con una licencia que los autoriza a imprimir dinero. Ya no se necesita un pasamontañas para robar un banco, sólo necesitas ser el dueño.

Actualmente, la gente tiene problemas para entender cómo funciona el dinero; si eres una persona honesta y trabajadora, seguramente no te parecerá muy lógico que los bancos puedan fabricar dinero mágico. La conspiración de los ricos disminuye nuestra inteligencia financiera gracias a un sistema monetario que la gente honesta no entiende. Los dueños de los bancos no sólo tienen autorización para imprimir dinero, también la tienen para robarlo legalmente.

Con esto no quiero decir que tu banquero sea un sinvergüenza. La mayoría de los banqueros también son gente honesta y no saben cómo se lleva a cabo este robo. Muchos de ellos no están al tanto de que son utilizados para robar la riqueza de sus clientes. En realidad, los banqueros son parecidos en este sentido a los asesores financieros o a los corredores de bienes raíces que estrechan tu mano y dicen: «¿En qué le puedo ayudar?»; la mayoría sólo hace su trabajo, se gana la vida como el resto. Lo que en realidad roba nuestra riqueza es el *sistema de producción de dinero*, el mismo que permite a algunos hacerse muy ricos.

La evolución del dinero

Conforme la sociedad humana se hizo más sofisticada y requirió de medios más modernos para realizar transacciones comerciales, el dinero también evolucionó.

A continuación se describen, en términos muy sencillos, las distintas etapas en la evolución del dinero, cómo pasó de ser dinero real hasta convertirse en dinero mágico.

1. **Trueque.** El trueque fue uno de los primeros sistemas monetarios. Se trata sencillamente de intercambiar un producto o servicio por otros productos o servicios. Por ejemplo, si un granjero tenía un pollo y necesitaba zapatos, podía cambiar sus pollos por zapatos. Obviamente, el problema del trueque es que es lento, tedioso y requiere mucho tiempo. Además, es muy difícil medir valores relativos. Por ejemplo, ¿qué tal si el zapatero no quería pollo? O si quería, ¿cuántos pollos valían realmente sus zapatos? Se necesitaba un sistema más eficiente de intercambio, por lo que el dinero tuvo que evolucionar.

Por otra parte, cuando la economía se desliza continuamente hacia el fondo y el dinero permanece inflexible, se incrementa la práctica del trueque. La ventaja del trueque es que es difícil que el gobierno pueda gravarlo con algún impuesto. Las oficinas de hacienda no aceptan pollos.

2. **Artículos o productos con valor tangible (conocidos como *commodities*).** Para acelerar el proceso de intercambio, algunos grupos de personas estuvieron de acuerdo en utilizar artículos tangibles que *representaban* cierto valor. Las conchas de mar fueron de los primeros productos que la gente usó como divisa de intercambio. También se usaron rocas, gemas, cuentas, ganado, cabras, oro y plata. En lugar de intercambiar pollos por zapatos, el granjero podía darle al zapatero seis gemas semipreciosas a cambio de los zapatos. El uso de estos artículos aceleró el proceso de intercambio. Así se podían realizar más transacciones en menos tiempo.

   Actualmente, el oro y la plata continúan siendo productos aceptados internacionalmente como dinero. Yo aprendí esta lección en Vietnam: el papel moneda era nacional, pero el oro era internacional y se aceptaba como dinero incluso más allá de las líneas enemigas.

3. **Recibos monetarios.** Para resguardar sus gemas y metales preciosos, la gente los entregaba a otra persona de confianza; a cambio, ésta emitía un recibo. Tal fue el origen de la banca.

   El recibo monetario fue uno de los primeros *derivados* financieros. Te reitero que la palabra derivado se refiere a *lo que proviene de algo más*, así como el zumo es un derivado de las naranjas y el huevo de las gallinas. Cuando el dinero pasó de ser un objeto tangible a un derivado de valor, como lo eran los recibos, aumentó la velocidad con que se concretaban los negocios.

   En la antigüedad, cuando un comerciante atravesaba el desierto para ir de un mercado a otro, no llevaba oro ni plata consigo, ya que corría el riesgo de que lo robaran. En lugar de eso, cargaba un recibo por su oro, plata o gemas en resguardo. El recibo era un derivado de los valores que le pertenecían y que había dejado almacenados. Si compraba productos en un destino lejano, los pagaba con el recibo: un derivado de valor tangible.

El vendedor aceptaba el recibo y lo depositaba en su banco, y en lugar de transferir oro, plata y gemas de uno a otro banco, los banqueros de ambas ciudades hacían un balance y conciliaban con los débitos las cuentas de intercambio entre el comprador y el vendedor, y los créditos contra los recibos. Así surgieron la banca moderna y el sistema monetario. El dinero evolucionó nuevamente y la velocidad de los negocios se incrementó. Hoy, las formas modernas de recibos monetarios reciben nombres como cheques, giros bancarios, transferencias y tarjetas bancarias. Lord Rothschild describió muy bien la esencia de la banca: «Facilitar el movimiento del dinero de un punto A, a un punto B, en donde se le necesita».

4. **Recibo monetario de reserva fraccional.** Cuando la riqueza aumentó gracias al comercio, las cajas fuertes de los banqueros se llenaron de productos preciosos como oro, plata y gemas. Los banqueros comprendieron rápidamente que dichos artículos no eran prácticos para sus clientes, y que los recibos resultaban más convenientes para efectuar las transacciones comerciales: eran más ligeros, seguros y fáciles de transportar. Para ganar más dinero, los banqueros pasaron de acumular riqueza, a prestarla. Cuando llegaba un cliente que quería dinero prestado, el banquero simplemente emitía otro recibo con interés. Dicho de otra forma, los banqueros comprendieron que no necesitaban tener dinero para producir dinero, y comenzaron a imprimirlo.

El término financiero «en especie» se dice *in kind*, en inglés. Y a su vez, *in kind* se deriva de la palabra alemana *kinder*, que significa niño. La palabra *kindergarten* quiere decir jardín de niños. Este término, *in kind*, se acuñó cuando, para solicitarle dinero al banquero, un prestatario usaba su ganado como colateral, es decir, como garantía. Si durante el tiempo que las reses del prestatario se encontraban bajo consignación del banquero, nacían becerritos, el banquero los conservaba como parte del contrato del préstamo. Así fue como surgió el pago de intereses o, como los banqueros le llaman, *pago en especie.*

Debido a que los banqueros obtenían dinero a través del pago de intereses, o sea, de los *pagos en especie*, en poco tiempo comenzaron a prestar más dinero del que tenían en sus cajas fuertes. Aquí es donde se inicia el espectáculo de magia, cuando los banqueros comienzan a sacar conejos de un sombrero. Por ejemplo, en sus cajas fuertes podían contar con mil dólares en oro, plata y gemas, pero podían tener dos mil dólares en recibos en circulación, y los recibos serían redimibles contra los mil dólares en valores. En este ejemplo, el banquero produce una *reserva fraccional* de dos a uno: dos dólares en recibos por cada dólar en oro, plata o gemas que haya en la caja fuerte. La cantidad de dinero que estaba en el banco era tan sólo una fracción de los recibos que se encontraban en circulación. Los banqueros recolectaban el interés sobre dinero que, técnicamente, no poseían. Si tú o yo hiciéramos algo así, se nos acusaría de fraude o falsificación, pero para los banqueros constituye una actividad perfectamente legal.

La gente se sintió más rica en cuanto hubo más dinero en circulación. Además, el suministro monetario expandido no representaba ningún problema, siempre y cuando los depositantes no solicitaran, al mismo tiempo, la devolución de su oro, plata o gemas. En tiempos modernos los economistas dirían que «la economía creció debido a la expansión del suministro económico».

Mucho antes de que lo hicieran los bancos centrales como la Reserva Federal, los bancos pequeños ya emitían su propio dinero. Pero una buena cantidad de éstos quedó en la ruina cuando, debido a su avaricia, los banqueros comenzaron a prestar mucho más *dinero en recibos fraccionales* de lo que tenían en oro, plata y gemas en las cajas fuertes y, por tanto, no pudieron afrontar las solicitudes de devolución. Precisamente por esta razón se establecieron bancos centrales como el de Inglaterra y la Reserva Federal, pero estas instituciones querían que solamente se manejara una forma de dinero: la suya. Además, deseaban regular el sistema de reserva fraccional.

A pesar de que nuestros padres fundadores, promulgadores de la Constitución de Estados Unidos, se oponían a la creación de bancos centrales, la Reserva Federal se estableció en 1913 con la bendición del presidente Woodrow Wilson y del Congreso estadounidense. Así se marcó el inicio de la relación entre los superricos y el Tesoro de Estados Unidos. Esta asociación controló, a partir de entonces, todo el dinero del país. Los otros bancos ya no podrían emitir su propio dinero, y por eso resultó tan profética la declaración que Mayer Amschel Rothschild hizo casi un siglo antes: «Denme el control de los suministros económicos de la nación y no me va a importar quién hace las leyes».

Para resolver la crisis financiera actual, el presidente Obama y el Congreso de Estados Unidos están tratando de cambiar o hacer cumplir las leyes. Pero, al igual que Rothschild, a la conspiración de los ricos no le importa las reglas. Lo único que interesa a los cárteles bancarios que controlan los bancos centrales es cuántos rescates y dinero en estímulos le inyectarán el presidente y el Congreso a la abatida economía. Los cárteles sólo desean apoderarse del pago de *intereses* sobre el dinero, de los billones de dólares en dinero mágico que se fabrica para los rescates y de los programas de estímulos.

En 2009, el presidente y el Congreso mencionaron una nueva partida de 800 mil millones de dólares en dinero para rescate, existe toda una serie de instrumentos que el gobierno inventó para inyectar dinero a la economía; la mayoría de estos instrumentos son secretos absolutos y tienen nombres como *primary dealer credit facility* (facilidad de crédito para los *primary dealers*: bancos de inversión vinculados directamente con y seleccionados por la Reserva Federal) y *comercial paper funding facility* (fondo, sustentado por la institución, para la compra de documentos comerciales de emisores seleccionados a través de los *primary dealers*). Es muy raro escuchar sobre este tipo de instrumentos en los medios, sin embargo, la Reserva Federal ha inyectado por lo menos tres billones de dólares en préstamos y unos 5,7 billones en garantías para inversiones privadas, a través de los mismos.

Así que, ¿quién crees que tiene más poder? ¿El presidente de la Reserva Federal, Ben Bernanke o el presidente Obama?

Comentarios del lector

Tengo una pregunta un tanto intrigante. Conforme leo más acerca del tema, he llegado a la conclusión de que la Reserva Federal no es más que una entidad socialista que fue creada por el gobierno para controlar dinero. Como tal, creo que lo que me preocupa no es qué entidad tiene más poder, sino que juntas tienen más poder sobre la gente.

—RDEKEN

Aquí he descrito el robo bancario *intergeneracional* que han perpetrado los banqueros y, sin importar si la gente está de acuerdo o no en que existe una conspiración, la realidad es que las generaciones futuras tendrán que pagar billones de dólares de dinero mágico, más intereses. Para pagar en el presente por nuestros errores, hemos puesto en riesgo el futuro de nuestros niños.

5. **Dinero por decreto.** Cuando el presidente Nixon desvinculó al dólar estadounidense del oro en 1971, para fabricar dinero, Estados Unidos ya no necesitó tener oro, plata, gemas ni ningún otro valor en sus cajas fuertes.

   Antes de 1971, el dólar estadounidense era técnicamente un *derivado del oro.* Pero después de ese año, se convirtió en un derivado de deuda. La desvinculación del dólar y el oro representó un robo bancario de dimensiones épicas.

   El dinero por decreto es el que simplemente está respaldado por la buena fe y el crédito del gobierno. Si alguien se mete con el monopolio que el gobierno y el banco central tienen sobre el dinero, el gobierno tiene el poder de enviar a la cárcel a ese grupo o persona por fraude y falsificación. Tener dinero por decreto significa que todas las deudas, como los impuestos, serán pagaderas al gobierno y deberán ser entregadas en la moneda de uso del país. O sea que no puedes pagar tus impuestos con pollos.

Monedas recortadas

Cuando se usaban productos con valor tangible o *commodities*, en especial las monedas de oro y plata, era muy sencillo notar si alguien te estaba robando. Los estafadores de la Roma antigua limaban las orillas de las monedas para engañar a la gente. Por ello son de forma irregular y extraña. También por eso, en la actualidad muchas tienen surcos en la orilla. Si recibes una moneda estadounidense de 25 centavos con la orilla lisa y los bordes irregulares, de inmediato sabrás que alguien limó parte del metal y que, por lo tanto, la moneda no vale nada: sabrás que alguien te robó. La gente puede ser perspicaz en lo que se refiere al dinero, pero solamente si lo pueden ver, tocar y sentir.

La devaluación de las monedas

La moneda devaluada era otra forma de engañar a los romanos. Este término se refiere al hecho de que en lugar de oro o plata, la casa de moneda del gobierno mezclaba oro o plata con *metales inferiores o de mala ley*, como níquel o cobre. De esa forma la moneda perdía todo su valor físico y la inflación aumentaba. La inflación es un derivado del *dinero cuyo valor disminuye*.

En 1964 el gobierno de Estados Unidos hizo lo mismo que el antiguo gobierno romano al tomar nuestras monedas de plata y convertirlas en *monedas fabricadas con metal de baja ley*. Es por ello que actualmente es posible ver una mancha cobriza en las orillas de la moneda, en donde están los surcos. Aunque los surcos evitaban que la gente limara la orilla de las monedas, el gobierno también estaba trasquilando, metafóricamente, su valor, ya que retiró la plata que había en ellas. A partir de 1964 ya nadie limó monedas porque éstas carecían de todo valor.

Ese año yo estaba en la secundaria y comencé a reunir inmediatamente todas las monedas de plata que estaban a mi alcance. Realmente no sabía por qué lo hacía, solamente sentí la necesidad de coleccionarlas. Sabía que algo había cambiado y que lo mejor sería aferrarse a la verdadera plata en lugar de las nuevas monedas. Años más tarde descubrí que había estado respondiendo a la Ley Gresham. La ley Gresham dice que cuando el dinero malo entra en circulación, el dinero bueno se esconde. Es como lo que sucedió con aquella vendedora de fruta que mencioné en un capítulo anterior: yo también estaba reaccionando ante un cambio en el sistema monetario. Comencé a cambiar el dinero malo por el dinero bueno y a colocar el dinero bueno, o sea las monedas de plata, en mi colección de numismática. Todavía conservo algunas de aquellas monedas de plata.

El robo bancario invisible

Todavía en la actualidad se *recorta* y *devalúa* el dinero, aunque ya no se hace físicamente. Debido a que el dinero es invisible, es decir, un derivado de la deuda, también los robos bancarios se han vuelto imperceptibles. Esto significa que la gente no puede ver cómo los bancos roban el dinero.

A continuación se presentan dos de las formas en que los banqueros modernos roban los bancos:

1. **Sistema bancario de reserva fraccional**. Si asumimos que existe un límite de 12 a 1 (la proporción puede cambiar dependiendo de las condiciones económicas), cuando depositas 100 dólares, tu banco local tiene autorización para prestar hasta 1200 dólares con base en esos 100. Cuando eso sucede tu dinero es recortado y diluido; además, se incrementa la inflación.

   Por ejemplo, digamos que el banco te va a pagar cinco por ciento de interés anual sobre los 100 dólares, lo que te genera cinco dólares anuales en intereses. Sin embargo, el banco puede extenderse hasta 1200 dólares en préstamos a una tasa de interés de 10 por ciento, con lo que genera 120 dólares de intereses para la gente del banco. El banco te robó tu riqueza porque devaluó tu dinero a través de la operación de reserva fraccional y produjo 120 dólares en intereses sobre tus 100. Pero tú solamente ganaste cinco.

   El sistema bancario de reserva fraccional es la forma moderna y oscura de trasquilar y devaluar las monedas. Es un robo bancario de la era actual que muy poca gente puede notar porque, con esta operación, todos los bancos incluyendo el de tu vecindario, pueden producir dinero de la nada. Cuando el cajero recibe tus ahorros, dice «gracias», pero además, puede imprimir más dinero como por arte de magia y, cuando el banco presta más dinero del que depositaste, el suministro monetario se expande y la inflación se incrementa.

En junio de 1983, algunos perspicaces banqueros inversores salieron con la idea de empaquetar miles de hipotecas, garantizarlas y denominarlas obligaciones de deuda con garantía (*collateral debt obligations*, CDO). Estas obligaciones eran un derivado de deuda que los banqueros vendieron por todo el mundo como un producto alternativo a los bonos corporativos del gobierno. Con calificaciones de grado de inversión, las agencias calificadoras como Moody's o Standard and Poor's, le dieron el espaldarazo a esta deuda reciclada. Asimismo, compañías aseguradoras como AIG, Fannie Mae y Freddie Mac, aseguraron las transacciones con cobertura tipo *swap* por riesgos crediticios (*credit default swaps*). Dichas semiaseguradoras emplearon el término *swap* (que, en esencia, significa intercambio) en lugar de *seguro* porque para emitir una póliza de seguros, las compañías están obligadas a tener el dinero que la respalde. En el caso de los *swaps*, no hay dinero para su respaldo, lo que ocasionó que compañías como AIG quedaran en la ruina con el mercado hipotecario. Es como chocar y descubrir, después del accidente, que la compañía que aseguró tu coche está en quiebra.

Conforme aumentó la demanda por las CDO, los banqueros hipotecarios armaron una rebatiña para cubrir la demanda. En algún momento encontraron nuevos clientes a quienes les concedieron créditos: gente pobre que moría por obtener dinero y estaba dispuesta a comprar una casa nueva o a refinanciar su hipoteca anterior, sin tener un centavo y poniendo todos sus bienes en riesgo. Entonces, ingresó al vocabulario nacional un nuevo término: *subprime*.

Todo iba bien hasta que los *prestatarios subprime* ya no fueron capaces de cubrir sus pagos mensuales y el negocio de la deuda comenzó a desmoronarse en 2005. Este desastre financiero surgió porque el sistema de Reserva Federal otorgó a los bancos el poder de prestar dinero que no tenían, a través del sistema bancario impuesto por el organismo.

El problema fue que el gobierno tendría que cubrir las cuentas de los derivados, un escándalo estimado en más de 600 billones de dólares: y al hablar de esta situación, nos acercamos a la segunda forma moderna en que los banqueros roban sus propios bancos: el seguro de depósitos.

2. **El seguro de depósitos.** El seguro de depósitos protege a los banqueros, no a los ahorradores. Para la protección de nuestros ahorros, en Estados Unidos contamos con el FDIC (Organismo Federal de Garantía de los Depósitos Bancarios), sin embargo, su propósito principal es proteger a los grandes bancos como Citigroup, Bank of America y JPMORGAN Chase: precisamente los mismos bancos que colaboraron en el surgimiento de esta crisis.

   Cuando una gran cantidad de ahorradores decide retirar sus ahorros se produce un fenómeno denominado pánico bancario. El FDIC existe para evitar que ocurran pánicos bancarios. Durante la crisis de ahorros y préstamos de los ochenta, se habían asegurado los ahorros de hasta 50 mil dólares. Cuando los ahorros y los préstamos se vieron comprometidos, el seguro de depósito aumentó hasta 100 mil dólares, y cuando comenzó la crisis financiera de 2007, se incrementó a 250 mil dólares. El objetivo de dichos incrementos fue fortalecer la confianza en que, incluso si un banco fallaba, los depositantes no perderían su dinero. A pesar del aumento en el número de bancos que estaban en problemas, entre 2007 y 2009 hubo muy pocos pánicos bancarios, debido a que los ahorradores sienten la seguridad de que el FDIC los protege.

Sin embargo, aunque el FDIC es bastante benéfico, también protege a los banqueros incompetentes, codiciosos y deshonestos. Al ofrecer una sensación de seguridad y un apoyo financiero, el FDIC premia a los banqueros que se arriesgan demasiado con el dinero de los depositantes, y mientras solicita a los bancos que paguen sus seguros, la verdad es que no cuenta con suficiente dinero para cubrir las pérdidas actuales, así que será el contribuyente quien lo haga a través de los rescates. Los banqueros se salen con la suya: se llevan miles de millones de dólares y nosotros nos quedamos a pagar la cuenta.

No todos los bancos son iguales

Hoy en día escuchamos con mayor frecuencia la palabra *rescate*. Sin embargo, los rescates están reservados *exclusivamente para los bancos más grandes*.

Si un banco pequeño quiebra, generalmente el FDIC utiliza una *indemnización* para arreglar la situación. Por ejemplo, si tú y yo tuviéramos un pequeño banco e hiciéramos demasiados préstamos arriesgados, el FDIC cerraría el banco, pagaría a los depositantes y tú, yo y nuestros inversores perderíamos el patrimonio que invertimos para establecerlo. Con frecuencia, la indemnización es el remedio que se aplica a los banqueros menores que no cuentan con influencia política.

La segunda opción es una *liquidación*. La liquidación consiste en que un banco grande se haga cargo de un banco en problemas. Esto ya ha sucedido varias veces durante la reciente crisis financiera; es el caso de JPMORGAN que compró el Washington Mutual. Ésta es una forma sencilla de que un banco grande incremente sus acciones en el mercado. El FDIC se hace cargo del banco que está en problemas el viernes, y el lunes lo reabre como una sucursal del banco más grande. Pero te reitero que esto es una liquidación, no un rescate.

Generalmente, los rescates están reservados para los bancos más grandes, para los banqueros que cuentan con influencia política, y para los que se arriesgaron más y que, por tanto, tuvieron mayor oportunidad de dañar seriamente la economía: bancos que son *demasiado grandes para fracasar*. En su libro *Bailout*, Irvine Sprague, quien fue presidente del FDIC, dice: «En un rescate, el banco no cierra y todos (asegurados o no) están protegidos por completo, excepto los funcionarios a los que se despide y a los accionistas que sólo se quedan con acciones con un valor altamente diluido. Pero el FDIC solamente otorga este privilegio a algunos cuantos que ha seleccionado minuciosamente».

Esto significa que los rescates están reservados para los ricos, que si un banco grande como JPMORGAN Chase o Citibank se mete en apuros, los contribuyentes pagarán las pérdidas. Significa que no se aplica el límite de 250 mil dólares. Si un banco europeo tiene millones depositados o si un hombre acaudalado de México también tiene ahorrados millones, este dinero está cubierto al 100 por ciento: los contribuyentes pagan la cuenta.

Si tú o yo nos arriesgáramos como lo hacen los bancos más grandes, perderíamos todo; no habría rescate para nosotros. Dicho llanamente, el FDIC es una cortina de humo que protege a los bancos más importantes y si alguno de ellos se mete en problemas, el gobierno lo rescata.

Los errores que se cometieron

En 2009, el anterior presidente de la Reserva Federal, Alan Greenspan, admitió en público, mundialmente, que se habían cometido varios errores. Lo que no nos dijo fue quién pagaría por ellos, pero, por supuesto ya lo sabemos: los contribuyentes.

Hasta la fecha se han vertido más de 180 mil millones de dólares en dinero de los contribuyentes en el AIG. Pero cuando se reveló que 165 millones de dólares de ese rescate se habían usado para pagar bonos a los ejecutivos por *perder* dinero, el enojo de los contribuyentes llegó hasta Ben Bernanke, presidente de la reserva, al secretario del Tesoro y al presidente Obama, quienes repentinamente prometieron revisar el asunto. Había mucha gente que quería saber a quién le habían entregado los bonos.

Pero queda otra pregunta importante: ¿por qué AIG, una compañía de *seguros*, para empezar, recibió dinero para su rescate?, ¿acaso los rescates no están reservados para los bancos? El *Wall Street Journal* informó, citando documentos confidenciales, que 50 mil millones de dólares del dinero del rescate para AIG, terminaron en lugares como Goldman Sachs, Merrill Lynch, Bank of America y otros cuantos bancos europeos. En otras palabras, AIG recibió dinero para su rescate porque le debía mucho dinero a los bancos más grandes del mundo y no tenía fondos para pagarles. En el último trimestre de 2008, AIG logró las mayores pérdidas en la historia de las corporaciones, aproximadamente 61 700 millones de dólares. Eso es aproximadamente 27 millones por hora.

Un error más grande que AIG

En este preciso momento, AIG representa el rescate más caro en la historia del país. Sin embargo, Freddie Mac podría necesitar un rescate aún mayor. Así como el propósito del FDIC es asegurar nuestros ahorros, uno de los principales negocios de Freddie es asegurar hipotecas. Conforme más trabajadores pierdan sus empleos, Freddie también acumulará más perdidas. Desde marzo de 2009, Freddie ha reclamado más de 30 mil casas, cuyo coste de mantenimiento es de unos 3 300 dólares mensuales por inmueble. Es por ello que el rescate de Freddie Mac se estima que será mucho más costoso que el de AIG.

De vuelta al futuro

En el Capítulo 1 cité las palabras con que el presidente Bush padre nos aseguró que: «Esta legislación servirá para salvaguardar y estabilizar el sistema financiero estadounidense y con ella se establecerán reformas permanentes para que los problemas no vuelvan a surgir». El presidente se refería al rescate de la industria de ahorros y préstamos que se llevó a cabo a finales de los ochenta y principios de los noventa. Pero el día de hoy, tú y yo sabemos bien que los problemas *sí* resurgieron.

Durante la crisis de ahorros y préstamos, al senador John McCain se le implicó con el fracaso de Lincoln Savings and Loan y la pérdida de billones de dólares. Por su parte, Bill y Hillary Clinton fueron relacionados con el fracaso de Madison Guaranty Savings and Loan; y a la familia Bush con el fracaso de Silverado Savings and Loan.

En 1997 y 1998 el senador Phil Gramm ayudó a revocar la ley Glass-Steagall, que se redactó en la última depresión y que servía para evitar que los bancos para el ahorro, mezclaran el dinero de los ahorradores con inversiones. Cuando la ley Glass-Steagall fue revocada, el atraco bancario alcanzó dimensiones épicas. También resulta importante mencionar que el senador Gramm, presidente del Comité de la Banca Senatorial (Senate Banking Committee), reunió 2.6 millones de dólares en contribuciones para las campañas. Este dinero lo obtuvo de las industrias bancaria, de corretaje de bolsa y de seguros. El entonces presidente de la Reserva, Greenspan, el presidente Clinton y sus secretarios del Tesoro, Robert Rubin, Larry Summers y Geithner (actual secretario del Tesoro), participaron en la revocación de la ley Glass-Steagall, y gracias a eso, se fundó Citigroup. Casualmente, Rubin abandonó de inmediato la Casa Blanca para asumir el mando de la compañía recién fundada.

Lo que quiero decir es que los grandes robos bancarios dependen de la influencia política, y es por eso que nuestros políticos han reaccionado con mucha lentitud ante los rescates económicos. ¿Cómo podríamos creer realmente en el cambio en este sistema tan corrupto?

Comentarios del lector

No estoy seguro de que ésa sea la pregunta correcta. No sé si podemos cambiar el sistema así que, quizá, deberíamos preguntarnos cómo podemos aprovechar el sistema que ya existe.

–Rromatowski

Ésta es la mejor cita que siempre tengo en mente: «Sé el cambio que quieres ser en el mundo»: Mahatma Gandhi.

–Justemailme

Ruina nacional

Hace tiempo, en 1791, Thomas Jefferson estaba en contra del establecimiento de un banco central porque creía que ocasionaría, exactamente, el tipo de catástrofe al que nos enfrentamos hoy. Jefferson señaló que la Constitución no otorgaba al Congreso el poder de crear un banco u otro tipo de institución y que, incluso si la Constitución hubiese otorgado dicho poder, sería demasiado arriesgado aplicarlo, porque permitir que los bancos produjeran dinero nos llevaría a la ruina nacional. De hecho, Jefferson comparó frecuentemente los peligros de la banca con ejércitos en batalla.

Reiterando lo que mencioné en un capítulo previo, respecto a la corrupción del suministro monetario, John Maynard Keynes, dijo: «No hay una forma más sutil y segura de derribar las bases de la sociedad que corromper la moneda. El proceso involucra a todas las fuerzas de la ley económica con la destrucción, y lo hace de tal forma que ningún hombre sería capaz de detectarlo». En otras palabras, resulta difícil identificar algo que no puedes ver, por eso hoy los bancos roban la riqueza en nuestras narices: es un robo oculto que solamente se puede detectar cuando adquirimos el conocimiento necesario y sabemos qué debemos buscar.

Nueva regla del dinero #5: Necesitas velocidad

Al principio de este capítulo hablamos sobre cómo ha evolucionado el dinero, desde el tiempo del trueque hasta el dinero digitalizado, que se mueve a la velocidad de la luz. Pero la razón por la que en nuestros tiempos algunas personas ganan miles de millones y otras trabajan por siete dólares la hora, es la diferencia en la velocidad. Hoy, la gente que logra realizar transacciones comerciales con mayor rapidez es la que gana más dinero. Por ejemplo, un típico doctor puede atender a un solo paciente a la vez, así que un niño de secundaria que tiene un negocio global a través de la red, y que puede realizar transacciones comerciales con sus clientes 24 horas al día, siete días a la semana, tiene el potencial para ganar mucho, muchísimo más que el doctor. La diferencia, como discutiré en el siguiente capítulo, es que existe un tipo de trabajo metafísico (negocio en la red) y otro tipo de trabajo físico (como el del doctor). El primer tipo produce riqueza de forma exponencial, en tanto que el segundo, lo hace de manera lineal.

Actualmente muchos tienen problemas financieros sencillamente porque son muy lentos: no pueden producir el dinero con más rapidez que la de los bancos. Mucha gente permanece en la edad de piedra en relación con las transacciones financieras: les pagan por hora, por mes o por transacción; trabajan por comisión, como en el caso de los corredores de bienes raíces o de bolsa. En el futuro tendrán éxito los empresarios que entiendan que los negocios y el dinero están cambiando a un ritmo vertiginoso, y quienes tengan la habilidad y la flexibilidad para cambiar a ese ritmo y adaptarse.

Posdata – Más información sobre el sistema monetario global

Si quieres saber más sobre el sistema monetario, puedes consultar dos excelentes libros que recomiendo:

1. *The Creature from Jekyll Island*, escrito por G. Edwards Griffin. Es bastante extenso pero es una lectura sencilla sobre la historia de la conspiración. Yo lo he leído tres veces y, en cada ocasión, me abre más los ojos para ver un mundo que sólo una persona entre un millón conoce. Este libro detalla la manera en que se estableció la Reserva Federal y en la que se produce el dinero realmente. Muchos de los descubrimientos de Griffin están vinculados con los míos. Aunque se publicó en 1994, se puede leer como si se hubiera escrito hoy, y parece más una novela policiaca que un texto documental sobre la economía mundial.
2. *The Dollar Crisis*, de Richard Duncan. Este libro completa el panorama global de la conspiración. *The Dollar Crisis* explica lo que está sucediendo en la economía global gracias a la reunión que se llevó a cabo en Jekyll Island; hay que recordar que ésta fue la base para la formación de la Reserva Federal. El libro de Duncan explica por qué el dólar estadounidense causa los auges y colapsos económicos en lugares como Japón, México, China, el sureste de Asia, Rusia y la Unión Europea.

Ambos son excelentes libros y están escritos por autores inteligentes, además, ofrecen un panorama más completo y profundo de las acciones que nos llevaron a esta crisis financiera mundial.

Es momento de continuar

De esta forma finaliza la parte uno de *La conspiración de los ricos.* En la parte dos aprenderás lo que debes hacer para que te vaya bien siempre: cuando la situación financiera esté en *auge* o cuando haya *colapsado.* Mucha gente está sentada en su azotea, rodeada por la inundación financiera y a la espera de que alguien la salve. Pero hay unos cuantos que se movilizan, y este libro hará lo mismo.

Ahora que estás al tanto de algunas de las causas históricas de esta crisis, es tiempo de enfocarse en las *soluciones personales* en lugar de enfrascarse en los *problemas globales.* La parte dos tratará de *cómo vencer a la conspiración jugando el mismo juego.*

Segunda Parte

La defensa

Ganándole a la conspiración en su propio juego: por qué los ganadores ganan y los perdedores pierden

La importancia de la historia y del futuro

Cuando me preguntan: «¿Sobre qué aspecto del dinero educarías a la gente para incrementar su inteligencia y cultura financiera?», siempre respondo: «Comenzaría con la historia del dinero porque a través de la lente del pasado se puede apreciar mejor el futuro». De hecho, si por alguna razón no aprendieras nada de la primera parte del libro, bastará con que recuerdes que la historia es el puente que llega hasta tu futuro.

En la primera parte de *La conspiración de los ricos* hablamos sobre la historia financiera de Estados Unidos y vimos que se repite en la actualidad. También hablamos sobre la forma en que los ricos y poderosos han manipulado nuestras vidas a través de los bancos centrales, las corporaciones multinacionales, la guerra, la educación y las políticas gubernamentales.

A lo largo de la historia, las acciones de los ricos y poderosos han causado beneficios y daños. No se les puede culpar por tratar de proteger sus intereses o los de sus familias; en lugar de eso, estudié la historia de los ricos, aprendí el juego que juegan, tomé conciencia de las reglas del dinero y, de paso, también creé mis propias reglas. Es evidente que quienes conocen las reglas del juego de los ricos, *no* están en dificultades financieras en este momento. En general, quienes tienen una educación financiera limitada y viven acatando las antiguas reglas del dinero, son los que se encuentran en dificultades.

En la primera parte del libro también quise explicarte en detalle que, en nombre de la protección de la economía, la Reserva Federal resguarda exclusivamente a los bancos de mayor importancia, los que son *demasiado grandes para fracasar.* Habrás notado que la «Fed» salvó a los bancos implicados en la crisis pero no despidió a sus ejecutivos, muchos de los cuales fueron instrumentales en el surgimiento de la misma. Pero con otras industrias también afectadas por la caída económica, no sucedió lo mismo. La administración de Obama «despidió» a Rick Wagoner, presidente ejecutivo de General Motors, pero no a los directivos de los bancos. ¿Por qué? El gobierno tampoco persiguió a Moody's ni a Standard and Poor's, las agencias calificadoras que calificaron la deuda *subprime* con AAA, la más alta calificación posible de crédito. Fue justamente la calificación AAA lo que indujo a los gobiernos extranjeros y a las instituciones que proveían planes de pensiones, a invertir su dinero en activos tóxicos. Nuevamente me pregunto, ¿por qué? Y sólo después de que el público ejerció bastante presión, la AIG, la gigantesca agencia de seguros que aseguró los activos tóxicos, reveló adónde se habían ido los miles de millones de dólares en dinero para rescate que ella misma había recibido: a bancos como Goldman

Sachs, Société Genérale de Francia, Deutsche Bank de Alemania, Barclays de la Gran Bretaña, UBS de Suiza, Merrill Lynch, el Bank of America, Citigroup y Wachovia.

En el Capítulo 3 hablé sobre la palabra *apocalipsis* y mencioné que se deriva de la frase griega «levantar el velo». En este sentido, creo que al escribir *La conspiración de los ricos* viví un proceso increíble de revelación. Todo el tiempo tengo presente que mientras escribo sobre la historia financiera, la historia misma está sucediendo, se repite y, si sabes en dónde buscar, incluso podrás ver cómo se revelan los secretos. El apocalipsis sucede ante nuestros ojos, ahora mismo. Están siendo develadas la codicia y la incompetencia de Wall Street y de los políticos. El 14 de abril de 2009, tras haber obtenido ganancias que superaban sus expectativas y después de una venta de acciones por cinco mil millones de dólares, los ejecutivos de Goldman Sachs anunciaron que devolverían el dinero del TARP (Programa de Alivio para Activos en Problema) que habían recibido. Sin embargo, en un programa de CNBC que se transmitió esa tarde, Peter Morici, profesor de la Universidad de Maryland, señaló que la apuesta de los bancos a los derivados es un problema sistémico que aún no tiene solución. También indicó que Goldman Sachs espera resurgir como un ejemplo y continuar haciendo negocios como de costumbre. Asimismo, señaló que es una locura esa noción de que «realmente no es necesario que se les regule o se les impida seguir emitiendo derivados sobre derivados, sobre derivados, y que se le continúen pagando a Blankenfeld (*sic*) 72 millones al año».

El hecho es que a Goldman Sachs le va bien financieramente, no por sus buenas decisiones financieras sino porque, como informa el *New York Times*, la Fed cubrió su fianza a través de pagos a AIG. Esto sucedió porque la Fed no está en el negocio de salvar a los débiles y pobres, sólo a los débiles y ricos. Los bancos pequeños no reciben fianzas ni los pequeños negocios ni las personas que pagan sus hipotecas religiosamente —aunque sacrifiquen otros pagos.

La profecía de padre rico se hace realidad

El otro apocalipsis financiero de importancia que tendrá que ocurrir en algún momento es el que involucra a las pensiones y a los fondos de jubilación: dicho de otra forma, la noción de una jubilación segura es una realidad que fenece. En abril de 2009, la junta directiva del organismo conocido como Pension Benefit Guaranty Corporation (Corporación de Garantía de Beneficios de Jubilación, o PBGC por sus siglas en inglés) —el respaldo de las pólizas que protegen a las pensiones del gobierno— anunció que debido al *crack* en el mercado de valores, las pensiones públicas están cortas de fondos por varios cientos de miles de millones. Lo anterior significa que los gobiernos estatales tienen que incrementar los impuestos para asegurar la jubilación de sus trabajadores. Se encuentran en dificultades porque prometieron prestaciones que no podían cubrir. Ésta es la mayor prueba de que la idea tradicional de pensión está muerta y no va a revivir.

En 2002 escribí sobre la crisis de pensiones en mi libro *Rich Dad's Prophecy*. Trata sobre la llegada del mayor *crack* del mercado de valores en la historia, un *crack* que, creo, aún está por venir. La profecía se sustenta en la falla que existe en el sistema de pensiones 401(k), un plan que recibió la bendición del Congreso en 1974 y que fue creado en un intento por reparar el moribundo sistema de pensiones anterior. Cuando mi libro se publicó, el mercado de valores rompía límites numéricos con cifras hacia la derecha y hacia la izquierda. No había casi duda de que el mercado de valores y los fondos de inversión podrían resolver el problema de la jubilación para muchos americanos. Como era de esperarse, los medios de Wall Street acabaron con el libro.

Sin embargo, en este momento sabemos que el mercado ha estado un 50 por ciento abajo de sus récords más altos y, tal como lo mencioné, no me sorprendería si cayera mucho más dentro de poco tiempo. Ahora nadie se ríe.

Creo que el mercado caerá aún más porque el plan 401(k) fue el principal catalizador para lograr que los *baby boomers*, o sea, la generación más numerosa en la historia de Estados Unidos, invirtiera su dinero para la jubilación en la bolsa de valores. Con esto se logró una demanda de acciones y fondos respaldada por el gobierno. Pero cuando los *baby boomers* comiencen a jubilarse, necesitarán retirar ese dinero para vivir, lo que significa que tendrán que vender acciones, no comprarlas. Y cuando hay mucha más gente vendiendo que comprando, el mercado se va a la baja. Significa que quienes tienen 45 años o menos, y cuentan con un plan de pensiones que invierte en el mercado de valores, están en problemas.

Mucha gente se siente a salvo porque cree que el mercado se recuperará, pero esto no va a suceder, al contrario, continuará cayendo, especialmente cuando los *baby boomers* se retiren en masa entre los años 2012 y 2016. La idea de una jubilación cómoda se está transformando en un mito para jóvenes y viejos.

La historia antigua cobra vida

Hay algo más que quisiera mencionar sobre la historia: los padres fundadores se oponían a los bancos centrales como la Reserva Federal; el mismo presidente George Washington resultó afectado por la terrible experiencia del dinero fabricado por el gobierno; sucedió cuando tuvo que pagar a sus tropas con el *continental*, una divisa que finalmente recobró su valor original: cero. Thomas Jefferson se opuso rotundamente a la creación de un banco central, y sin embargo, hoy en día estas instituciones tienen el control del mundo financiero y, para colmo, les hemos otorgado el poder de resolver nuestra crisis financiera, la misma crisis que provocaron.

Dicho de forma simple, un banco central puede crear dinero de la nada, después, cobrarnos intereses sobre dinero que en realidad no ganaron. El interés se paga a través de impuestos, inflación y, hoy en día, deflación, lo que resulta en pérdidas de trabajos y del valor de nuestras propiedades. Las políticas de la Fed no son realidades abstractas, son acciones poderosas que determinan el bienestar financiero de manera abierta, pero también oculta.

Cualquiera que compra una casa sabe que los primeros años, casi la mayor parte de tus pagos de la hipoteca se va al banco en forma de intereses por el pago inicial y muy poco se destina a reducir el resto del pago. De manera muy efectiva el banco recibe intereses por dinero que no ganó, sino que más bien creó de la nada. El capítulo 5 es muy importante porque habla del sistema de reserva fraccional, de cómo el sistema bancario permite a un banco prestar más de lo que tiene —por ejemplo, 12 dólares por cada dólar que tu ahorras—. Permitir a los bancos crear dinero de la nada a través del sistema de reserva fraccional es una forma de robarnos el dinero devaluando nuestros dólares. Hoy en día, los bancos centrales del mundo están imprimiendo trillones de dólares, los cuales se pagarán a través de deuda, impuestos e inflación.

Un atraco financiero patrocinado por el gobierno

Cuando se creó la Reserva Federal en 1913, se hizo un trato entre el banco y el Departamento del Tesoro de Estados Unidos, un atraco financiero que ellos mismos patrocinarían. Sin tener un conocimiento de la historia y de cómo se crea el dinero, la educación financiera es imposible. Decirle a un niño simplemente: «Consigue un trabajo, ahorra dinero, compra una casa e invierte en el largo plazo en una cartera diversificada de acciones, bonos y fondos de inversión», es un guión sacado del manual de operaciones de los bancos centrales. Es un mito exitoso propagado por los superricos.

Así que este libro ha cubierto mucho terreno en términos de historia y ha presentado muchos hechos acerca de la conspiración de los ricos, todo por una sola razón: para darte el suficiente conocimiento histórico para contestar la pregunta»: ¿Qué puedo hacer para ganarle a la conspiración en su propio juego? La respuesta a esta pregunta conforma la segunda parte de este lubro.

¿Es para ti esta Fed?

Hoy en día, mucha gente se queja y critica a los grandes bancos, a los políticos y la crisis financiera. Para mí, eso es una pérdida de tiempo. Como dijo G. Edwars Griffin en su libro *The Creature from Jekyll Island*: «Fianza es el nombre del juego». En otras palabras, lo que hoy se ve es el juego real del Sistema Federal de Reserva. El sistema fue diseñado para permitirle a los grandes bancos hacer mucho dinero, fracasar y luego, ser rescatado por los contribuyentes. En el proceso, los ricos se hacen más ricos y los pobres, más pobres. Así que, esta Fed, no es para ti; es para los ricos y los poderosos.

Comentarios del lector

Me sorprendió mucho la cantidad de dinero que salió por la puerta de atrás de AIG hacia grandes bancos como Goldman Sachs. También de las cortinas de humo que se hacen públicas mientras los verdaderos atracos suceden fuera de escena. Ayer vi en la televisión las protestas por los impuestos. Me pareció interesante que ninguna de las pancartas mencionaban dejar de imprimir dinero; la mayoría hablaba de detener los impuestos (con lo que estoy de acuerdo).

Nadie parece ver el verdadero impuesto de la oferta de la moneda inflacionaria a través de la Reserva Federal.

—HERBIGP

En la primera parte de este libro hablamos sobre historia, la forma en que ésta se repite en la actualidad y cómo usarla en nuestra preparación para el futuro. La segunda parte se concentrará en el futuro y en cómo prepararte para ganarle a la conspiración en su propio juego ofreciéndote nuevas reglas del dinero que te ayudarán a superarte sin importar la conspiración.

La segunda parte comienza con el Capítulo 6, un comentario sobre la economía del presente, y con la pregunta: «¿Se está recuperando la economía?».

A partir del Capítulo 7, el libro se enfocará en cómo me preparé para el futuro y cómo puedes hacerlo tú también. Lo explicaré con sencillez, tal como lo prometí, porque quiero que aprendas a vencer a la conspiración jugando bajo sus propios términos.

Comentarios del lector

A lo largo de la historia, algunos han prosperado en cada una de las economías. Si algunos pueden hacerlo, yo puedo hacerlo. Tú y otros pocos se han dedicado a trazar el camino. Me siento complacido de estar aprendiendo de tu ejemplo y planeo ofrecer mi ayuda a cuantos pueda.

—DEBORAHCLARK

6

La posición en que estamos actualmente

¿Se está recuperando la economía?

El 23 de marzo de 2009, el índice Dow Jones saltó 497 puntos, poniéndose a la cabeza en uno de los mayores repuntes del mercado en la historia. El Dow Jones había avanzado 1228 puntos en menos de dos semanas.

Mientras escribo esto, en abril de 2009, Wall Street continúa repuntando. Algunos piensan que lo peor ya pasó y están regresando presurosamente a invertir en el mercado de valores. Otros piensan que se trata de un *bear market* (mercado pesimista) que está teniendo un buen repunte o, como a mí me gusta llamarlo, un *repunte de tontos.* Un repunte de este tipo sirve para embaucar a la gente que cree que el mercado ya tocó fondo y que espera conseguir algunas acciones baratas para luego tomar nuevamente el elevador hacia arriba. Efectivamente, el elevador va hacia arriba por algún tiempo, pero después, sin aviso alguno, el oso del *bear market* corta los cables. La codicia se transforma en pánico y el elevador cae con más rapidez de la que subió.

En este momento la gente se pregunta: «¿Ya terminó la crisis? ¿Se está recuperando la economía?».

Mi respuesta es: «No, la economía no se está recuperando. La economía cambió irreversiblemente y quienes todavía esperan la recuperación, se quedarán rezagados».

Antes de explorar las aplicaciones prácticas en la segunda parte de *La conspiración de los ricos*, explicaré en este capítulo cómo salió la gente de la última depresión a pesar de la intervención del gobierno, y analizaremos las implicaciones de esa etapa en el pasado y su efecto en el presente. Al conocer un poco de la historia, el presente se hará más claro y podrás vislumbrar el futuro con facilidad.

Comentarios del lector

La economía no volverá a ser exactamente la misma; seguirá cambiando y evolucionando como siempre lo ha hecho. Si será de manera positiva o negativa, sólo el tiempo lo dirá, pero todos debemos estar preparados para la prosperidad, no importa la forma en que la economía se desarrolle.

—Jerome Fazzari

La nueva economía en 1954

Como mencioné anteriormente, la economía de Estados Unidos no se recuperó de la Gran Depresión hasta 1954, cuando el índice Dow Jones por fin alcanzó su anterior nivel más alto de 381 puntos. La economía mejoró en 1954 porque:

1. La generación de la Segunda Guerra Mundial comenzó a establecerse. Cuando terminó la guerra, los soldados volvieron a

casa, a la universidad, se casaron y tuvieron hijos. En 1950 hubo un auge inmobiliario y demográfico.

2. En 1951, se presentó la primera tarjeta de crédito y comprar se convirtió en el deporte nacional. Con el surgimiento de los suburbios, los centros comerciales se diseminaron como la maleza.
3. Se construyeron carreteras interestatales y la industria del automóvil floreció. Los auto-restaurantes fueron el lugar donde los niños se juntaban y donde nació la industria de la comida rápida. En 1953, McDonald's comenzó a establecer franquicias y se convirtió en la brillante estrella de la naciente industria de la comida rápida.
4. La televisión se convirtió en un fenómeno nacional y los *baby boomers* fueron la primera generación que creció con la televisión. El entretenimiento nació con *The Ed Sullivan Show*, y las estrellas deportivas se hicieron millonarias. La publicidad adquirió un lugar importante en la vida cotidiana de la gente.
5. Boeing introdujo el 707, con lo que llegó la era del jet. De repente, los empleos más glamorosos eran piloto o azafata. Se construyeron aeropuertos más grandes para satisfacer la enorme demanda de vuelos. Los mega aeropuertos se transformaron en una industria importante por sí mismos. Surgieron hoteles y centros vacacionales para cubrir las necesidades de los viajeros cansados: el turismo prosperó. Mi padre rico aumentó su riqueza gracias a que las tarifas aéreas bajaron y los vuelos trajeron más turistas a Hawai.
6. Los trabajadores podían esperar que las compañías les otorgaran pensiones y cuidados médicos de por vida. Además, podían gastar dinero con más libertad porque no tenían que ahorrar para su jubilación, ni cubrir primas de gastos médicos.
7. China era un país comunista pobre.
8. Estados Unidos era el nuevo poder financiero y militar.

Cincuenta años después

Ahora, en el 2009, muchos de los factores que estimularon la nueva economía hace 50 años, están menguando:

1. Los *baby boomers* se jubilan y comienzan a solicitar sus pagos a la Seguridad Social y a Medicare, para unirse así a la generación de sus padres, la de la Segunda Guerra Mundial.
2. Los suburbios son la «zona cero» del desastre *subprime.* La gente de estas áreas comienza a tener problemas económicos, los grandes centros comerciales y distribuidores cierran sus puertas; las transacciones comerciales a través de la red, despegan.
3. Nuestras carreteras y puentes requieren reparaciones mayores. La industria del automóvil es obsoleta y está agonizando. Hay un viejo dicho que dice: «El país hará lo que haga General Motors». Hoy en día, el dicho es más verdadero que nunca.
4. Las cadenas televisivas pierden anunciantes, muchos de los cuales emigran a la red.
5. Las aerolíneas más importantes como Pan American, ya son historia, y los gigantes como United Airlines están conectados a máquinas que los mantienen vivos artificialmente. Hoy en día, la gente se puede sentar frente a su escritorio y visitar a otras personas de todo el mundo a través de Internet.
6. Ahora la gente vive más tiempo pero tiene sobrepeso y mala salud. La diabetes es el nuevo cáncer y nuestro sistema de salud está en la ruina. El alto coste de los servicios médicos provoca que muchos negocios cierren, con la inherente pérdida de empleos.
7. Los planes de pensión también quebraron. Las compañías otorgan pensiones o cobertura de gastos médicos a muy pocos empleados durante su jubilación. Cuando los 78 millones de *baby boomers* se retiren y dependan de los sistemas estadounidenses de Medicare y la Seguridad Social, los programas del gobierno serán un gran caos.

8. China se convertirá muy pronto en el país más rico del planeta. De hecho, ha solicitado que el dólar estadounidense deje de ser la divisa de reserva del mundo y, si eso llegara a suceder, Estados Unidos estaría frito.
9. Estados Unidos es ahora el país con la mayor deuda pública del mundo y su milicia está apostada excesivamente en otros países.

Así que, ¿se está recuperando la economía? No lo creo. El *boom* económico que logró sacarnos de la última depresión, se está desvaneciendo. Las miles de personas que esperan que la antigua economía regrese, se rezagan. El desempleo aumenta y los empleos se vuelven obsoletos porque están siendo reemplazados con tecnología o porque se fugan a otros países en donde la mano de obra es más barata. Todo esto significa que aumentará el vacío entre los que tienen y los que no, entre ricos y pobres, y la clase media se derretirá como los polos.

El futuro de Estados Unidos

En vivo o en televisión, muchos hemos visto la pobreza y las barriadas en donde vive la gente pobre. Pero sin importar cuántas veces me encuentre con la pobreza, siempre me hace parar y preguntarme cómo se podrá resolver este problema.

Si alguna vez tienes la oportunidad de visitar Cape Town en Sudáfrica, no dejes de hacerlo. Cape Town es una de las ciudades más hermosas del mundo: rica y moderna, emocionante y vibrante. Además, creo que es posible ver el futuro del mundo en Cape Town. En el camino del aeropuerto a la ciudad, se pueden observar miles y miles de barriadas y cientos de miles de personas que apenas sobreviven en los márgenes de una existencia civilizada. Al dejar atrás las barriadas y acercarme a la bella Cape Town, pensaba que tal vez tenía ante mis ojos el futuro de Estados Unidos.

Me pregunto si algún día nuestra clase media vivirá en barriadas o ciudades perdidas.

Comentarios del lector

Como un adulto de la generación del *Baby Boom*, me siento bastante pesimista en lo que a mi horizonte de jubilación se refiere. Es difícil imaginarme que pueda recuperar todas mi pérdidas antes de que mi riqueza se agote. En realidad me preocupa la calidad de vida que pueda llegar a tener en mis años de adulto mayor, especialmente ahora que tenemos una expectativa de vida más alta.

—Jeuell52

Me encantan los retos, así que soy muy optimista y muy curiosa acerca del futuro. Confío que los americanos se recuperarán de una manera nueva que, me imagino, llevará tiempo y un cambio radical.

—Annebecker

El *crack* de 1987

La diferencia entre el *crack* de 1987 y el de 2007 puede explicar por qué la clase media está perdiendo terreno y por qué hay un vacío cada vez mayor entre ricos y pobres.

El 19 de octubre de 1987 tomé un vuelo de Los Ángeles a Sydney, Australia. Cuando el avión aterrizó en Honolulu para cargar combustible, abandoné el avión para llamar a un amigo desde uno de los teléfonos de la terminal.

—¿Ya supiste que la bolsa colapsó? —me preguntó.

—No, no lo sabía —contesté—. Estoy en pleno vuelo.

—Fue una gran caída —me explicó—. El índice Dow Jones se desplomó un 23 por ciento el día de hoy, y mucha gente quedó aniquilada.

—Eso no es bueno para esas personas, pero para mí son buenas noticias —le contesté—. Es hora de hacerse rico.

Mi esposa Kim y yo trabajamos de 1987 a 1994 en la construcción de nuestro negocio e invertimos todo el dinero que teníamos. Muchos amigos y parientes consideraron que nos habíamos vuelto locos. Ellos, por el contrario, se mantenían ocultos y en espera de que la economía se repusiera. En lugar de invertir, escondían su dinero en el interior de sus colchones. Kim y yo logramos nuestra libertad financiera en 1994 y estábamos en posición de obtener tremendas ganancias para cuando despegó el siguiente *bull market* en 1995. Pero muchos de nuestros amigos que no hicieron nada entonces, están en problemas financieros hasta hoy.

Comentarios del lector

Recuerdo 1987... fue el año en que decidí volverme más independiente, renuncié a mi trabajo para comenzar a subcontratar. Por sugerencia de mi contable, cambié mi Súper a un fondo privado. Me acuerdo que le pregunté por qué todo se iba a un sólo fondo controlado en vez de a dos o tres separados; me dijo que no valía la pena para una cuenta tan pequeña. Eso fue sólo unos meses antes de que el mercado se colapsará, mi Súper, mis ahorros de diez años, se dividió en un instante. Mi inteligencia financiera ni siquiera había comenzado.

-10 BILLION

EL *CRACK* DE 2007

El *crack* de 2007 es distinto al de 1987. De hecho, no sé si los mercados se recuperarán de la misma forma que sucedió anteriormente. Muchas de las industrias que ocasionaron el *boom* de 1954 están a punto de perecer. En esta ocasión, la situación es distinta.

La gran diferencia entre el *crack* de 1987 y el de 2007 es el surgimiento de Internet que lo ha cambiado todo. Provoca un incremento en el desempleo y, con el dólar tóxico y el gobierno en bancarrota, se ha convertido en una de las causas principales por las que la gente se queda rezagada.

Creo que la red genera un cambio en el mundo un millón de veces más profundo que el que provocó Colón al descubrir América en 1492. De la misma forma en que exploradores como Colón abrieron la puerta del mundo a la riqueza, Internet abre mundos más grandes de opulencia para los exploradores actuales.

No obstante, hay diferencias importantes entre Colón y la red. La gente podía ver los cambios que Colón produjo: los barcos, los cargamentos de riqueza saqueada en otros lugares, y los dibujos de los nativos y sus tierras.

Pero nosotros no podemos ver el mundo de Internet con nuestros ojos, *el mundo de Internet es invisible y nosotros tenemos que ver con la mente.* Por eso mucha gente se quedó atrás, porque no puede ver los cambios que reinventan al mundo. La ceguera vuelve obsoletas a estas personas.

¿TE ESTÁS VOLVIENDO OBSOLETO?

En una ocasión, el doctor Buckminster Fuller dijo que cuando el cambio se hacía invisible, la velocidad de dicho cambio aumentaba exponencialmente. Es un concepto al que denominó «aceleración aceleradora». Fuller usaba el ejemplo del rápido avance de la tecnología de la aviación. Piensa en la increíble forma en que la tecnología de la aviación se ha expandido en el último siglo. En 1903, los hermanos Wright realizaron el primer vuelo continuo en aeroplano. En 1969 colocamos al primer hombre en la luna, y ahora tenemos incluso transbordadores espaciales que pueden viajar a 17 320 millas por hora y que muy pronto serán capaces de llegar a Marte. Éste es un ejemplo de la aceleración aceleradora. La tecnología, y la forma en que afecta a los negocios, se transforma a un paso tan vertiginoso, que es casi imposible mantenerse al día con ella.

Durante una de sus conferencias a principios de los ochenta, Bucky Fuller habló sobre una nueva tecnología que surgiría antes de que la década terminara. Al observar el ritmo al que la tecnología avanzaba, Fuller aseveró que podría predecir el futuro. Una frase en especial permaneció en mi mente: «Estamos entrando al mundo de lo invisible», dijo. Para aclararlo, explicó: «Cuando te acuestas boca arriba y miras al cielo, a las nubes, no puedes distinguir que están en movimiento. Pero después de cerrar tus ojos durante algún tiempo, al mirar hacia arriba de nuevo, ya puedes notar que cambiaron de sitio».

El doctor Fuller estaba preocupado. En su mensaje indicaba que millones de personas quedarían desempleadas muy pronto debido a la tecnología y a los inventos que operan imperceptiblemente. Recuerdo bien sus palabras: «Es imposible eludir lo que se aproxima a nosotros pero no podemos ver», explicó.

Como un ejemplo de lo que estaba hablando, habló de la evolución desde los caballos hasta los automóviles: «Los humanos pueden ver el automóvil, pueden detectarlo. Si un coche se aproxima, la gente tiene oportunidad de cambiarse de lugar. Como el coche es visible y las personas pueden verlo, también pueden modificar sus vidas. Pero las invenciones del futuro serán invisibles, por lo que los humanos no notarán qué es lo que modifica su existencia». Concluyó diciendo: «A los humanos los está atropellando algo que no pueden ver».

La gente se está volviendo obsoleta y está siendo atropellada por innovaciones tecnológicas indetectables e incomprensibles. Hay millones de personas desempleadas porque sus habilidades ya no son requeridas. Han pasado de moda.

Los negocios a alta velocidad

Cuando inicié mi primer negocio en la década de 1970, me convertí rápidamente en un «viajero multimillas» de United y de Pan American Airlines. Hoy en día concreto más negocios sentado en mi oficina y usando Internet porque puedo llegar a más gente en menos tiempo, aplicando menos energía y, claro, gastando menos. Mientras produzco más dinero, las aerolíneas sufren porque los viajeros de negocios, como yo, encontraron una manera más rápida y económica de realizar transacciones comerciales con gente de todo el mundo.

En 1969 me gradué en la Academia de la Marina Mercante de Estados Unidos en Kings Point, Nueva York. En ese tiempo éramos los graduados mejor pagados del mundo. Después de graduarse, muchos de mis compañeros comenzaron a ganar inmediatamente entre 80 mil y 150 mil dólares al año navegando en barcos cargueros en la zona de guerra de Vietnam. Un salario nada malo para muchachitos de 22 años.

Después de graduarme navegué durante algunos meses para la Standard Oil en un buque tanque, pero cuando mi hermano se unió al ejército para luchar en Vietnam, renuncié a mi bien pagado empleo y me convertí en voluntario. Volaría para el Cuerpo de Marina. Mi ingreso pasó de casi cinco mil dólares mensuales a 200 dólares al mes. Fue un golpe duro.

Algunos de mis antiguos compañeros continúan navegando. Muchos ganan cerca de 400 mil dólares anuales y se van a retirar con una pensión de 200 mil dólares al año. Es un buen retorno por la inversión que hicieron en su educación universitaria.

En lugar de volver a navegar para la Marina o de volar para aerolíneas comerciales, después de la guerra decidí convertirme en empresario. A la fecha sigo cosechando los frutos de aquella decisión.

Existen dos diferencias principales entre mis compañeros y yo: la primera es que la mayor parte del trabajo que realizo es mental, el 90 por ciento aproximadamente, mientras que el 90 por ciento del trabajo que ellos hacen es físico: deben estar en barcos para que les paguen, mientras yo gano dinero incluso cuando duermo. La segunda diferencia es la tasa en la velocidad de las transacciones. Mis compañeros trabajan cinco días a la semana y les pagan cada mes. Yo trabajo 24 horas al día, siete días a la semana, 365 días al año, y me pagan cada minuto. Incluso cuando dejo de trabajar, el dinero sigue fluyendo. En los próximos capítulos te explicaré cómo lo hago.

Un día comprendí a qué se refería el doctor Fuller con la expresión «aceleración aceleradora» y decidí poner manos a la obra para aplicarlo de inmediato. No quiero volverme obsoleto, tampoco espero que la economía se recupere. Ahora estoy trabajando con ahínco para estar un paso adelante de esta economía aceleradora.

Perros de Pavlov

En la primera parte del libro hable de cómo, en mi opinión, fueron plantadas las semillas de la crisis financiera actual: a través del secuestro del sistema educativo estadounidense en 1903. Y hasta la fecha, creo que no tenemos educación financiera en nuestras escuelas.

Durante los oscuros días de la esclavitud en Estados Unidos, estaba prohibido educar a los esclavos. En algunos estados representaba incluso un crimen enseñarles a leer y escribir porque un esclavo con educación era peligroso. Hoy no permitimos que los niños tengan una educación financiera, y con eso estamos creando otro tipo de esclavos: esclavos del salario.

En cuanto salen de la escuela, la mayoría de los muchachos comienzan a buscar un empleo, ahorrar dinero, comprar una casa y a invertir a largo plazo en una cartera bien diversificada de fondos.

Pero ahora que millones de personas están perdiendo su empleo, ¿qué harán? Tienen que regresar a la escuela para recibir entrenamiento, encontrar un nuevo empleo, tratar de ganar dinero, de pagar su préstamo hipotecario y de invertir para la jubilación en una cartera de fondos. Y por supuesto, enseñan a sus hijos a hacer lo mismo.

En 1904, Ivan Pavlov ganó el premio Nobel de fisiología y medicina por su investigación sobre el sistema digestivo de los perros. Hoy en día, cada vez que escuchamos la frase «perros de Pavlov» pensamos en una respuesta condicionada. Y precisamente, volver a la escuela para obtener un empleo mejor pagado, ahorrar dinero para comprar una casa e invertir en una cartera bien diversificada de acciones y fondos de inversión, es un buen ejemplo de una respuesta condicionada. Hay mucha gente que no puede ni siquiera explicar por qué lo hace; simplemente sigue la corriente porque eso fue lo que le enseñaron: a responder condicionadamente.

De empleado a empresario

En 1973 regresé de la guerra de Vietnam y encontré a mi padre pobre en casa, solo y desempleado. Se había postulado como vicegobernador de Hawai y perdió. A pesar de ser un hombre inteligente, preparado y trabajador, a la edad de 50 años estaba acabado; había sido una gran estrella del sistema educativo pero estaba mal preparado para el mundo de los negocios y la política, podía sobrevivir en el mundo académico pero no en el real.

Él me recomendó volver a la escuela, obtener mi título de doctorado y conseguir un empleo en el gobierno. Pero aunque yo amaba mucho a mi papá, sabía que ése no era mi camino. Al dejar la casa, conduje hasta Waikiki y, a los 27 años, me volví nuevamente el aprendiz de mi padre rico. Fue una de las decisiones más inteligentes que he tomado porque rompí con la respuesta condicionada de ser empleado, y pude convertirme en empresario.

La historia está llena de anécdotas sobre gente que ignoró las respuestas condicionadas y forjó su propio camino. Por ejemplo, los hermanos Wright y Henry Ford nunca terminaron la preparatoria. Bill Gates, Michael Dell y Steve Jobs nunca terminaron la universidad. Sergey Brin, de Google, suspendió sus estudios de doctorado en Stanford. Mark Zuckerberg inventó Facebook en su dormitorio de Harvard, viajó a California y nunca regresó a terminar su educación. Todas estas personas que cambiaron al mundo abandonaron la escuela porque ya no necesitaban buscar un empleo. Tuvieron una idea y el valor para ponerla en práctica, comenzaron negocios y crearon empleos para otros. Actualmente, la actividad empresarial se expande en todo el mundo. Y lo más importante es que los empresarios más exitosos comprenden que estamos en la era de la información y tienen la visión para anticipar cambios, cosa que los demás generalmente no hacen.

El futuro será distinto

Actualmente hay una nueva generación que va a cambiar el futuro. Está formada por los niños que nacieron después de 1990 y que solamente han conocido el mundo de Internet. No son iguales a quienes nacieron antes de esa fecha porque nacieron en un mundo distinto y crearán un futuro diferente. Yo no sé exactamente cómo será el futuro, lo único que sé es que el que ellos vislumbran no es el mismo que veo yo.

Sin embargo, lo que sí sé es que el vacío entre ricos y pobres continuará expandiéndose. Por ejemplo, la idea de tener un empleo bien pagado de por vida, cada vez es más absurda porque los países en que se pagan salarios más bajos compiten globalmente y las compañías intercambian ideas de un lado del océano al otro a la velocidad de la luz. Todo esto provoca que los empleos emigren hacia los países con mano de obra más barata. Yo predigo que muy pronto los jóvenes empresarios con acceso a Internet y un ordenador portátil de bajo coste, saldrán de las barriadas y transformarán el mundo. El universo de los ricos y complacientes realmente se agitará cuando estos imberbes y hambrientos empresarios cambien el futuro del mundo desde las barriadas o las ciudades perdidas.

Durante la era industrial, las naciones ricas del mundo controlaban los recursos naturales como petróleo, metales, madera y alimentos. Ahora, en la era de la información, los países ricos y poderosos ya no tendrán el monopolio sobre el verdadero recurso natural del mundo: nuestra mente. El genio del mundo se liberará en el invisible universo de la red y las castas sociales centenarias serán eliminadas. Surgirán los nuevos mega ricos.

Nueva economía, nueva riqueza

Con el arribo de la nueva economía también habrá una explosión de nueva riqueza. Surgirán nuevos millonarios y multimillonarios, el dinero se producirá a una velocidad inusitada y la pregunta que debes hacerte es: ¿seré uno de los nuevos ricos o uno de los nuevos pobres? En la década de 1950, mi padre rico logró anticipar la nueva economía y se puso en acción, en tanto que mi padre pobre se vio totalmente abatido por el nuevo desafío: escogió seguridad financiera en lugar de libertad financiera y, al final, no obtuvo ninguna de las dos.

Entonces, ¿en qué posición nos encontramos ahora?

El mercado de valores se recuperará tarde o temprano, pero recuerda que en el pasado tardó de 1929 a 1954 para volver a su nivel más alto de 381 puntos. Cuando el mercado de valores se recupere, el índice Dow Jones estará formado por nuevas compañías y dominarán nuevas *blue chips*. El mercado de bienes raíces también se recuperará cuando las poblaciones crezcan y los empleos regresen. Pero habrá nuevas familias viviendo en las antiguas mansiones y también habrá muchos más indigentes.

Sin embargo, la vieja economía; es decir, la que conocemos ahora, jamás se recuperará porque se ha modificado permanentemente. La antigua economía que surgió en 1954 está pereciendo y ahora presenciaremos el nacimiento de una nueva economía que será dirigida por los muchachos que nacieron después de 1990: gente joven que sólo conoce el invisible y vertiginoso mundo de la red.

Persona inteligente, negocio equivocado

Mientras Donald Trump y yo trabajábamos en nuestro libro *Queremos que seas rico*, un texto sobre la cada vez menos numerosa clase media, Donald mencionó algo que realmente me hizo pensar: «Tuve muchos compañeros mucho más inteligentes que yo, pero ahora yo produzco mucho más dinero que ellos. La razón es que me convertí en empresario y ellos se fueron a trabajar para las grandes compañías. La otra razón es porque terminaron trabajando en la industria equivocada. Comenzaron a trabajar para industrias agonizantes».

Al escucharlo, reflexioné sobre mi propia vida; si hubiera seguido el consejo de mi padre pobre, también habría terminado como empleado de una industria agonizante. Incluso los graduados de la Academia de la Marina Mercante de Estados Unidos tienen problemas para conseguir empleo en la actualidad. La Marina Mercante agoniza por la misma razón que lo hace General Motors: la paga de los oficiales de la Marina es tan alta que las compañías navieras han llevado sus barcos a países en donde se pagan salarios más bajos. Se puede decir que fueron precisamente los precios que los sindicatos establecieron lo que dejó desempleados a sus propios miembros.

Donald y yo nos sentamos en su oficina mirando hacia Central Park y la Quinta Avenida, y comprendí que de haber seguido el consejo de mi padre pobre, esa filosofía que desarrolló debido a su experiencia durante la última depresión, yo no estaría en ese lugar. Ahora que se vislumbra la posibilidad de una nueva depresión, en lugar de sentir temor, Donald y yo nos preparamos para los desafíos y los tiempos difíciles que se avecinan. Ya hemos atravesado tiempos difíciles, pero en cada ocasión hemos salido con más experiencia y riqueza.

La bola de cristal

Mientras escribo, el sentimiento general del mundo es que la economía está mejorando. La gente es más optimista y el mercado de valores está repuntando. Además, el oro y las cuentas de ahorros están produciendo efectivo que fluye de vuelta hacia las bolsas. Como mencioné antes, creo que se trata del repunte de un *bear market*; es decir, un *repunte de tontos.* Y este tipo de repuntes es uno de los más despiadados. Pero claro, puedo equivocarme.

Pienso que lo peor aún no ha pasado por las siguientes razones:

1. **Las viejas industrias están agonizando.** Mucha gente mayor depende de las prestaciones que recibe de estas viejas compañías, pero con la crisis que atravesamos, las ganancias caen y muchos negocios están recortando sus prestaciones. General Electric recortó sus dividendos en un 68 por ciento y JPMORGAN lo hizo en un 86 por ciento. Eso significa que si un jubilado recibía mil dólares mensuales en dividendos de GE, ahora recibe solamente 320. Quienes dependían de los dividendos de JPMORGAN ahora obtienen 140 dólares en lugar de 1 000.
2. **Aumentarán los impuestos.** Estados Unidos continúa imprimiendo miles de millones de dólares que tus hijos y nietos tendrán que pagar en la forma de mayores impuestos. Los impuestos generalmente son un castigo para quienes producen y una recompensa para flojos, sinvergüenzas e incompetentes.

Por ejemplo, la Casa Blanca anunció recientemente un límite a las donaciones a la caridad deducibles de impuestos, lo que afectará a nuestra riqueza negativamente. En 2006, cuatro millones de estadounidenses obtuvieron unos ingresos brutos de 200 mil dólares o más, y aunque estos ciudadanos representan menos del tres por ciento de los estadounidenses, en conjunto aportaron el 44 por ciento de las donaciones a caridades. Este límite sobre las deducciones de impuestos significa que muchas organizaciones de caridad tendrán que cerrar y varios millones más necesitarán ayuda del gobierno y éste, a su vez, tendrá que aumentar los impuestos nuevamente.

En nuestro país hay una nueva moda para «hacerse» rico, y se puede observar en el comportamiento del congresista Jerry McNerney (D-CA), quien solicitó un aumento del 90 por ciento en la tasa de impuestos para la gente rica: las mafias están castigando a la gente rica y trabajadora, a los que pagan impuestos, generan empleos y realizan donaciones. Pero los verdaderos ricos, quienes influyen en los políticos y en la Reserva Federal, permanecerán inmunes.

3. **Estados Unidos es el país con la mayor deuda del mundo.** El producto interior bruto (PIB) de Estados Unidos es mayor a 14 billones de dólares. En este momento, la suma total en dólares de todos los programas de rescate que se entregaron este año, es igual a sólo la mitad de esta cifra.
4. **China amenaza el estatus de reserva del dólar estadounidense.** En marzo de 2009, China comenzó a discutir abiertamente la posibilidad de que el dólar estadounidense deje de ser la divisa de reserva del mundo. Esto significa que, a largo plazo, Estados Unidos no podrá pagar sus deudas con dinerito de Monopoly.
5. **El consumidor estadounidense está saturado con deudas y no tiene liquidez.** De acuerdo con el Bureau of Labor Statistics, cerca del 70 por ciento de la economía de Estados Unidos

está siendo estimulada por el gasto de los consumidores, y casi todos los países del mundo confían en el poder del consumidor estadounidense debido a la fortaleza de su economía. En cuanto los consumidores dejan de gastar, el mundo se ve castigado. El típico estadounidense no puede soportar una recesión larga porque no cuenta con suficientes ahorros; si la recesión continúa y se queda sin dinero, el mundo caerá en una depresión.

6. **El desempleo va en aumento.** Todos los negocios del mundo, grandes y pequeños, están tratando de reducir sus gastos de infraestructura. Una de las maneras más sencillas de hacerlo es reducir el pasivo de la nómina; es decir, despidiendo empleados.

   La tasa de desempleo ha sido de un 8,5 por ciento desde marzo de 2009. De acuerdo con datos del Bureau of Labor Statistics, en ese mes se perdieron aproximadamente 694 mil empleos en Estados Unidos. Sin embargo, la estadística de desempleo no contempla a los desempleados que no han buscado trabajo en 30 días, o a quienes tienen empleos de medio tiempo mientras esperan un trabajo de tiempo completo. Al añadir a esas personas a la cifra oficial, la verdadera tasa de desempleo es de 19,1 por ciento, según shadowstats.com. El desempleo alcanzó una tasa de 24 por ciento durante la Gran Depresión. A este paso vamos a llegar pronto a esa cifra.

7. **La tecnología es invisible y relativamente económica.** Los negocios de ahora pueden hacer más transacciones con menos empleados, por lo que son más redituables. Por ello habrá más desempleo.

8. **Nuestros sistemas educativos no han preparado a los estudiantes para enfrentar la era de la información.** La tecnología y sus aplicaciones se modifican con tanta velocidad, que los graduados universitarios no cuentan con lo necesario para tener éxito en la economía actual. La mayoría se vuelven obsoletos en cuanto reciben su diploma.

9. **La austeridad está de moda.** La gente se endeudó durante 30 años para parecer rica. Portar el bolso de diseñador más reciente o conducir un coche caro era muy glamoroso, pero ahora sucede lo contrario. En la actualidad las personas están orgullosas de su austeridad y gastan su dinero con más inteligencia. Pero esta austeridad es una desventaja para nuestra economía en crisis. Como leíste en la primera parte del libro, la única forma en que una economía se puede expandir es endeudándose. Puede ser que la austeridad esté de moda, pero no ayudará a la economía. Cuando un país deja de gastar, aumenta el desempleo y los negocios pequeños comienzan a cerrar.

Un antiguo chiste

Hay un viejo chiste que dice así: Dos amigos caminaban en el bosque cuando, de repente, un oso saltó y se aproximó a ellos.

—¿Crees que podamos correr más rápido que el oso? —preguntó uno.

Su amigo respondió:

—Yo no tengo que correr más rápido que el oso, solamente tengo que correr más rápido que tú.

Creo que este chiste describe el mundo en que vivimos. Hay muchos negocios que van a fracasar, pero los fuertes sobrevivirán y se volverán más fuertes. Por desgracia, muchos de mis compañeros *baby boomers* no están preparados para el futuro. Muchos se han tomado la vida con calma durante demasiado tiempo, o tienen una salud deficiente y no cuentan con riqueza sostenible. Tampoco tienen seguro médico porque los programas hospitalarios del gobierno se están quedando sin fondos.

Creo que estamos entrando en un duro invierno financiero. La buena noticia es que la primavera llegará, los capullos florecerán y surgirá nueva vida. Tendremos que salir de esta crisis financiera en algún momento pero, por desgracia, habrá millones de personas que se quedarán rezagadas. Por el bien de esa gente, espero que el presidente pueda salvarla.

Creo que en este momento no importa mucho lo que están haciendo los políticos para salvar la economía porque, finalmente, bajo el pretexto de rescatarla, sólo salvarán a los ricos.

Lo que realmente es importante es lo que *tú* harás para salvarte. No es necesario que corras más rápido que el oso, solamente tienes que correr más rápido que quienes esperan ser rescatados.

También hay buenas noticias para quienes están listos para ir a un mundo nuevo: éste es el mejor momento para quienes desean estudiar, aprender con rapidez y trabajar con ahínco, para quienes no quieren unirse al coro de los negativos. Aprende del pasado para triunfar en el futuro, ésta es tu oportunidad de hacerte rico si así lo deseas.

Antes de entrar a la segunda parte, revisemos las cinco reglas del dinero que hemos cubierto hasta el momento. Ésas son esenciales para vencer a la conspiración jugando su mismo juego.

Nueva regla del dinero #1: el conocimiento es dinero. En la actualidad, los activos tradicionales no te hacen rico ni te proporcionan seguridad financiera porque es posible perder dinero en los negocios, los bienes raíces, acciones, bonos, *commodities*, incluso con el oro. El conocimiento te hace rico y la carencia de conocimiento te empobrece. En este momento, el conocimiento se puede convertir en el nuevo dinero.

La segunda parte trata sobre cómo incrementar tu conocimiento financiero.

Nueva regla del dinero #2: aprende cómo usar la deuda. Después de 1971 el dólar estadounidense pasó de ser un activo a ser un pasivo; es decir, deuda. La deuda se expandió porque los bancos podían producir más dinero al crear más deuda. El desastre *subprime* que atravesamos lo ocasionaron los bancos *subprime* y los prestatarios *subprime*. Obviamente, el rico y el pobre tienen que aprender a dar un mejor uso a su deuda.

La deuda en sí no es un factor negativo, pero su mal uso sí lo es. La deuda puede hacerte rico o pobre. Si quieres avanzar en el ámbito financiero, tienes que aprender a usarla, no a abusar de ella.

En la segunda parte aprenderás cómo hacerlo para que tu vida sea más rica y para colocarte en una posición que te permita alcanzar la seguridad financiera.

Nueva regla del dinero #3: aprende a controlar el flujo de efectivo. Después de que el dólar se convirtió en deuda, el objetivo del juego fue hacer que tú y yo nos endeudáramos. Cuando te endeudas, tu flujo de efectivo fluye *de* ti *hacia* otros. Hoy en día hay muchas personas en problemas financieros porque la cantidad de efectivo que fluye desde sus bolsillos hacia fuera es demasiado grande y el efectivo que fluye hacia los mismos, es muy poco. Si planeas obtener la seguridad financiera debes hacer que el efectivo fluya hacia tus bolsillos.

En la segunda parte hablaremos sobre cómo controlar la entrada y la salida de tu flujo de efectivo.

Nueva regla del dinero #4: prepárate para los malos tiempos y vive solamente los buenos. La última depresión convirtió a mi padre rico en un hombre muy rico y empobreció aún más a mi padre pobre. Un padre vio oportunidad en la depresión y el otro solamente la recibió como una crisis.

Mi generación, la de los *baby boomers*, solamente ha vivido tiempos de bonanza y, por ello, muchos no están preparados para los tiempos difíciles. A mí me va bien en este momento porque comencé a prepararme para los tiempos difíciles hace más de 20 años.

La segunda parte trata de estar bien en las malas épocas y estar mejor en las buenas.

Nueva regla del dinero #5: la necesidad de velocidad. El dinero evolucionó desde el trueque hasta la creación del dinero digital, y gracias a ello, el sistema financiero mundial adquirió velocidad. Hoy en día, la gente lenta se queda rezagada. Una persona con un buen puesto puede realizar negocios 24 horas al día y siete días a la semana. Pero en lugar de ganar dinero mensualmente, pueden hacerlo por segundo.

AUTOEXAMEN

Al entrar en la segunda parte de *La conspiración de los ricos*, es importante que te preguntes:

1. ¿Te pagan por mes, hora, minuto o segundo?
2. ¿Ganas dinero durante ocho horas al día o 24 horas al día, los siete días de la semana?
3. Si dejaras de trabajar, ¿seguirías recibiendo ingresos?
4. ¿Tienes muchas fuentes de ingreso?
5. En el caso de ser empleado, ¿trabajas para alguien que se está quedando rezagado?
6. ¿Tus amigos y familiares avanzan o también están estancados en el aspecto financiero?

Comentarios del lector

He asistido a algunos cursos y leído algunos libros acerca de desarrollo personal pero, en realidad, no sabía cómo crear ingresos pasivos. He aprendido la lección de manera difícil. Trabajo por cuenta propia y en noviembre tuve una operación en el pie. No pude trabajar por tres meses y utilicé mis ahorros para vivir durante esa época. Fue por esa experiencia que entendí la importancia de crear un ingreso pasivo. Ahora, estoy buscando propiedades para hacer negocios y oportunidades para invertir.

—HENRI54

Eres el único que puede responder estas preguntas con *honestidad*. Sólo tú sabes si estás satisfecho *financieramente* con tu vida. Solamente tú puedes realizar cambios *cotidianos* en tu existencia.

Si te sientes listo para efectuar cambios y diseñar un plan para tener un futuro financiero más próspero, entonces, el resto de este libro está escrito para ti.

7

¿Cuál es el nombre de tu juego?

Pregunta: «¿Cuál es tu consejo para la persona corriente?».
Respuesta: «Que deje de serlo».

La regla 90-10

Muchos hemos oído hablar de la regla 80-20. Se trata de un principio según el cual, en muchos sucesos, cerca del 80 por ciento de los efectos fueron provocados por el 20 por ciento de las causas. A esta regla también se le conoce como el principio de Pareto: *la regla de la minoría vital.* Se le bautizó así debido a que fue el economista italiano Vilfredo Pareto quien notó que el 80 por ciento de la tierra en Italia pertenece al 20 por ciento de la gente: la minoría vital. En los negocios hay una buena regla que establece que el 80 por ciento de tu negocio proviene del 20 por ciento de tus clientes, y por ello hay que cuidarlos bien.

Mi padre rico llevó este concepto un paso adelante. Creía que «el 90 por ciento del dinero lo gana el 10 por ciento de la gente» y denominó a este concepto la regla 90-10 del dinero. Si usamos el golf como ejemplo, yo diría que el 10 por ciento de los golfistas gana el 90 por ciento del dinero. Asimismo, actualmente en Estados Unidos, cerca del 90 por ciento de la riqueza está en manos del 10 por ciento de la gente.

Si quieres ganar en el juego del dinero, no puedes ser una persona corriente, tienes que estar en el 10 por ciento que ocupa la cima.

Consejos financieros para la gente corriente

Una de las razones por las que el 90 por ciento de la gente es mediocre en el aspecto financiero es porque sigue consejos financieros corrientes, por ejemplo:

1. «Asiste a la escuela».
2. «Consigue un empleo».
3. «Trabaja duro».
4. «Ahorra dinero».
5. «Tu casa es un activo y representa tu mayor inversión».
6. «Vive por debajo de tus posibilidades».
7. «Sal de deudas».
8. «Invierte a largo plazo en una cartera bien diversificada de acciones, bonos y fondos mutualistas».
9. «Retírate, el gobierno te va a mantener».
10. «Vive feliz para siempre».

Comentarios del lector

Mi difunto padre, quien fue juez y después banquero inversor, siempre me dijo que el mercado de valores era la única forma segura. También decía que las propiedades eran una inversión estúpida con muchos inconvenientes. No creyó nunca en el ingreso pasivo. El año pasado falleció y la disputa por sus propiedades se resolvió a principios de este año; su valor total había decrecido un 87 por ciento desde el momento de su muerte hasta que se decidió el valor total de la propiedad. La herencia que tan desesperadamente quiso dejarnos desapareció.

—FredGray

Mi papá siempre dijo: «no tiene nada de malo ser mediocre». Yo nunca entendí ese argumento, siento que es importante ser lo mejor que puedas y entonces, superarás al promedio.

—Arnei

Cuentos de hadas financieros

He añadido a la lista «vivir feliz para siempre», porque considero que los consejos financieros mencionados arriba son los *cuentos de hadas del dinero.* Y todos sabemos que solamente en los cuentos de hadas la gente termina viviendo feliz para siempre. Son los mismos cuentos en que creyó la generación de la Segunda Guerra Mundial, y son falsos.

Mucha gente de mi edad, de la generación de Vietnam, se encuentra en problemas financieros ahora porque creyó en los cuentos. Eso incluye a algunos de mis amigos que llegaron a ser adinerados pero ahora tienen dificultades financieras; muchos de mis conocidos de la generación *baby boomer* rezan y albergan la esperanza de que el mercado se recupere porque sólo así podrán costear su jubilación.

Hoy en día, hay jóvenes estudiando en la universidad que no encontrarán trabajo cuando salgan de la escuela; ellos también creen en cuentos de hadas, especialmente los de «asiste a la escuela» y «consigue un empleo».

El objetivo de la conspiración es hacernos creer en los 10 cuentos de hadas porque, al creer en ellos, el 90 por ciento de nosotros se convierte en peones del juego de los ricos. La mayoría desconoce la realidad sobre el dinero, sólo conoce los cuentos. Es por ello que sólo algunos conocen el nombre del juego.

¿Cómo se llama el juego?

Para los conspiradores, el nombre del juego es *flujo de efectivo.* El objetivo es ser parte del 10 por ciento que recibe el flujo de efectivo que proviene del otro 90 por ciento. Los conspiradores necesitan que creas en los cuentos de hadas porque así, el flujo de efectivo irá de ti hacia ellos.

Por otra parte, me parece escuchar a algunos de ustedes diciendo: «¡Es repugnante!, lo único que haces es promover tu propio juego de mesa, *Cashflow*». Y están en lo cierto. Estoy orgulloso de mi juego y de los elogios que ha recibido, lo han llegado a llamar el Monopoly con esteroides. Pero *Cashflow* no es únicamente un juego de mesa, en realidad es el juego de la conspiración. Recuerda que el objetivo final de la conspiración es hacer que tu dinero fluya desde tu bolsillo hacia los bolsillos de los conspiradores.

La mayoría de la gente no puede ver la conspiración, es como algunos peces que tampoco pueden ver el agua en que nadan. En realidad, estamos sumergidos en la conspiración de la misma forma en que los peces lo están en el agua. Ricos o pobres, con estudios o sin ellos, empleados o desempleados, todos estamos involucrados en el juego del flujo de efectivo. La diferencia es que algunas personas practican el juego y otras sólo son peones.

Para ayudarte a comprender mejor el juego del flujo de efectivo, a continuación presentaré algunos ejemplos de su funcionamiento en la vida real.

Ejemplo #1: Una buena educación no es suficiente

Muchos estudiantes y sus padres están sumamente endeudados debido a los préstamos para estudios universitarios. Además, mientras son estudiantes, los jóvenes tienen la posibilidad de solicitar tarjetas de crédito, lo que contribuye aún más a la deuda mala. Cuando un estudiante solicita préstamos y obtiene una tarjeta de crédito, para pagar la deuda, el efectivo tiene que fluir durante años desde el bolsillo del estudiante hacia el exterior. A la conspiración le fascinan los estudiantes porque son una excelente fuente de flujo de efectivo. Los jóvenes en general son superficiales en el aspecto financiero y piensan que las tarjetas de crédito son como dinero gratis. Muchos descubren, de la manera difícil, que las cosas no son así, y por supuesto, la mayoría nunca aprende. La escuela es el lugar idóneo para entrenar a la gente y enseñarle a que el flujo de efectivo salga de sus bolsillos para llegar al de los ricos.

Cuando los estudiantes se gradúan, están fuertemente endeudados, entran al mercado laboral, encuentran un buen empleo, acumulan más deuda y ven cómo su efectivo fluye hacia el gobierno a través de los impuestos sobre el ingreso. Cuanto más ganan, pagan mayores impuestos. Para ahorrar, comen en McDonalds, con lo que el efectivo fluye hacia McDonalds. Depositan su nómina en el banco y el efectivo fluye hacia al banco en forma de comisiones y cargos por cada vez que usan un cajero automático para sacar dinero. Compran un coche y el efectivo fluye hacia la empresa fabricante, la del financiamiento, la industria de la gasolina, las compañías aseguradoras y, por supuesto, hacia el gobierno que cobra por emitir una licencia para conducir. Compran una casa y entonces el efectivo sale de sus bolsillos para pagar el préstamo hipotecario, el seguro, televisión por cable, agua, calefacción, electricidad e impuestos prediales. El efectivo fluye mensualmente hacia Wall Street cuando estos antiguos estudiantes invierten en fondos mutualistas para su plan de jubilación, y el efectivo sigue fluyendo de los fondos mutualistas hacia los gerentes del fondo, en forma de comisiones y cargos. Más adelante, cuando la gente es mayor y se debilita, el efectivo fluye hacia el asilo; y cuando muere, el efectivo fluye para pagar los impuestos sobre todo lo que dejó atrás. La mayoría pasa su vida entera tratando de alcanzar el ritmo con que su efectivo fluye hacia el exterior.

El 90 por ciento de la gente tiene dificultades financieras porque su dinero fluye hacia alguien o hacia algo más: hacia el 10 por ciento. Fluye hacia los que sí saben cómo se llama el juego. Cuanto más trabaja el 90 por ciento, más efectivo fluye hacia el 10 por ciento restante.

Lo anterior describe la historia de mi padre pobre, quien trabajó con ahínco y siempre regresó a la escuela para obtener títulos de niveles superiores y entrenamiento especializado. Hizo más dinero y ahorró una parte, pero nunca obtuvo control sobre su flujo de efectivo hacia el exterior. Cuando perdió su empleo se vio forzado a dejar de trabajar y ya no hubo efectivo que fluyera hacia él, sin embargo, tuvo que seguir afrontando sus compromisos económicos. Se metió en graves problemas financieros.

En la escuela no enseñan a los niños sobre el flujo de efectivo. Si las escuelas llegan a tener clases de educación financiera, sólo se les enseña a ahorrar dinero en un banco y a invertirlo en fondos mutualistas: te reitero que a los niños se les entrena para dejar que su efectivo se desplace hacia los ricos.

Si yo dirigiera el sistema escolar establecería clases sobre cómo controlar el flujo de efectivo que corre hacia el exterior y cómo producir un flujo hacia el interior. En los siguientes capítulos revisaremos a profundidad este concepto.

Ejemplo #2: ¿Qué fue primero, el teléfono móvil o el flujo de efectivo?

La respuesta es, por supuesto, el flujo de efectivo. Sin importar su utilidad, el móvil jamás habría existido sin flujo de efectivo. El flujo de efectivo es la fuerza motora más importante detrás de la innovación. Cuando los inversores descubrieron la gran oportunidad que los móviles ofrecían de convertirse en una forma de flujo de efectivo, se comenzó a reunir dinero para el desarrollo de un sistema en red global de telefonía móvil. Nadie se habría interesado jamás en hacerlo si dicha red no hubiera ofrecido la oportunidad de producir flujo de efectivo.

Cada vez que usas tu móvil, el efectivo sale de tu billetera y fluye hacia las cuentas de las compañías de telefonía móvil. Esta gente está en el negocio porque sabe que *el nombre del juego es flujo de efectivo.*

Hoy en día existe una enorme cantidad de productos, servicios y negocios excelentes que podrían salvar al mundo, pero si no existe flujo de efectivo del consumidor hacia los ricos, nadie aporta fondos para costearlos. Si tú deseas lanzar un producto nuevo o iniciar un negocio, debes ser muy consciente del flujo de efectivo. Si tu negocio solamente produce un flujo de efectivo para ti, lo más probable es que no puedas atraer inversores ni crecer como empresario.

Ejemplo #3: El mercado de valores colapsó

El colapso que comenzó en 2007 fue resultado de que el efectivo fluía fuera del mercado y a otros activos. Te puedo asegurar que durante el colapso, el 90 por ciento de los inversores perdió dinero porque no lo movió con la rapidez necesaria. La reacción de dichos inversores fue lenta porque se habían tragado el cuento de hadas financiero que dice que se debe invertir a largo plazo en una cartera bien diversificada de fondos mutualistas.

El 10 por ciento que no cree en cuentos de hadas financieros, había movilizado su dinero hacia puertos más seguros como el oro, que se fue al alza súbitamente en cuanto colapsó el mercado. Cuando el efectivo fluyó fuera del mercado bursátil, quienes invirtieron en fondos mutualistas perdieron, y quienes invirtieron en oro, ganaron. Sucedió lo mismo con los bienes raíces, cuando estalló la burbuja y el flujo de efectivo se derramó hacia afuera y dejó a los propietarios con inmuebles devaluados.

El conocimiento es el nuevo dinero

La nueva regla del dinero #1, *el conocimiento es dinero,* surgió debido al juego del flujo de efectivo. Como el sistema educativo no provee educación financiera en las escuelas, los estudiantes se gradúan y se especializan en diversas materias, pero en ningún caso toman conciencia del juego del flujo de efectivo. Yo sigo creyendo que este juego es la más importante asignatura. Casi todos los estudiantes se titulan y trabajan con ahínco para crear un flujo de efectivo que fluya hacia ellos, pero no tienen control sobre él. Mes a mes, su dinero fluye más hacia afuera que hacia adentro. Esto provoca que tengan que trabajar más o adquirir mayores deudas con sus tarjetas de crédito.

Para la mayoría, la seguridad de un empleo es vital porque tienen poco control sobre la forma en que su efectivo fluye hacia el exterior. Es por ello que muchos expertos financieros recomiendan: «Rompe tus tarjetas de crédito por la mitad y vive por debajo de tus posibilidades». Este tipo de consejo financiero es para el 90 por ciento de la gente, el 90 por ciento que necesita adquirir control sobre la forma en que su flujo de efectivo se escapa hacia el otro 10 por ciento. Recuerda que el 10 por ciento es la minoría que sabe cómo hacer que el efectivo siga fluyendo hacia él, incluso cuando no trabaja.

Y si hablamos de inversiones, podemos decir que el inversor mediocre también tiene poco control sobre su flujo de efectivo.

En los planes de pensiones tradicionales que funcionan en la actualidad, el efectivo se escapa de la nómina de los trabajadores incluso antes de que éste les sea entregado. El efectivo fluye hacia el plan 401(k) de jubilación. Después de eso, las compañías de fondos mutualistas toman el dinero de los inversores y, legalmente, desvían el flujo de efectivo a través de costes y gastos ocultos.

Yo he criticado a los fondos mutualistas durante años. Pienso que son horribles vehículos de inversión que están diseñados para la gente mediocre en lo financiero. Muchos expertos financieros me han atacado durante los últimos años porque son patrocinados por las mismas compañías de fondos mutualistas. Tú puedes ver que en programas de televisión y en varias publicaciones financieras populares, estos intermediarios de los fondos mutualistas ofrecen los mismos viejos consejos: «invierte a largo plazo en una cartera bien diversificada de fondos.» Éste es un consejo mediocre para el inversor mediocre, no es una asesoría de calidad.

John Bogle, por otra parte, es uno de mis héroes. Él es parte de The Vanguard Group e inventor del fondo índice, el cual mantiene las primas bajas reduciendo la gestión financiera. Bogle también es un franco crítico de los fondos mutualistas tradicionales. En una entrevista para SmartMoney, dijo que el inversor de fondos mutualistas pone el 100 por ciento del dinero, asume el 100 por ciento del riesgo y obtiene solamente el 20 por ciento de las ganancias, si acaso las hay. Las compañías de fondos mutualistas se llevan el 80 por ciento de las ganancias a través de sus honorarios y costes. Para colmo, debido a que en 2009 se derramó demasiado flujo hacia el exterior del mercado bursátil, los fondos mutualistas están comenzando a incrementar sus honorarios y costes, lo que implica que tendrá que salir más dinero del bolsillo de los inversores.

En su libro *The Battle for the Soul of Capitalism*, Bogle afirma que las compañías de fondos mutualistas y los banqueros también hablan de la magia del interés compuesto pero no mencionan el poder de los costes compuestos, que pueden disminuir significativamente tus retornos netos. El hecho de que Bogle se lance en contra de la industria de los fondos mutualistas, una de las fuerzas más poderosas de la conspiración, me inspira mucho respeto. Me parece que muy pocas publicaciones y programas televisivos han tenido el valor para criticar a esta industria porque no desean perder los ingresos que obtienen de los fondos mutualistas por concepto de publicidad.

Nueva regla del dinero #6:
aprende el lenguaje del dinero

Cuando un estudiante ingresa en la escuela de medicina, tiene que aprender la jerga del oficio, así que muy pronto se encuentra hablando de la diferencia entre la presión diastólica y la presión sistólica. Cuando ingresé en la escuela de vuelo tuve que aprender el lenguaje de los pilotos, y muy pronto usaba palabras como *altímetro, alerón* y *timón.* Cuando comencé a pilotar helicópteros tuve que usar palabras diferentes como *cíclico, colectivo* y *rotores.* Sin conocer estas palabras no habría tenido éxito como piloto.

En el catecismo me enseñaron la frase: «Y el verbo se hizo carne». Que, dicho de otra forma, quiere decir: tú te conviertes en tus palabras, en lo que dices.

En 1903, cuando los conspiradores tomaron nuestro sistema educativo, retiraron el lenguaje del dinero y lo reemplazaron con el lenguaje académico, comenzaron a usar palabras como álgebra y cálculo, que rara vez se escuchan en el mundo real; el 90 por ciento de la población tiene problemas financieros porque nunca aprendió el lenguaje del dinero.

Comentarios del lector

Pensamos en términos de lenguaje por lo que no podemos conceptualizar lo que no podemos describir lingüísticamente. Es por eso que conocer el lenguaje del dinero y dominarlo es la forma en la que aprendemos los conceptos de lo que el dinero es en realidad y cómo funciona. Es sólo así como podemos llegar a tomar nuestras propias decisiones financieras en vez de dejarnos llevar por «expertos» o seguir ciegamente consejos convencionales. Es así como transcendemos la mentalidad de «no soy lo suficientemente inteligente para hacer esto; va más allá de mi entendimiento». Si logras aprender el lenguaje, entonces puedes entender y tener el control de tus resultados.

—BUZZARDKING

PARA UNIRSE AL 10 POR CIENTO

Cuando aprendes el lenguaje del dinero, en realidad aprendes el lenguaje de la conspiración. Si inviertes un poco de tiempo diariamente en aprender la jerga financiera, tendrás una oportunidad mayor de llegar a ser parte del 10 por ciento, de la minoría vital. Lo más importante es que si aprendes los términos financieros será más difícil que los falsos profetas del dinero te engañen, esos mismos que te recomendaron: «Ahorra dinero, compra una casa, sal de deudas e invierte a largo plazo en una cartera bien diversificada de fondos mutualistas».

La buena noticia es que no es difícil enseñar a los niños el vocabulario del dinero, no se necesita un incremento masivo en el presupuesto del sistema educativo para hacerlo. Solamente se requiere un poco de sentido común. Si en las escuelas simplemente se enseñara a los niños el lenguaje del dinero, se reduciría la problemática financiera y la pobreza. Si una mayor cantidad de niños aprendiera el lenguaje del dinero, habría más empresarios que podrían crear nuevos empleos, en lugar de que el gobierno intentara hacerlo.

En lo que resta del libro presentaré algunos de los términos relacionados con el dinero y las inversiones. Son los términos básicos que necesitas para unirte al 10 por ciento.

Las palabras forman nuestras actitudes y las actitudes forman nuestra realidad

La vida es una cuestión de actitud. Si deseas modificar tu vida, primero debes cambiar las palabras que usas. Esto te ayudará a modificar tu actitud. A continuación te presento algunas de las actitudes más comunes respecto al dinero.

«Nunca seré rico», son las palabras de alguien que tiene la actitud de una persona pobre. Lo más probable es que tenga dificultades financieras toda su vida. Cuando una persona dice: «No me interesa el dinero», en realidad está alejando al dinero de sí misma. Cuando escucho: «Para producir dinero se necesita dinero», siempre contesto: «No, la obtención del dinero comienza con las palabras, y las palabras no se compran.» Cuando alguien dice: «Es arriesgado invertir», yo respondo: «Invertir no es arriesgado. Lo que es arriesgado es carecer de educación financiera y seguir consejos financieros mediocres.» Mis palabras, en cambio, revelan una perspectiva y una actitud diferentes respecto al dinero y a las inversiones.

El conocimiento empieza con las palabras

El conocimiento es dinero, y el conocimiento empieza con las palabras. Las palabras son el alimento de nuestras mentes y le dan forma a nuestra realidad. Si utilizas palabras incorrectas o mediocres, tus pensamientos y tu vida serán mediocres. Usar palabras mediocres es como poner gasolina barata a un automóvil caro. Aquí te presento ejemplos de cómo nos afectan las palabras.

Las palabras de una persona pobre

Es muy sencillo reconocer a una persona pobre, basta escucharla. Por ejemplo:

1. «Nunca seré rico».
2. «No me interesa el dinero».
3. «El gobierno debería hacerse cargo de la gente».

Palabras de una persona de clase media

La clase media utiliza frases distintas:

1. «Tengo un empleo seguro en que me pagan bien».
2. «Mi casa es mi mayor inversión».
3. «He invertido en una cartera bien diversificada de fondos mutualistas».

Palabras de una persona rica

Al igual que la gente pobre y la gente de clase media, los ricos tienen palabras y frases que los diferencian:

1. «Estoy buscando buenos empleados para contratarlos».
2. «Quiero adquirir un edificio de 100 apartamentos para generar flujo de efectivo».
3. «Mi estrategia de salida es hacer pública mi empresa a través de una oferta pública inicial».

¿Puedes notar la diferencia entre estas frases? ¿Qué realidad revela cada grupo de palabras? Te reitero la lección que aprendí en el catecismo: «Y el verbo se hizo carne». Somos lo que decimos.

Ganancias de capital frente a flujo de efectivo

En los siguientes capítulos te presentaré algunos de los términos básicos que debe conocer cualquier persona que desee unirse al 10 por ciento.

Ganancias de capital y *flujo de efectivo* son dos términos de gran importancia. Anteriormente mencioné que el término más relevante es el de *flujo de efectivo* porque el juego de la conspiración se basa en él. Cuando el mercado de bienes raíces y el de valores comenzaron a colapsar en 2007, el 90 por ciento de la gente perdió su dinero. Sucedió así porque en lugar de jugar el juego del flujo de efectivo, estas personas jugaban el juego de las *ganancias de capital*: esperaban que el mercado de valores o sus inmuebles, subieran. En cambio, a quienes invierten en flujo de efectivo no les interesa realmente si el mercado de valores o los inmuebles suben o bajan de precio.

Otro término importante relacionado con ganancias de capital y flujo de efectivo es el valor neto. Tal vez has escuchado a alguna persona que alardea de su valor neto porque compró una casa cara o porque tiene una cantidad importante de acciones valiosas. El problema del valor neto es que es completamente *inútil* en medio de mercados como el que vivimos actualmente.

Frecuentemente, el valor neto se mide con las ganancias de capital. Por ejemplo, si compras una casa de un millón de dólares, técnicamente, esa casa forma parte de tu valor neto, pero si no la puedes vender por un millón de dólares y te ves forzado a venderla por 500 mil y tu préstamo hipotecario es de 700 mil, entonces tu valor neto se nulifica por completo.

Pero esto no se aplica solamente a las personas; hoy en día, la frase «revaluar los activos en función del mercado» es simplemente una forma de asignar *valor neto* a empresas y bancos. Cuando la economía era fuerte, a las compañías les encantaba revaluarse en función del mercado porque quedaba bien en sus hojas de balance. Sin embargo, ahora que el mercado es inestable, este tipo de ajuste de las compañías al valor del mercado, ha hecho que muchas empresas terminen muy mal porque su valor neto disminuye cada día.

Para medir mi riqueza, en lugar de utilizar el valor neto, prefiero utilizar el flujo de efectivo. El dinero que proviene mensualmente de mis inversiones es parte de una riqueza genuina y no solamente una noción de valor que podría ser verdadera o no.

A mi esposa Kim y a mí nos está yendo bien a pesar de la crisis financiera porque nuestros negocios e inversiones se enfocan en el *flujo de efectivo.* Nosotros pudimos «retirarnos» a temprana edad —Kim tenía 37 y yo 47— porque invertimos con el propósito específico de obtener flujo de efectivo. En 1994 recibíamos de nuestras inversiones aproximadamente 120 mil dólares en flujo de efectivo anual (ingreso pasivo). Hoy en día, gracias a que continuamos invirtiendo con el mismo propósito, ese flujo de efectivo es 10 veces mayor a pesar de la crisis financiera.

Un vecino que vive cruzando la calle es uno de los hombres más acaudalados de Arizona. Hace cinco años vino a nuestra casa para agradecernos por los juegos y los libros. Sonriendo, nos dijo: «Juego *Cahsflow* con mis hijos y mis nietos. Por fin he podido explicarles cuál es mi estrategia. Durante años ellos se preguntaron por qué yo no tenía un trabajo normal como los padres de sus amigos. Pero no había podido explicarles cómo lo hacía».

Cuatro casas verdes

Mi padre rico comenzó a educarme en lo financiero cuando yo tenía nueve años. Durante muchos años jugamos al Monopoly y lo hacíamos durante horas. Cuando le pregunté por qué jugábamos tanto, me dijo:

—El secreto para obtener una gran riqueza se encuentra en este juego de mesa.

—¿Y cuál es el secreto? —le pregunté.

—Convertir cuatro casas verdes en un hotel rojo.

Cuando cumplí 19 años regresé de Nueva York, en donde había estado estudiando. Entonces me enteré de que mi padre rico había adquirido un enorme hotel justo a la orilla de la playa de Waikiki. Durante los 10 años que pasaron, entre mis 10 y 19, vi cómo mi padre rico se transformaba. Pasó de ser un pequeño empresario a un jugador de las grandes ligas. El secreto de su éxito fue invertir en la obtención de flujo de efectivo.

Cuando era joven, mi padre rico tuvo que enseñarnos, a su hijo y a mí, los detalles más sutiles del juego Monopoly. Por ejemplo, recogía una tarjeta y preguntaba:

—¿Cuál es el ingreso que recibes si tienes una casa verde en tu propiedad?

—Diez dólares —contestaba yo.

—¿Y cuánto recibirías si tuvieras dos casas en la misma propiedad?

—Veinte dólares.

Yo sabía lo básico de matemáticas y podía darme cuenta de que tener 20 dólares era mucho mejor que tener 10. Ésa fue la forma en que mi padre rico nos entrenó para enfocarnos en el *flujo de efectivo* y no en las *ganancias de capital.*

Enfócate en el flujo de efectivo

Desde 1971, año en que Nixon desvinculó al dólar del patrón oro, la inflación comenzó a filtrarse en el sistema económico. La gente sabía que algo andaba mal pero como no contaba con educación financiera, no podía definir de qué se trataba. En 1980, cuando estalló la inflación, el oro llegó a costar 850 dólares la onza y la de plata llegó a valer 50 dólares.

Durante el gobierno del presidente Reagan, y en un intento de eliminar la inflación, el director de la Reserva Federal, Paul Volcker, se puso los pantalones y aumentó la tasa de interés de los fondos federales al 20 por ciento. En el mundo comenzó a usarse un nuevo término: *estancamiento*, y significaba que la economía se había detenido —es decir, ni las personas ni los negocios estaban ganando dinero— y la inflación aumentaba —o sea, todo se estaba haciendo más caro.

Recuerdo que íbamos a restaurantes y en los menús se podía ver que los precios habían sido cambiados una y otra vez. Subían casi cada mes. Los negocios se estancaron pero los precios tenían que seguir aumentando para cubrir los gastos.

A pesar de que las tasas de los préstamos hipotecarios eran altas, de entre 12 y 14 por ciento, los precios de las casas comenzaron a dispararse. En 1973 compré un apartamento en Waikiki que costó 30 mil dólares. Dos años después lo vendí por 48 mil dólares. Compré tres apartamentos en la isla de Maui por 18 mil dólares cada uno, después especulé con ellos y los vendí por 48 mil. Especulando de esa forma gané cerca de 90 mil dólares en menos de un año: casi seis veces lo que ganaba cuando era piloto en la Marina. Comencé a pensar que era un genio de las finanzas.

Afortunadamente, mi padre rico se sentó a charlar conmigo y me hizo entrar en razón. Así comenzó la segunda etapa de mi educación financiera. Ya no era un niño de 10 años que jugaba al Monopoly con su padre rico. Con más de 20 años yo jugaba al Monopoly de verdad.

Mi padre rico fue muy paciente y me recordó la diferencia entre *ganancias de capital* y *flujo de efectivo.* Y fue un buen recordatorio. Cada vez que especulaba con una propiedad, en realidad estaba invirtiendo en *ganancias de capital.* Mi padre rico me informó que la legislación para las ganancias de capital era diferente a la legislación para flujo de efectivo, tal como sucede hoy. Me dijo:

—Invierte para conseguir *flujo de efectivo.* Recuerda lo que te enseñé cuando jugábamos al Monopoly. Si inviertes con el propósito de obtener *ganancias de capital*, es como si estuvieras apostando.

De la misma forma que lo hacía cuando yo era chico, sacó una tarjeta de Monopoly y me dijo:

—¿Cuánto recibes si tienes una casa verde?

Cogí la tarjeta y dije:

—Diez dólares.

A pesar de que ya casi tenía 30 años, recordé la diferencia entre ganancias de capital y flujo de efectivo. Eran lecciones que había aprendido cuando era niño pero que olvidé en mi adultez.

—Bien —dijo mi padre rico, con paciencia—. ¿Y cuánto recibes si tienes dos casas verdes?

—Veinte dólares —contesté.

—Muy bien —dijo en un tono estricto—. Nunca lo olvides: debes invertir para obtener flujo de efectivo, y así nunca te preocuparás por el dinero. Nunca te eliminarán los *booms* ni el colapso de los mercados. Si inviertes para obtener flujo de efectivo, serás un hombre rico.

—Pero —comencé a decir—, es más sencillo generar dinero con las ganancias de capital. Los precios de los bienes raíces se están disparando y, por otra parte, es muy difícil encontrar inversiones que produzcan flujo de efectivo.

—Lo sé —me dijo mi padre rico—. Pero solamente escucha lo que te digo. No permitas que la codicia y el dinero fácil te impidan convertirte en un hombre rico y con sabiduría financiera. Nunca confundas *ganancias de capital* con *flujo de efectivo.*

Comentarios del lector

Cuando era más joven, mi papá me consiguió inversiones en bienes raíces que vendí hace algún tiempo. Cuando comencé a trabajar, invertí en fondos mutuos, como todos los demás. Estaba jugando al juego del flujo monetario y me di cuenta de lo importante que era crear un flujo monetario propio. No me di cuenta de lo bueno que hubiera sido quedarme con el ingreso que me hubieran dado las propiedades e invertir en más. Si lo hubiera hecho cuando aún era joven, ahora estaría en una posición mucho más fuerte. He empezado a comprar más bienes raíces como un ingreso.

–MIAMIBILLG

ES MÁS DIFÍCIL CONSEGUIR FLUJO DE EFECTIVO

Después de 1971, los precios subieron pero los salarios no pudieron alcanzar a la inflación. Simultáneamente, los empleos se estaban fugando al extranjero. Como la gente se dio cuenta de que algo andaba mal con su dinero y quería volverse rica en un santiamén, comenzó a invertir en la obtención de ganancias de capital. Su intuición les hizo comprender que el dólar estaba perdiendo todo su valor, así que dejaron de ahorrar dinero y comenzaron a invertir en artículos que ganaban valor con la inflación. Algunos de ellos eran arte, antigüedades, carros antiguos, muñecas *Barbie*, tarjetas de beisbol y vinos añejados. Sin embargo, el mercado de valores y los bienes raíces continuaron siendo el tipo de inversión más popular para los inversores que se preocupaban por obtener ganancias de capital. Mucha gente se hizo rica pidiendo dinero prestado e invirtiéndolo así. No obstante, hoy en día, muchos de ellos son pobres de nuevo porque, en esta ocasión, sus apuestas no resultaron como lo esperaban.

En 1929, poco antes de que el mercado colapsara, la gente pedía dinero prestado para comprar acciones a crédito; los préstamos que se solicitaban eran, en su mayoría, para comprar acciones. O sea que esas personas apostaban a las ganancias de capital. En 2007 se hizo lo mismo: apostar a las ganancias de capital con dinero prestado. En esta ocasión se hizo con casas y acciones, y el colapso fue devastador.

La crisis de las ganancias de capital

En 2009, la mayoría de los inversores que lloraban lo hacían porque invirtieron en ganancias de capital. Si se hubieran enfocado en el flujo de efectivo, la crisis no los habría afectado tanto. No estarían tan preocupados por su jubilación, por el dinero para enviar a sus hijos a la universidad o por perder su empleo.

El mercado perdió más de 50 por ciento de su valor entre 2007 y 2009, valor que se medía en ganancias de capital.

Según Bloomberg.com, desde enero del 2007, el índice Case-Schiller de precios de casas en 20 ciudades estadounidenses ha caído cada mes durante los últimos dos años. En algunas ciudades como San Diego, Miami y Las Vegas, dicha caída llegó a ser de un 33 por ciento. Recientemente se informó en el periódico *Arizona Republic* que Phoenix, mi ciudad, se convirtió en la primera zona metropolitana de importancia en donde los precios de las casas se desplomaron más del 50 por ciento a partir de su punto más alto. Case-Schiller está midiendo ganancias de capital otra vez: es decir, el precio de un activo en un momento en particular contra el precio de ese mismo activo en un momento distinto.

Los millones de *baby boomers* de mi edad están rezando para que los mercados de valores y de bienes raíces se recuperen antes de jubilarse para no tener que trabajar en su retiro. Pero, una vez más, rezan para obtener ganancias de capital. En realidad no toman el control del flujo de efectivo que reciben, sino que ponen toda su fe en el mercado.

Inversión para obtener flujo de efectivo

Mi compañía de inversión en bienes raíces posee una gran cantidad de inmuebles en Phoenix, pero a pesar de eso no le va mal. Es así porque nosotros invertimos en flujo de efectivo, alquilamos apartamentos y rara vez especulamos con las propiedades; vencemos a los conspiradores jugando en sus términos, jugamos el juego del flujo de efectivo, el mismo que mi padre rico me enseñó con el Monopoly.

El Monopoly no es un juego de especulación, *no* es un juego de comprar barato y vender caro, y *tampoco* es de diversificación. Monopoly es un juego sobre el enfoque, el planeamiento, la paciencia y el control a largo plazo. Su primer objetivo es controlar uno de los cuatro lados del tablero de juego. El segundo es mejorar las propiedades que tienes en el lado que controlas; eso se logra añadiendo casas verdes y, en algún momento, un hotel rojo. La última estrategia de inversión consiste en llenar de hoteles rojos tu lado del tablero. Después de eso, sólo tienes que sentarte y esperar a que los otros jugadores den la vuelta en la esquina mientras rezan para no caer en alguna de tus propiedades. El objetivo final es hacer que los otros jugadores se declaren en bancarrota y quedarte con su dinero. En 2009, mucha gente se está declarando en bancarrota en el Monopoly de la vida real.

Yo habría podido ser más rico

Yo podría haber ganado más dinero si hubiera invertido en ganancias de capital y si hubiera seguido especulando con bienes raíces. Es muy difícil invertir para conseguir flujo de efectivo mientras todos los demás tratan de obtener ganancias de capital. Sin embargo, ahora me alegro más y más de haber recibido las lecciones de mi padre rico, comprendo por qué insistió en que me enfocara en el flujo de efectivo y en que no me dejara arrastrar por la locura de comprar barato y vender caro.

Actualmente cuento con cuatro fuentes importantes de flujo de efectivo sobre las que hablaré en los próximos capítulos. Éstas son:

1. **Mis negocios.** No importa si trabajo o no, el efectivo siempre llega a mí. Incluso si el negocio cerrara, yo seguiría recibiendo flujo de efectivo.
2. **Bienes Raíces.** Mi esposa y yo poseemos bienes raíces que mensualmente producen ingresos por flujo de efectivo.
3. **Petróleo.** Yo no invierto en compañías petroleras, en lugar de eso, participo como socio en la extracción de este recurso. En cuanto encontramos algo en el subsuelo, comienzo a recibir cheques mensuales por concepto de la venta de petróleo y gas natural.
4. **Regalías.** Aproximadamente 50 casas editoriales tienen derechos para imprimir mis libros. Esas editoriales me pagan regalías trimestralmente. Además, hay aproximadamente 15 compañías de juegos que pueden producir mis juegos de mesa. Éstas también me pagan regalías trimestralmente.

Flujo de efectivo para la gente corriente

La mayoría entiende que es importante recibir un flujo de efectivo mensual, el problema es que no comprende la diferencia entre las buenas estrategias para obtener flujo de efectivo y las estrategias mediocres. Las buenas estrategias proveen un ingreso pasivo por el que se paga la menor cantidad posible de impuestos y sobre el cual tienes control. En cambio, las estrategias mediocres o corrientes para obtener flujo de efectivo, proveen un ingreso pasivo altamente gravado y sobre el cual no se tiene control. Éstos son algunos ejemplos de estrategias mediocres para conseguir flujo de efectivo:

1. **Ahorros.** El interés que producen los ahorros es una forma de flujo de efectivo, pero hoy en día, las tasas de interés para los

bonos a corto plazo son menores a cero. Si tienes suerte, tal vez un banco te pague tres por ciento de interés sobre tus ahorros.

Existen dos problemas con el flujo de efectivo que proviene de los ahorros: el primero es que ese tres por ciento de interés está gravado como un ingreso ordinario; es decir, con el impuesto más alto posible. Eso significa que tu tres por ciento de interés en realidad es dos por ciento después de impuestos. En segundo lugar, la Reserva Federal emite billones de dólares para rescatar a los grandes bancos. A finales de los setenta, sólo se necesitaban millones para los rescates, para los ochenta, requirieron miles de millones, pero ahora, en 2009, hablamos de billones de dólares.

El resultado será inflación y posiblemente hiperinflación; si la inflación llega a ser mayor al dos por ciento anual, en realidad estarás perdiendo dinero si recibes interés de los bancos como interés de una cuenta de ahorros. Comprender la relación entre el dinero que se requiere para los rescates y la inflación es un ejemplo de la importancia de conocer la historia. Si sabes un poco de historia puedes entender con qué rapidez pierden valor tus ahorros. Mientras te pagan el tres por ciento (dos por ciento después de impuestos) por tus ahorros, los bancos centrales imprimen billones de dólares.

2. **Acciones.** Algunas acciones pagan dividendos que también son una forma de flujo de efectivo; hay millones de jubilados que viven de los dividendos que producen sus acciones. El problema con éstos es que muchas compañías los recortaron durante la crisis. En la primera semana de abril de 2009, Standard and Poor's (S&P) anunció que 367 compañías recortarían sus dividendos en 77 mil millones de dólares para el primer trimestre de 2009. Ése ha sido el peor desembolso desde que S&P comenzó a llevar un registro del pago de dividendos en 1955. Lo anterior significa que la recesión se está esparciendo justo hacia

donde más daño causa: los jubilados que alguna vez tuvieron una posición acomodada.

3. **Pensiones.** Las pensiones son una forma de flujo de efectivo, sin embargo, el organismo federal conocido como Pension Benefit Guaranty Corporation (PBGC) cambió la mayoría de sus 64 mil millones de dólares de activos que tenía en bonos, a acciones y bienes raíces, justo en el momento que comenzaba la crisis. Esto significa que los genios de la PBGC canjearon el flujo de efectivo que recibían de los bonos por acciones y bienes raíces. Lo más probable es que lo hayan hecho porque percibieron que el producto de los bonos era muy bajo y quisieron obtener mayores beneficios a través de ganancias de capital. Debido a este cambio, muchos planes de pensiones están en graves dificultades financieras.

   Además, el concepto de las pensiones pasó a mejor vida para buena parte de la gente. La mayoría de las empresas ya no ofrece pensiones o ha reducido drásticamente la cobertura de sus programas de jubilación. En la actualidad, prácticamente los únicos que cuentan con una pensión son los empleados del gobierno o los sindicalizados; el resto, tiene que encontrar otra forma de generar flujo de efectivo para su jubilación.

4. **Anualidades.** Las anualidades también son una forma de flujo de efectivo. Digamos que entregas un millón de dólares a una compañía de seguros y ésta accede a pagarte un porcentaje de intereses sobre esa cantidad por el resto de tu vida.

   El problema es que generalmente las anualidades están respaldadas por bienes raíces sobre los que tú no tienes control, por bienes raíces y otros instrumentos financieros que compraron fuertes inversores a través de instituciones, como compañías públicas. Estos inversores adquirieron esos instrumentos para obtener ganancias de capital, y no para producir flujo de efectivo. Cuando las compañías invierten en la obtención de ganancias de capital, debido a las reglas comunes de la contabilidad, están obligadas a revaluar sus activos en función del mercado y a incrementar su capital para cubrir sus pérdidas. Esto daña tanto a las compañías de seguros como a tus retornos por anualidades. Sólo analiza lo que pasó con AIG.

¿Por qué no hay más gente jugando el juego del flujo de efectivo?

Hace poco asistí a una conferencia sobre inversión y escuché a varios oradores que presentaron distintas posibilidades de inversión. Uno de ellos, asesor financiero, recomendó a la gente volver a balancear o a armar su cartera de acciones y fondos mutualistas. Me parece ridículo. *Volver a balancear* es sinónimo de *invertir en ganancias de capital.* El asesor luego dijo: «Yo sé que varios de ustedes perdieron dinero en el mercado, pero no deben preocuparse, el mercado se va a recuperar. Recuerden que, en promedio, el mercado de valores sube aproximadamente ocho por ciento al año, así que les sugiero que continúen invirtiendo a largo plazo». Cuando vi que las personas del público asintieron con la cabeza, tuve que abandonar la sala. Me pregunté cómo era posible que la gente se dejara embaucar con tanta facilidad.

Los conspiradores necesitan que tu efectivo fluya hacia ellos y es por eso que entrenan a sus vendedores (asesores financieros y corredores de bolsa) para que digan cosas como que el mercado sube un ocho por ciento cada año. Utilizan la carnada de las ganancias de capital para atraer a tu efectivo y hacer que fluya hacia sus bolsillos.

Los corredores de bienes raíces también usan una estrategia de ventas similar; con frecuencia dicen: «Será mejor que compres ahora, antes de que los precios suban». La idea de comprar antes de que los precios suban significa en realidad que se espera obtener ganancias de capital. Los vendedores también utilizan la carnada de las ganancias de capital para apoderarse de tu flujo de efectivo. Ése es el juego. En cuanto firmas la hipoteca, tu efectivo comienza a fluir hacia ellos.

¿Por qué no toda la gente invierte para obtener flujo de efectivo?

Hay varias razones por las que la mayoría de la gente invierte en ganancias de capital en lugar de flujo de efectivo. Algunas son:

1. La mayoría de las personas no conoce la diferencia.
2. Cuando la economía estaba en crecimiento, era más sencillo jugar el juego de las ganancias de capital. La gente asumió automáticamente que su casa y su cartera de acciones subiría con la inflación.
3. Invertir en la obtención de flujo de efectivo requiere mayor sofisticación financiera. Cualquiera puede comprar algo y esperar que el precio aumente. Pero para encontrar negocios en que haya flujo de efectivo, se requiere saber sobre ingresos y egresos potenciales y sobre cómo proyectar el rendimiento de la inversión basándose en esas variables.
4. La gente es perezosa; vive para el presente e ignora el futuro.
5. La gente espera que el gobierno se haga cargo de ella. Ésa era la actitud de mi padre pobre y murió sin dinero. Para él fue más fácil esperar que alguien se hiciera cargo de él. Hoy en día hay 60 millones de estadounidenses, mis contemporáneos *baby boomers*, que piensan seguir los pasos de mi padre pobre.

Si tú no quieres hacer lo mismo continúa leyendo el siguiente capítulo.

En resumen

Para vencer la conspiración es necesario conocer el nombre del juego, y el juego se llama flujo de efectivo. Cuando lo sabes, debes aprender la terminología; es decir, el lenguaje financiero. Una manera de hacerlo es jugar mi juego de mesa, *Cashflow*. Puedes comenzar con *Cashflow 101*, con el que aprenderás conceptos financieros básicos. De ahí puedes pasar al *Cashflow 202*, que se enfoca en un aprendizaje financiero avanzado. Pero al final, el objetivo es prepararte para el verdadero juego del flujo de efectivo que ocurre a tu alrededor todas las horas del día.

Como mencionamos, hay dos términos de gran relevancia: *flujo de efectivo* y *ganancias de capital*. Dicho llanamente, el 90 por ciento de la gente juega el juego de las ganancias de capital y el 10 por ciento el juego de los conspiradores, el del flujo de efectivo. Por tanto, sólo la minoría gana. ¿Quieres ser un ganador o un perdedor? ¿Quieres ser mediocre o excelente? Si quieres ganar en el juego del flujo de efectivo, este libro es para ti.

8

Imprime tu propio dinero

Cramer contra Stewart: el encuentro de los titanes de la comedia

The Daily Show with Jon Stewart es un programa muy popular que se transmite por el canal Comedy Central, y a pesar de que es de sátira política, muchos espectadores lo usan como fuente directa para informarse. Mucha gente cree que las informaciones divulgadas por los medios tradicionales son parciales y, por lo tanto, consideran que la sátira que se hace de ellas representa una visión más honesta.

Jim Cramer tiene su propio programa de televisión, *Mad Money*, que se transmite por CNBC, uno de los canales más importantes del mundo en noticias financieras. Cramer es genial y entretenido, además, se esfuerza para que la información financiera sea divertida. Él y Jon Stewart tienen programas similares sobre temas diferentes: el de Cramer sobre dinero y el de Stewart principalmente sobre política.

El 12 de marzo de 2009, Jon Stewart invitó a Jim Cramer a su programa para un encuentro cara a cara. Pero esa noche Stewart no estaba jugando, estaba muy molesto y dio voz a la frustración que millones de personas sienten por todo lo que sucede en la industria financiera, incluyendo los programas de información en esta materia.

Stewart resumió lo que la población de Estados Unidos siente en la actualidad, dijo que CNBC y los medios informativos financieros podrían colaborar en la educación de los estadounidenses con tan sólo darles a conocer la noción de que existen dos mercados: uno en que los estadounidenses de a pie invierten a largo plazo, y otro, más ágil, que se maneja oculto del público general. Stewart dijo que ese mercado «... es peligroso, tiene una ética dudosa y daña al mercado a largo plazo. ¿Y qué pensamos al respecto? —y aquí hablo estrictamente como un lego—, pues nos parece que estamos capitalizando la aventura de esos inversores a corto plazo con nuestra pensión y con el dinero que ganamos con tanto esfuerzo».

Comentarios del lector

No confío lo suficiente en lo que los medios de comunicación masivos dicen acerca de la crisis financiera como para tomar decisiones en mi cartera. De hecho, no creo que den una perspectiva equivocada de manera intencional pero comparten conocimiento desde su limitada perspectiva.

—Hattas

De mi experiencia como corredor de bolsa profesional he aprendido que la forma más rápida de perder dinero es intercambiando mientras estás viendo las noticias en los canales financieros.

—Gone17

El gran atraco de tu pensión

Una vez más, la historia nos ilumina para comprender lo que pasa actualmente. En 1974, el Congreso aprobó la Ley de Seguridad de Ingresos de Jubilación para el Empleado, (*Employee Retirement Income Security Act,* ERISA), que derivó en la creación del plan 401(k). Uno de los mayores atracos de la historia estaba en ciernes.

Anteriormente mencioné que mucha de la gente que sobrevivió a la última depresión desconfiaba del mercado de valores. Ni mi padre rico ni el pobre estaban interesados en la bolsa, ambos creían que el mercado estaba siendo manipulado y que invertir en él era como apostar. Y efectivamente, en 1974 la ley ERISA forzó a millones de personas a invertir en el mercado de valores aún cuando no tenían los conocimientos necesarios para hacerlo. Antes de esa fecha, la mayoría de las compañías realizaba el pago de las pensiones de los empleados, pero para todas las empresas fue mejor orillar a los empleados a invertir en la bolsa de valores porque, de esa manera, no tendrían que continuar pagando la nómina que les entregaban a través de los planes de pensiones. El plan 401(k) le ahorraba dinero a la compañía pero, si un empleado no deseaba invertir en el mercado o si éste colapsaba, entonces el empleado se quedaba sin dinero para financiar su jubilación. Debido a lo anterior, el mercado floreció en los setenta y nació un nuevo profesional: el asesor financiero.

Mi padre rico habría estado de acuerdo con lo que Jon Stewart pensaba sobre la existencia de dos mercados, el mercado de inversión a largo plazo y el mercado transaccional que pone en riesgo el dinero de los inversores. Cuando se implementó el programa 401(k) en Estados Unidos, mi padre rico me advirtió que debía mantener mi distancia. Su advertencia me inspiró para escribir en 2002 el libro *Rich Dad's Prophecy,* y a colaborar tiempo después con Donald Trump para escribir *Queremos que seas rico: dos hombres, un mensaje*, en 2006.

Ni Donald ni yo estamos en contra del mercado de valores, de hecho, ambos fundamos compañías que cotizan en la bolsa. Sin embargo, defendemos la noción de que la educación financiera se debe impartir con responsabilidad. Nos apasiona la educación financiera responsable porque ya existen demasiadas personas y organizaciones que practican exactamente lo contrario. Se aprovechan de quienes carecen de educación financiera vendiéndoles supuestas noticias y educación, y así, obtienen dinero. Así como mencionó Jon Stewart en su entrevista con Jim Cramer, la cadena más importante de noticias financieras, CNBC, no está informando a las masas sobre el verdadero juego que sucede con su dinero.

En mi opinión, Jim Cramer es un experto en el juego de la conspiración porque anteriormente manejó fondos de cobertura. Como sabes, éstos acechan a los fondos mutualistas así como los tiburones a los atunes. A pesar de que en la entrevista Cramer advirtió a Stewart que se arrepentiría y que lo mejor sería que ofreciera educación financiera, yo no he visto cambio alguno hasta el momento en Cramer, solamente continúan los pretextos y las acusaciones. Pero ¿cómo podría Cramer cambiar en verdad si la forma en que se gana la vida depende del oculto juego de la conspiración?

El tiburón y el atún

Hace cinco años mi hermano y su esposa tuvieron un bebé y me preguntaron si podía contratar un plan de educación 529 para la educación universitaria de mi sobrino; me sentí feliz de poder ayudarlos, pero quise asegurarme de que no estaría tirando mi dinero a la basura. De inmediato llamé a Tom, mi corredor de bolsa, para investigar sobre el plan.

—Yo te podría abrir una cuenta —me dijo—, pero sé que no te va a agradar.

—¿Por qué? —pregunté.

—Porque la mayoría de los planes 529 invierten en fondos mutualistas. Y conozco bien ese juego.

—Gracias —respondí—. Buscaré algo diferente.

Gracias a Dios, no abrí esa cuenta: habría perdido el 40 por ciento de mi inversión en el *crack* de 2007. Así como lo señaló Jon Stewart, hay dos juegos, el de quienes invierten en acciones, bonos y fondos mutualistas a largo plazo (el atún), y el de los inversores a corto plazo como los gestores de fondos de cobertura y los comerciantes profesionales (los tiburones).

Pero aunque el mercado no hubiera colapsado, no habría invertido en el plan 529 sencillamente porque depende de los fondos mutualistas. Tal como lo discutimos detalladamente en el Capítulo 7, los fondos mutualistas roban el dinero de inversores poco informados. Lo hacen a través de honorarios y gastos. Por otra parte, te puedo decir que, aunque los planes 529 ofrecen algunos incentivos en deducción de impuestos, con ellos no se compensa ni un poco el atraco que sufre la cuenta a través de los honorarios y comisiones que cobran; los incentivos tampoco compensan las pérdidas ocasionadas por la volatilidad del mercado. Los fondos mutualistas son sencillamente una inversión tonta, diseñada para los tontos en el aspecto financiero.

Cuando rechacé cuatro millones de dólares

Cuando comenzó el gran éxito de *Padre Rico, Padre Pobre*, en 2001, una importante compañía de fondos mutualistas me solicitó que avalara con mi nombre su grupo de fondos. Me ofrecieron cuatro millones de dólares para promocionar el fondo por cuatro años. La oferta era sumamente tentadora pero la rechacé.

Una de las razones por las que lo hice es que no quería avalar un producto en el que no creía; además, aunque hubiera sido muy grato tener ese dinero, no lo necesitaba. En los siguientes capítulos descubrirás que no es tan difícil ganar cuatro millones de dólares si cuentas con una educación financiera sólida. Yo sabía que mi riqueza era mi conocimiento financiero, y no el dinero. Sabía que podía obtener cuatro millones y más, usando mi inteligencia y operando en negocios en los que sí tenía fe. Fue muy difícil rechazar el dinero pero no valía la pena vender mi alma al diablo.

En tono de recomendación, te puedo decir que en realidad no estoy en contra del concepto de los fondos mutualistas, pero sí me opongo a las altas comisiones y los gastos ocultos con que los fondos roban dinero a los inversores. Para colmo, hay miles de fondos mutualistas, de los cuales solamente el 30 por ciento en verdad logran llegar a los 500 de Standard and Poor's. Dicho de otra forma, sólo es necesario que inviertas en un Fondo Índice de S&P y así vencerás al 70 por ciento de los manejadores de fondos mutualistas, y todo, invirtiendo menos dinero y obteniendo mayores rendimientos. Así como mencioné en un capítulo anterior, los fondos mutualistas en general son para los inversores mediocres y menores, digamos, para los estudiantes suspendidos en el ámbito de la inteligencia financiera. Los inversores con las mejores calificaciones no necesitan este tipo de instrumentos.

El poder de las palabras

En el Capítulo 7 recordamos que la nueva regla del dinero #1 es *el conocimiento es dinero*, y la nueva regla del dinero #6 es *aprende el lenguaje del dinero.*

Mucha gente pierde sumas fuertes en malas inversiones porque en la escuela no nos enseñan ni siquiera los fundamentos de la educación financiera. Esta carencia de educación tiene como consecuencia una mala interpretación del lenguaje del dinero. Por ejemplo, cuando un asesor financiero recomienda *invertir a largo plazo*, cualquier inversor sofisticado comenzaría por cuestionar la definición de *largo plazo*. Recuerda que Einstein descubrió que todo es relativo.

Una de las razones por las que Jon Stewart estaba molesto con Jim Cramer es que es *comerciante* y, como regla general, los comerciantes son inversores a corto plazo. Para este tipo de inversores el largo plazo podría significar un día o incluso una hora. Los comerciantes entran y salen de los mercados, y a veces roban las ganancias de los inversores que tratan de ahorrar para tener una jubilación segura o reunir dinero para la educación universitaria de sus hijos. En lugar de utilizar el término *largo plazo*, el inversores sofisticado utilizaría el término *estrategia de salida*. El inversor inteligente sabe que no se trata de cuánto tiempo te adhieres a una inversión, sino de cómo planeas incrementar tu riqueza con ella en un periodo determinado.

Otro término malinterpretado es *diversificar*. La mayoría de los expertos financieros afirma que los inversores inteligentes diversifican. Pero ahora citaré lo que escribió Warren Buffett en *The Tao of Warren Buffett*: «La diversificación sirve para protegerse de la ignorancia, pero no es muy útil para quienes realmente saben lo que hacen».

Muchas personas también pierden dinero porque no saben lo que hacen y porque *no están diversificadas* a pesar de que su asesor financiero les diga lo contrario. Permíteme dar algunos ejemplos:

1. Si has invertido en distintos sectores, el asesor financiero te dirá que estás diversificado. Por ejemplo, puedes invertir en un fondo mutualista de acciones de pequeña capitalización, acciones de gran capitalización, acciones de muy alto rendimiento, acciones de metales preciosos, en un fideicomiso de inversiones en bienes raíces (REIT, por sus siglas en inglés), acciones indexadas y sectoriales (ETF, por sus siglas en inglés), fondos de bonos, fondos del mercado monetario y fondos del mercado emergente. A pesar de estar diversificado en varios sectores, en realidad no lo estás porque solamente posees activos de una

clase: papel. Cuando la bolsa de valores colapsó, le sucedió lo mismo a todos los activos de papel del mercado. La diversificación no le sirvió de nada a la gente que se había diversificado exclusivamente en activos de papel.

2. Por definición, un fondo mutualista es un fondo diversificado, pero está diversificado exclusivamente en activos de papel. Se trata de un fondo constituido por un grupo diversificado de acciones. Para colmo, existen más fondos mutualistas que acciones independientes. Es por ello que muchos fondos mutualistas trabajan con las mismas acciones; un fondo mutualista es como un multivitamínico. Si compras tres fondos mutualistas es como tomar tres multivitamínicos: tomarás tres pastillas diferentes pero, al final, estarás ingiriendo muchas de las mismas vitaminas, ¡y lo más probable es que sufras una sobredosis!
3. La mayoría de los asesores financieros sólo puede adquirir activos de papel, como fondos mutualistas, anualidades, bonos y seguros. De hecho, después de 1974, el año en que fue aprobada la ley ERISA, repentinamente muchos vendedores de seguros se cambiaron el título de «agentes de seguros» a «asesores financieros». La mayoría de los asesores financieros vende activos de papel porque solamente tiene licencia para vender ese tipo de activos. Los asesores no venden activos más tangibles como bienes raíces, negocios, petróleo, oro y plata, así que es natural que te quieran vender lo único que pueden comerciar y no lo que necesitas. Eso no es diversificación.

El viejo dicho reza: «Nunca le preguntes a un agente de seguros si cree que necesitas un seguro», y es porque sabes cuál será la respuesta. Los asesores financieros recomiendan la diversificación porque así te pueden vender más activos de papel y porque el riesgo que asumen se diluye, en el fondo, tú no eres lo que más les interesa.

Un inversor sofisticado

Existen cuatro categorías básicas de inversores:

1. **Negocios.** En muchos casos, la gente rica posee negocios que producen ingresos pasivos, mientras que una persona ordinaria puede tener varios empleos que le producen ingresos ganados.
2. **Inversiones en bienes raíces que producen ingresos.** Éstas son propiedades que ofrecen un ingreso pasivo mensual llamado renta. Aunque tu asesor financiero te diga que son activos, ni tu casa de la ciudad ni tu casa de vacaciones cuentan.
3. **Activos de papel: acciones, bonos, ahorros, anualidades, seguros y fondos mutualistas.** La mayoría de los inversores corrientes tiene activos de papel porque éstos se pueden adquirir fácilmente, requieren poca destreza y son líquidos, o sea que es fácil deshacerse de ellos.
4. ***Commodities* o materias primas: oro, plata, petróleo, platino, etcétera.** La mayoría de los inversores ordinarios no sabe cómo o dónde adquirir *commodities.* En muchos casos ni siquiera sabe dónde o cómo puede comprar piezas o barras de oro o plata.

El inversor sofisticado invierte en las cuatro categorías: *ésa* es la verdadera diversificación. Los inversores ordinarios creen que están diversificados, pero la mayoría solamente pertenece a la categoría tres: la de activos de papel. Eso *no* es diversificación.

Mismas palabras, distinto lenguaje

Lo que trato de decir es que tal vez estamos empleando las mismas palabras pero en realidad hablamos un lenguaje distinto. Para el inversor sofisticado, *largo plazo* puede significar algo diferente de lo que significa para el inversor novato. Sucede lo mismo con la *diversificación* y con otros términos. Incluso la palabra *invertir* tiene distintos significados. Invertir, para algunos, significa realizar intercambios entrando y saliendo de la bolsa con rapidez. Cuando alguien me dice: «Yo invierto en bienes raíces», yo me pregunto a qué se refiere: ¿significa que tiene su casa propia? ¿o que es un *especulador*, un inversor que entra y sale del mercado de bienes raíces? ¿O acaso que compra propiedades que le producen un flujo de efectivo?

El segundo tema que quiero tratar respecto a las palabras y el lenguaje se refiere a que los supuestos «expertos» quieren parecer inteligentes, y por tanto, utilizan términos poco comunes como *cobertura tipo swap por riesgos crediticios* o *fondos de inversión libre*. Con ellos intentan confundir a la persona promedio. En realidad, ambos términos son simples sinónimos de seguros, pero Dios no quiera que al «experto» se le ocurra utilizar esa palabra porque, entonces, ¡todos sabrán a lo que se refiere!

El doctor Fuller escribe en su libro *Grunch of Giants*:

> *Un amigo mío de muchos años que falleció hace tiempo era un gigante, un miembro de la familia Morgan. Él me dijo: «Bucky, te estimo mucho y por eso lamento profundamente decirte que nunca tendrás éxito. Explicas en términos muy sencillos lo que la gente no ha comprendido, siendo la primera clave del éxito: "Nunca hagas las cosas simples si las puedes hacer complejas"». Así que, a pesar de este consejo bienintencionado, aquí te voy a explicar quiénes son los gigantes.*

Me siento orgulloso de continuar la tradición del trabajo del doctor Fuller. Sin embargo, en lugar de utilizar la palabra *gigantes*, yo utilizo la palabra *conspiradores*. Mi objetivo siempre es explicar en términos muy sencillos lo que otros explican de manera complicada.

Para ser más poderoso

El doctor Fuller insistía mucho en dar a conocer el poder de las palabras. Durante una de sus conferencias a las que asistí, dijo: «Las palabras son la herramienta más poderosa que ha inventado el ser humano». En su libro *Critical Path*, escribió: «Al principio (de la industrialización; es decir, la cooperación humana efectiva) *fue la palabra*. La palabra hablada y comprendida acelera enormemente el desarrollo de la información humana sobre cómo lidiar con los desafíos de la vida».

Yo no respetaba el poder de las palabras hasta que comencé a estudiar con el doctor Fuller. En 1983 cumplí 36 años y apenas comenzaba a comprender por qué mi padre, maestro de profesión, sentía tanto respeto por ellas. Entendí por qué había suspendido Inglés en dos ocasiones en la secundaria: porque no sentía respeto por el poder de las palabras. Mi falta de respeto me impedía cambiar mi vida. Como tenía el vocabulario de una persona pobre, continuaba siendo pobre; mi actitud de persona pobre era la causa de mis problemas en el aspecto financiero. Finalmente entendí por qué el doctor Fuller decía: «Las palabras son la herramienta más poderosa que ha inventado el ser humano». Comprendí que las palabras son el combustible de nuestro cerebro, el cual, a su vez, es nuestro mayor activo y también nuestro mayor pasivo. Creo que por ello en 1904 retiraron el vocabulario financiero del sistema educativo. También creo que la frase de la Biblia: «Y el verbo se hizo carne» ha adquirido un nuevo significado. Finalmente comprendo por qué mi padre rico nos prohibió a su hijo y a mí usar frases como «No puedo costearlo» o «No puedo hacerlo». En lugar de eso, nos enseñó a preguntarnos «¿Cómo puedo costearlo?» o «¿Cómo puedo hacerlo?» Finalmente comprendí que mi vida era la suma total de mis palabras. Supe que si no conocía, entendía y usaba las palabras que los conspiradores empleaban, siempre sería un peón, una víctima o un esclavo de su conspiración. Fue entonces que me prohibí usar las frases de la gente corriente, como «Obtén un buen empleo», «Ahorra dinero», «Vive por debajo de tus posibilidades», «Es arriesgado invertir», «Una casa es un activo» y otros mantras populares relacionados con el dinero. Sabía que mi billete para salir de la esclavitud financiera era la comprensión de los términos financieros y del lenguaje del dinero. En 1983 me convertí en un estudiante de los términos de las finanzas: estudiante del lenguaje de la conspiración.

Comentarios del lector

Tengo un hijo de cuatro años y desde que comenzó a hablar le he enseñado cosas simples relacionadas con el dinero para plantar esas semillas que, espero, le duren hasta la edad adulta. Siempre que recibe dinero como regalo, le pregunto: «¿Qué hacemos con el dinero?» y le enseñé a decir «¡Lo ahorramos!» Estaba muy orgullosa hasta que lo pensé dos veces. Ahora, le he enseñado a decir «¡Invertirlo!» Por supuesto, ésa es la parte simple; falta enseñarle las cuatro categorías en las que debe invertir ese dinero.

—Bgibbs

Armas de destrucción masiva

Warren Buffett dice que los *derivados* son «armas financieras de destrucción masiva». Hasta 2007 sólo algunas personas sabían lo que era un derivado. Actualmente, miles de millones ya han escuchado sobre estos instrumentos pero continúan sin saber lo que significa la palabra. Como consecuencia, quienes no saben nada de finanzas creen que los derivados son negativos, peligrosos o que son alguna creación financiera sofisticada que solamente una elite puede usar, crear o comprender. Pero eso está muy alejado de la verdad.

Repetiré la recomendación que Buckminster Fuller recibió de su amigo de la familia Morgan: «Nunca hagas las cosas simples si las puedes hacer complejas.» Y eso es exactamente lo que hace el mundo financiero: tomar lo sencillo y hacerlo complicado.

De esta forma, la gente del ámbito financiero suena inteligente cuando habla de dinero y a ti te hace sentir estúpido. Hacerte sentir estúpido le facilita robar tu dinero. Mi esposa y yo fundamos la compañía Padre Rico en 1997 con el objetivo específico de proteger a la gente de los depredadores financieros y de equiparla con las herramientas que la harán tomar decisiones financieras sólidas. Nuestro objetivo era crear productos de educación financiera como juegos, libros, productos en línea, entrenamientos y programas avanzados que facilitaran el tema de las finanzas. Puedes ser un niño o tener un doctorado, y de cualquier forma entenderás nuestro trabajo.

Hoy en día, *derivado* es una de las palabras financieras más poderosas del mundo. La corriente tradicional financiera ha trabajado con ahínco para crear una mística alrededor de esta palabra y para hacerla parecer un concepto complicado. Es por ello que hasta hace poco muy pocas personas la conocían, y que Warren Buffett se refiere a los derivados como armas de destrucción masiva. Sin embargo, el concepto de los derivados no es complicado en lo absoluto.

La definición más amplia de derivado es: *sustancia que se puede producir a partir de otra sustancia.* Por ejemplo, el zumo de naranja es derivado de las naranjas. La definición de derivado financiero es: *producto que tiene el valor de un activo variable subyacente.* Podemos tomar como ejemplo una acción de tipo común derivada de alguna empresa como Apple Computers. Dicho llanamente, cuando adquieres una acción de Apple, compras un derivado de la compañía, y cuando compras una acción de un fondo mutualista, estás comprando un derivado de dicho fondo, o sea, un derivado de acciones: un derivado de un derivado.

Lo que Warren Buffett no dijo, aunque debió hacerlo, es que los derivados también son herramientas de *creación financiera masiva*. Los derivados son las herramientas que utiliza el 10 por ciento que roba el dinero del 90 por ciento restante. Creo que lo que Buffett quería decir es que cuando comienzas a invertir en derivados de derivados de derivados, tu inversión se torna más volátil.

Por ejemplo, piensa en un viñedo, de donde provienen las uvas. Las uvas son un derivado del viñedo. Tú te puedes comer la uva y recibir los beneficios para tu salud. También puedes exprimir las uvas y producir zumo de uva. El zumo es un derivado de la uva, que es un derivado del viñedo y sigue siendo benéfico para ti. Pero cuando produces vino con el zumo de la uva, entonces el derivado, que en este caso es el vino, se hace más potente y volátil. Si te haces adicto al derivado conocido como vino, te vuelves un alcohólico, y al hacerlo, el vino se transforma en un arma de destrucción física masiva. La salud de mucha gente, sus familias y fortunas, se han perdido debido a la adicción al alcohol. En la actual crisis financiera se produjo una reacción en cadena como ésta, pero la ironía es que muchos de los creadores de esta mezcla tóxica, potente y volátil de derivados financieros, continúa haciéndose cargo del espectáculo y produciendo su brebaje maligno.

La primera parte de este libro trata sobre historia de las finanzas porque a través de la historia podemos vislumbrar mejor el presente y el futuro. Antes de 1971 el dólar era un derivado del oro, pero después se convirtió en un derivado de la deuda, una IOU (utilidad de inversor), conocida como bonos del tesoro y *T-bills*. Este derivado estaba respaldado por la promesa de que los contribuyentes de Estados Unidos pagarían la deuda. Y por ello, las grandes preguntas de hoy son: ¿podrán los contribuyentes cubrir los billones de dólares que se han utilizado para rescatar a los ricos? Y, ¿qué le depara al dólar estadounidense?

Hoy en día, la verdadera arma de destrucción financiera masiva es el dólar estadounidense.

Imprime tu propio dinero

Crear un derivado es tan sencillo como exprimir el zumo de una naranja. Si simplificas y comprendes la definición de *derivado* financiero, podrás comenzar a sentir el poder de este concepto. Tú también puedes imprimir tu propio dinero. La IOU (utilidad del inversor) que procede del interés es un ejemplo muy sencillo de ello; digamos que tienes 100 dólares y un amigo quiere que le prestes ese dinero por un año. Tú le pides que firme un pagaré para prestarle los 100 dólares con un interés de 10 por ciento. Es decir, tu amigo está de acuerdo en pagarte 110 dólares en un año. Bien, acabas de crear un derivado. Los 10 dólares de interés que recibirás en un año son el derivado; acabas de exprimir 10 dólares a tus 100 originales.

Ahora llevaremos el derivado al siguiente nivel. Digamos que no tienes los 100 dólares que tu amigo quiere, así que vas con tus padres y se los pides prestados por un año con un interés del tres por ciento. Tus padres están de acuerdo y cuando se lo entregas a tu amigo lo haces al 10 por ciento. Un año después tu amigo te pagará 110 de los cuales tomarás 103 y se los pagarás a tus padres para finiquitar tu deuda. Después de eso recibirás siete dólares por el esfuerzo realizado. Acabas de producir dinero sin tener dinero porque creaste un derivado de un derivado.

En el Capítulo 5 escribí sobre el sistema de reserva fraccional con que los bancos hacen exactamente lo que acabo de describir. Sin embargo, ellos lo llevan a cabo a un nivel mucho más alto porque crean un derivado del tercer nivel de poder: un derivado de un derivado de un derivado.

Por ejemplo, digamos que colocas 100 dólares en una cuenta de ahorros en un banco. El banco toma tus ahorros y crea derivados porque promete pagarte el tres por ciento por tu dinero, y después de eso, las leyes le permiten al banco prestar tus 100 dólares en múltiplos y con interés, digamos que lo presta 10 veces con un 10 por ciento de interés. Todo esto lo puede hacer gracias al sistema fraccional de reserva. Así que el banco te paga tres dólares por tus 100 y presta mil (100 X 10) con un interés del 10 por ciento. En este ejemplo el banco gana 100 dólares por mil y a ti te paga tres dólares. Y todo sucede en la vida real a todas horas.

La crisis financiera actual es muy grande porque en 2004 la Comisión de Valores de los Estados Unidos (SEC, por sus siglas en inglés) permitió que los cinco bancos de inversión más grandes aumentaran su reserva fraccional de 10 a 40. En otras palabras, si ponías 100 dólares en el banco, los más grandes podían prestar cuatro mil y después, los cientos de bancos que recibían ese dinero podían prestar 10 veces esos cuatro mil dólares. Todo ese dinero tenía que colocarse en algún sitio y muy pronto los corredores de bienes raíces estaban buscando testaferros. El desastre *subprime* se expandió y estalló, con lo que se vino abajo la economía mundial. Así que los derivados no fueron el problema, el problema fue la codicia en los niveles más altos de la banca y el gobierno. Aquí cito nuevamente a Buffett en *The Tao of Warren Buffett*: «Cuando combinas ignorancia y dinero prestado, las consecuencias se pueden tornar interesantes».

Todos podemos crear derivados

Lo que quiero decir es que todos podemos crear derivados simples, podemos crear dinero de la nada, derivarlo de nuestros pensamientos. Todos tenemos el poder de imprimir nuestro propio dinero si entrenamos nuestras mentes para pensar en términos de derivados. Dicho de otra forma, *el dinero puede ser un derivado del conocimiento financiero.* Es por ello que la educación financiera tiene tanta relevancia y por lo que creo que no se enseña en las escuelas. ¡La conspiración no quiere que tú y yo obstaculicemos su juego!

Comentarios del lector

Mi esposa acaba de preguntarme si recuerdo lo satisfactorio que fue la primera vez que creamos derivados. Hicimos un poderoso programa de entrenamiento en ventas y firmamos a 22 personas en un seminario. ¡KA-BOOOM! 20000 dólares directos a nuestra cuenta de banco (y 22 personas que están felices de vender bienes raíces). Es una situación satisfactoria para todos. Dicen que Dios dio a cada quien un talento o habilidad especial. «Derivar» productos o servicios que otros necesitan a partir de tu conocimiento o experiencia es muy liberador, satisfactorio y emocionante. La primera vez que hicimos eso nos dimos cuenta de que éramos libres financieramente y habíamos obtenido soberanía personal.

—DAVEKOHLER

El dinero es infinito

En cuanto se aprende cómo crear derivados, el dinero se vuelve infinito; te lo explicaré de manera sencilla.

Para que exista un derivado debe haber flujo de efectivo. Por ejemplo, cuando un banco produce una hipoteca, que es un derivado de una casa, tú admites que le pagarás mensualmente determinada cantidad. Para que el derivado exista debe haber dos partes: una que pague y otra que reciba. En el caso de un préstamo hipotecario, el banquero se coloca en un lado de la ecuación y tú en el otro. Pero la pregunta es: ¿de qué lado quieres estar? ¿Quieres ser el que concede la hipoteca o el que la paga?

Cuando comprendí el poder de la palabra derivado, inmediatamente supe en qué lado quería estar. Quería estar en el lado del que recibe, en el 10 por ciento que recibe el flujo de efectivo que produce el 90 por ciento restante.

Yo no ahorro dinero porque prefiero pedirlo prestado, no soy un ahorrador sino un prestatario. A mí me encanta la deuda, siempre y cuando alguien más pague por ella, así como lo hacen los bancos. Por ejemplo, yo solicito un millón de dólares al 10 por ciento de interés y con ese dinero adquiero un edificio de apartamentos. Sigo la nueva regla del dinero #1, *el conocimiento es dinero*, y aplico mi conocimiento para hacer que mis inquilinos paguen por lo menos el 20 por ciento del millón que pedí prestado con tasa de interés del 10 por ciento.

En este ejemplo, excesivamente simplificado, yo gano 200 mil dólares al año que provienen del millón que pedí prestado y al banco le pago 100 mil dólares anuales. Eso significa que obtengo una ganancia neta de 100 mil dólares. Y por otra parte, en cuanto logro que el inquilino firme un contrato de arrendamiento, he creado un derivado de mi edificio de apartamentos. El contrato le otorga al inquilino el derecho de vivir ahí bajo mis reglas y a cambio de una cantidad previamente acordada. Si el ejemplo te parece confuso, analízalo con un amigo hasta que lo hayas asimilado por completo, hasta que se vuelva parte de ti.

En cuanto descubrí el poder de la palabra *derivado* y puse en práctica mis conocimientos, supe que sería un hombre libre y que no tendría que tener un empleo nunca más. Tampoco necesitaría comprar acciones de algún fondo mutualista y desear jubilarme algún día.

También pude comenzar a trabajar en otras áreas distintas a los bienes raíces. Este libro es un derivado, por ejemplo. Para incrementar la potencia del libro, solicité a mi abogado que redactara una licencia. La licencia es un derivado del libro y el libro es un derivado mío. Después, vendo la licencia a más de 50 editoriales del mundo para que puedan imprimir el libro. Las editoriales aplican la licencia que me compraron y comienzan a imprimir libros, que también son otro derivado de estas 50 editoriales. Los pagos por regalías son derivados de los libros, los libros son derivados de la licencia, la licencia es un derivado del libro y el libro es un derivado mío. La mayoría de los autores piensa en libros, pero yo pienso en derivados. Si este ejemplo también te parece complicado, por favor reúnete de nuevo con un amigo y discútelo. A veces las conversaciones sirven como experiencias de aprendizaje porque al compartir nuestras ideas, éstas se vuelven más claras.

Te reitero que al asimilar la palabra derivado, comenzarás a recibir su poder. El doctor Fuller decía: «Las palabras son la herramienta más poderosa que ha inventado el ser humano». Y la Biblia dice: «Y el verbo se hizo carne», lo que quiere decir que nos convertimos en nuestras palabras.

Podría analizar ejemplos más difíciles, pero no creo que sea adecuado porque mi labor es hacer las cosas más sencillas, y no más complejas. ¡Creo que nunca habría podido pertenecer a la familia Morgan! Pero cuidado: aunque puedo hacer que los conceptos financieros sean fáciles de entender, jamás dije que fueran sencillos. Yo he pasado muchos años modificando mi pensamiento, alejándolo de las ideas de mi padre pobre y acercándolo a las de mi padre rico, pero mi educación financiera continúa hasta la fecha. Si sientes que sabes todo, la realidad es que no sabes nada.

Aquí he presentado solamente dos ejemplos de la forma en que el 10 por ciento de la gente produce el 90 por ciento del dinero, y de cómo el 90 por ciento de la gente se tiene que repartir el 10 por ciento del dinero. Todo comienza con el conocimiento, la comprensión y el respeto por el poder de las palabras, con una selección adecuada de las mismas. También es necesario que te deshagas de ciertas frases que arrastramos como «Sal de deudas», «Nunca seré rico», «Es arriesgado invertir», e «Invierte a largo plazo en una cartera bien diversificada de fondos mutualistas». Es necesario que aprendas y utilices términos como *derivado, flujo de efectivo, tasa de capitalización* y *mitigación*, y otros términos que se usan en la conspiración. Al enriquecer tu vocabulario, enriquecerás tu vida. Ahora, en los próximos capítulos, te hablaré de la forma en que puedes acelerar este proceso. En términos simples: si quieres cambiar tu vida tendrás que cambiar tus palabras y, lo mejor de todo es que las palabras no cuestan.

En resumen

Inicié este capítulo hablando del encuentro de Jon Stewart, comentarista de noticias de la política y comediante, con Jim Cramer, comentarista de noticias financieras y también comediante.

Jon Stewart le dijo a Jim Cramer durante la entrevista: «Entiendo que quieras hacer las finanzas entretenidas, pero tampoco se trata de un... [palabra altisonante eliminada] juego... No puedo explicarte cuánto me molesta que lo hagas, porque eso me demuestra que todos ustedes saben bien lo que está sucediendo».

A pesar de que me puedo identificar con la ira de Jon Stewart, estoy en desacuerdo con una parte de la oración. Es posible que Cramer sepa que los comerciantes están devorando los ahorros en inversiones de las personas corrientes —como si fueran tiburones en un banco de atún— pensando que los atunes invierten en fondos mutualistas a largo plazo y rezan e imploran para que la bolsa de valores suba para obtener ganancias de capital. Pero dudo mucho que Cramer conozca realmente el juego con que los ricos imprimen su dinero.

Cramer es un comerciante muy hábil y muy eficaz en la selección de acciones, y además, trabaja como personaje del mundo del entretenimiento. Pero en el fondo, creo que él trabaja para la conspiración. Él necesita hacer que seleccionar acciones sea divertido, y darte consejos y opiniones sobre las acciones que suben o bajan. Creo que su trabajo radica en lograr que más atunes metan su dinero en el mercado de valores, hacer que su dinero fluya y llegue a los derivados conocidos como acciones, bonos y fondos mutualistas, que en realidad son derivados de un juego enorme. Creo que el trabajo de Cramer es atraer al 90 por ciento al juego del 10 por ciento. En los siguientes capítulos te explicaré de qué forma puedes ingresar al 10 por ciento que imprime su propio dinero. Porque, después de todo, si puedes crear una IOU, también puedes crear un derivado, que es lo *mismo* que imprimir tu dinero.

Recuerda que la primera regla del dinero es *el conocimiento es dinero*. Este conocimiento inicia con el poder de las palabras porque éstas te permiten hablar el lenguaje de la conspiración, y hacerlo te permite aprovechar su poder sin tener que convertirte en un peón, un esclavo o una víctima. Al hablar el lenguaje de la conspiración, puedes jugar su juego en los mismos términos y saber que el juego se llama flujo de efectivo.

9

El secreto del éxito: vender

Pregunta: ¿Por qué los ratones organizan bailes pequeños?
Respuesta: Porque no venden muchas entradas.

¿En qué estabas pensando?

Casi puedo escuchar a varios de ustedes protestando y quejándose de mi chiste, pero muchos otros tal vez no lo entienden. Algunos quizá se preguntan de qué hablo: me refiero a los bailes de caridad o a las inauguraciones, a eventos de gran esplendor. También sé que muchos pensaron que los ratones hacen bailes pequeños porque son chiquitos.

La razón para incluir este chiste es que deseo ilustrar el poder de las palabras y el hecho de que pueden tener varios significados; pueden ocasionar malentendidos, engañar y/o causar equivocaciones. Hay consejos financieros que pueden dañar la vida de la gente. A éstos los he nombrado *cuentos de hadas financieros*.

Cuento de hadas financiero #1: vive por debajo de tus posibilidades

Creo que esta frase está hecha para aniquilar los sueños porque ¿a quién le gusta vivir por debajo de sus posibilidades? ¿Acaso la gente no quiere una existencia plena, rica y abundante? El concepto de «vivir por debajo de tus posibilidades» hace que muchos sigan siendo pobres, que se sientan vacíos y que carezcan de espiritualidad. Si buscas el verdadero significado de la frase, podrías encontrar varias interpretaciones, como: «No desees las cosas buenas de la vida», o «No puedes tener lo que deseas». Pienso que en lugar de aceptar este consejo como si fuera la palabra de Dios, la gente debería preguntarse: «Si vivo debajo de mis posibilidades, ¿podré tener la vida que anhelo? ¿Podré vivir feliz para siempre como sucede en los cuentos de hadas?»

Comentarios del lector

Nunca pensé que vivir por debajo de mis posibilidades fuera una cosa mala; para mí, sólo significa ser un buen administrador y gastar menos de lo que ganas. Si quieres gastar más, primero gana más. Pero ahora me doy cuenta de que la expresión «vive por debajo de tus posibilidades» es perjudicial. Nunca menciona expandir tus posibilidades ni te motiva a hacerlo. La forma en la que está construída la frase básicamente parece traducirse a «vive feliz con lo que posees, porque es todo lo que tienes». Es matar los sueños.

—Ktyspray

Mi padre pobre creía que era correcto vivir por debajo de sus posibilidades. Nuestra familia vivía frugalmente, siempre tratábamos de ahorrar dinero. Como mis padres eran niños de la Gran

Depresión, ahorraban en todo, reciclaban hasta el papel aluminio. Compraban lo más barato que podían, incluyendo los alimentos.

En contraste, mi padre rico no creía en vivir por debajo de sus posibilidades; en lugar de eso nos alentaba a su hijo y a mí a seguir nuestros sueños. Pero, cuidado, esto no significa que debas desperdiciar o gastar grandes cantidades de dinero. Mi padre rico no era ostentoso, no presumía de su riqueza, sólo creía que sugerirle esto a la gente era dañino sicológica y espiritualmente. Pensaba que la educación financiera le debía proporcionar más opciones a la gente y más libertad para decidir la forma en que quería vivir.

Mi padre rico creía que los sueños eran importantes; con frecuencia decía: «Los sueños son los regalos personales de Dios, nuestras propias estrellas en el cielo que nos guían en el camino de la vida». De no ser por sus sueños, nunca se hubiera convertido en un hombre rico. También solía decir: «Si le arrebatas a una persona sus sueños, también le quitarás la vida». Es por ello que el primer paso en mi juego de mesa *Cashflow* consiste en que los jugadores elijan su sueño. Mi esposa Kim y yo diseñamos este primer paso del juego así, a propósito, en memoria de mi padre rico.

Mi padre también solía decir: «Tal vez nunca puedas alcanzarlas estrellas, pero ellas te guiarán en el árido camino de la vida». Cuando tenía 10 años soñaba con navegar por el mundo como Colón y Magallanes, pero no tenía idea de por qué lo deseaba, sólo sucedió.

Cuando tenía 13 y asistía al taller de carpintería, en lugar de ahuecar cuencos para ensalada, pasé un año construyendo un velero de dos metros y medio. Mientras lo hacía, navegaba en el océano de mi mente y soñaba en visitar tierras lejanas.

A los 16 años mi orientadora laboral de la secundaria me preguntó: «¿Qué quieres hacer cuando salgas de la escuela?».

«Quiero navegar a Tahití, beber cerveza en el Bar Quinn (un infame y popular lugar), y conocer a hermosas tahitianas», le respondí.

Sonriendo, me entregó un folleto de la Academia de la Marina Mercante de Estados Unidos. «Ésta es la escuela que te conviene», me dijo, y en 1965 me convertí en uno de los dos estudiantes de mi plantel que resultaron seleccionados por el Congreso para asistir a la academia militar federal. Ahí se entrenaba a los oficiales que navegarían en los barcos de la Marina Mercante. Era una de las escuelas más selectas de Estados Unidos. Pero, de no haber tenido aquel sueño de navegar a Tahití, nunca habría ingresado en la academia, fue mi sueño lo que me dio poder. Y así como cantaba Jiminy Cricket en «When You Wish Upon a Star»: «Si le pones corazón a tu sueño, ninguna exigencia es demasiado grande».

Comentarios del lector

En 2003, cuando mi única hija se comprometió, nuestro negocio familiar estaba a punto de quebrar. La deuda se acumulaba y no podíamos vender suficientes productos para tener rentabilidad; de cualquier forma, yo quería que mi hija tuviera una boda que recordara siempre, después de todo, era mi única hija. ¿Cómo puedes pagar una boda de 26000 dólares y un negocio en quiebra? Sueña en grande y encontrarás todas las respuestas. Empezamos al final del boom inmobiliario y renovamos una casa... Esa empresa ayudó a pagar la boda memorable de nuestra hija.

–Synchrostl

En 1968, cuando todavía estudiaba en la academia, navegué a Tahití en un buque petrolero de la compañía Standard Oil. Cuando la proa del buque llegó a las cristalinas aguas de algunas de las islas más bellas del mundo, casi lloré. Y sí, fui al Bar Quinn, y ahí conocí a algunas hermosas mujeres tahitianas. Cuando mi buque navegó de vuelta a Hawai, cuatro días después, sentí la satisfacción de haber cumplido mi sueño de la infancia. Había llegado el momento de buscar un nuevo sueño.

Mi padre rico me recordaba constantemente que, en lugar de vivir por debajo de mis posibilidades, debía forzar mis límites, ir más allá. Siempre conduje un buen coche y viví en un edificio frente a la playa en Diamond Head, incluso cuando tenía poco dinero. El consejo de mi padre rico era que nunca debía pensar, aparentar o actuar como una persona pobre, siempre me recordaba que: «La gente te trata de la forma en que te tratas a ti mismo».

Pero esto no significa que yo fuera irresponsable con mi dinero, al contrario. La exigencia personal de vivir en un nivel más alto siempre me obligó a pensar en la manera de costear los lujos de la vida, aún teniendo poco dinero. Mi padre rico veía que estaba entrenando mi cerebro para pensar como una persona rica, y que luchaba contra el pobre en mí. Con frecuencia me decía: «Cuando no tengas dinero, piensa y utiliza la cabeza, nunca cedas ante la persona pobre que vive en ti».

Las cosas que poseía las obtuve utilizando mi cabeza; conducía un Mercedes descapotable porque proporcioné trabajo de consultoría a cambio de poder utilizar el coche. Vivía en un hermoso apartamento en la playa a cambio de comerciar para una familia que vivía en otra isla de Hawai. Trabajaba para ellos y ellos me permitían vivir en el apartamento que estaba en uno de los más hermosos hoteles frente a la playa de Diamond Head. Solamente tenía que pagar 300 dólares al mes, la cantidad que la demás gente pagaba por una sola noche. En lugar de vivir por debajo de mis posibilidades, expandí mis ideas para encontrar la manera de vivir con elegancia sin masacrar mis finanzas personales. Actualmente aplico la misma estrategia en los negocios: si no tengo dinero para obtener algo que deseo, utilizo mi cabeza para encontrar una manera de lograrlo. No permito que la cantidad de dinero que hay en mi cuenta bancaria sea lo que dicte los límites de mi vida.

Siempre que escucho a los asesores financieros decir: «Vive por debajo de tus posibilidades», me espanto. Lo que yo en realidad escucho al «experto financiero» decir, es: «Soy más inteligente que tú, así que déjame decirte cómo vivir tu vida. El primer paso es darme tu dinero para que lo maneje por ti». Hay millones de personas que siguen este consejo como si fueran ovejas, viven por debajo de sus posibilidades y entregan su dinero a los «expertos financieros» quienes, a su vez, lo hacen llegar a Wall Street.

Mi padre rico nos alentaba a su hijo y a mí a que, en lugar de entregar nuestro dinero a los «expertos», lo invirtiéramos en nuestra educación y nos convirtiéramos en nuestros propios asesores, estudiando el dinero, los negocios y las inversiones. Tal vez el consejo de vivir por debajo de las posibilidades resulta adecuado para algunas personas, pero no para mí. ¿Por qué hacer eso si hay una vida abundante y plena a tu alcance?

Si deseas cambiar tu vida debes comenzar por cambiar tus palabras; comienza a hablar de tus sueños, de la persona en que te quieres convertir, no hables sobre el temor y el fracaso. Considera que esta crisis financiera es una bendición en lugar de una maldición, una oportunidad, no un problema, piensa en que es un desafío, no un obstáculo, un momento para ganar, no para perder, y un momento para tener valor, no para temer. Alégrate cuando la situación se torne difícil porque la dificultad es la línea que divide a los ganadores de los perdedores. Piensa que la dificultad y las penurias son el campo de entrenamiento de los campeones.

En lugar de vivir debajo de tus posibilidades, sueña en grande y comienza poco a poco, comienza con pequeños pasos. Sé inteligente y edúcate en temas financieros, crea un plan, busca un entrenador y persigue tus sueños. Cuando mi padre rico era joven y jugaba Monopoly, en realidad veía sus sueños en el tablero, veía el plan que tenía en la vida para salir de la pobreza. Comenzó con las pequeñas casas verdes en el tablero del Monopoly mientras soñaba con su gran hotel en la playa de Waikiki. Necesitó casi 20 años, pero cumplió su sueño. Gracias a mi padre rico, mi mentor y entrenador, cuando por fin tuve una actitud seria, logré mi sueño de ser libre financieramente. Lo logré después de 10 años de perseverar: no fue fácil. También cometí muchos errores, recibí más reprimendas que felicitaciones; perdí dinero y gané dinero, conocí a mucha gente buena, a algunas personas extraordinarias y a algunas otras muy, muy malas. Aprendí de cada una, la sabiduría que no se transmite ni en la escuela ni en los libros. En el viaje que hice, lo importante no fue el dinero, sino la persona en que me convertí en el proceso, un hombre rico que no permite que el dinero, o la falta del mismo, dicte los límites de su vida.

El juego de la vida

Ésta es una fotografía del juego *Cashflow*

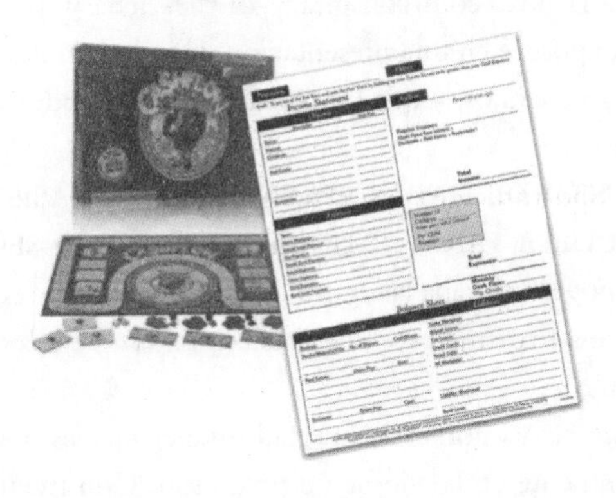

En el centro del tablero de *Cashflow* puedes ver la «carrera de la rata» en el círculo interior. La carrera de la rata es para la gente que «juega con recato», la que busca un empleo seguro, compra una casa e invierte en fondos mutualistas. La carrera de la rata es para la gente que cree que vivir por debajo de sus posibilidades es lo más adecuado.

El círculo exterior en el tablero de juego es el *fast track* o vía rápida; éste es el juego del dinero que juegan los ricos. Para salir de la carrera de la rata e ingresar al *fast track*, es necesario jugar con inteligencia financiera y usar adecuadamente el estado financiero del juego. En la vida real, tu estado financiero personal es como tu boleto de calificaciones de las finanzas, es un reflejo de tu IQ financiero. El problema es que la mayoría sale de la escuela sin siquiera saber lo que es un estado financiero, por lo que es casi seguro que suspenda en su boleto financiero. Una persona puede asistir a excelentes escuelas y obtener exclusivamente las más altas calificaciones en su boleto académico, y aún así, puede resultar un fracaso en su estado financiero.

Una excursión personal al juego *Cashflow*

Si deseas una explicación más detallada del juego *Cashflow*, ve a mi sitio www.richdad.com/conspiracy-of-the-rich, y yo personalmente te explicaré en una presentación de video en línea por qué Kim y yo lo creamos, y qué lecciones puedes aprender al jugarlo.

Cuento de hadas financiero #2: asiste a la escuela para obtener un empleo seguro

Mi padre pobre valoraba la seguridad de tener un empleo, y es por ello que creía firmemente en la escuela y en una buena educación académica.

Mi padre rico valoraba la libertad financiera y es por ello que creía firmemente en la educación financiera. Con frecuencia decía: «La gente con mayor seguridad está en prisión, por eso a ese lugar le llaman "de máxima seguridad".» También decía: «Entre más seguridad busques, menos libertad tendrás.»

Aquí se presenta una fotografía del *Cuadrante de flujo de efectivo*, que también es el título del segundo libro de la serie Padre Rico que escribí.

En el cuadrante de flujo de dinero:

E significa *empleado.*
A significa *autoempleado,* dueño de negocio pequeño o *especialista.*
D significa *dueño de negocio grande* (más de 500 empleados).
I significa *inversor.*

Habrás notado que el sistema educativo pone gran empeño en producir gente para las secciones de E y A, que están del lado izquierdo, el lado en donde se busca la seguridad.

En los cuadrantes D e I, del lado derecho, lo que se busca es la libertad. Pero como hay una enorme carencia de educación financiera, estos cuadrantes siguen siendo un misterio para la mayoría de la gente. Es por ello que muchos piensan que es muy arriesgado iniciar un negocio o invertir. Pero cualquier empresa es difícil si se carece de educación, experiencia y guía para realizarla adecuadamente.

Escoge a tus expertos con cuidado

Yo escucho a muchos asesores financieros, pero sólo sigo los consejos de algunos. Richard Russell, experto en el mercado de valores, es uno de ellos: sigo sus consejos al pie de la letra. Esto es lo que él opina sobre invertir en acciones a largo plazo: «Los mercados (de valores) se pueden comparar con las apuestas en Las Vegas. Cuando apuestas en Las Vegas, siempre vas en contra de las probabilidades de la casa y, por eso, si juegas mucho tiempo, siempre terminarás perdiendo todo tu dinero».

Y esto es lo que opina Russell de la gente que invierte en cuentos de hadas: «Invertir en el mercado de valores se convierte en un impuesto a largo plazo para la gente que desea recibir algo (ganancias) sin trabajar realmente para obtener las supuestas ganancias».

El problema de la mayoría de los asesores financieros es que pertenecen a los cuadrantes E y A y trabajan para gente de los cuadrantes D e I. En general, los asesores financieros no pertenecen a E o A, y tampoco son ricos. A la mayoría se les llama corredores: corredores de bolsa, de bienes raíces, de seguros. Mi padre rico solía decir: «Les llaman corredores porque tienen que correr más que tú para conseguir su dinero».

En su libro, *The Tao of Warren Buffett*, Warren comenta sobre los asesores financieros: «Wall Street es el único sitio al que la gente llega en Rolls-Royce para recibir consejos de gente que viaja en el metro».

Las siguientes gráficas me las proporcionó Andy Tanner, miembro del grupo Advisors de Padre Rico, y demuestran que contratar un corredor para que maneje una cartera diversificada, no es una buena decisión financiera. La primera gráfica muestra el porcentaje de rendimientos de Fidelity Magellan Fund (uno de los fondos más conocidos del mundo) en comparación con los rendimientos de Industrial Dow Jones y de S&P 500:

Comparación de rendimientos

Fidelity Magellan Fund frente a S&P 500 y Dow Jones Industrial

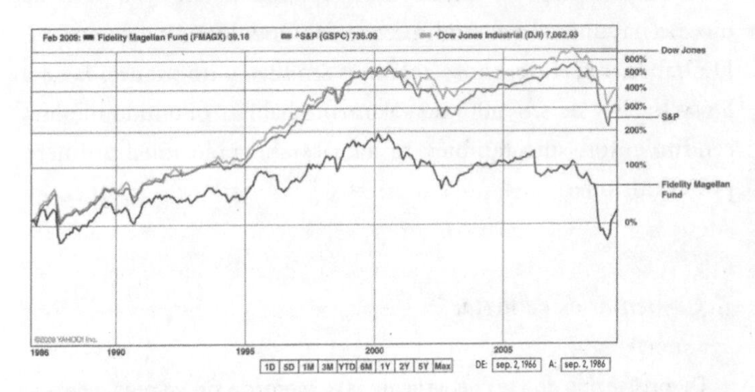

Reproducción con la licencia de Yahoo! Inc. ©2009 Yahoo! Inc. YAHOO! y el logo de YAHOO! son marcas registradas de Yahoo! Inc.

Como habrás notado, los rendimientos del Dow Jones y del S&P 500, que son índices generales y no están manejados por casas de bolsa, sobrepasaron a los de Fidelity Magellan Fund durante más de 20 años.

Pero ésa no es la peor noticia, en la siguiente gráfica se muestra la relación entre Fidelity Magellan Fund y las comisiones que se cobraron por la gestión del fondo:

Fidelity Magellan Fund

Honorarios pagados anualmente por selección de acciones y desempeño

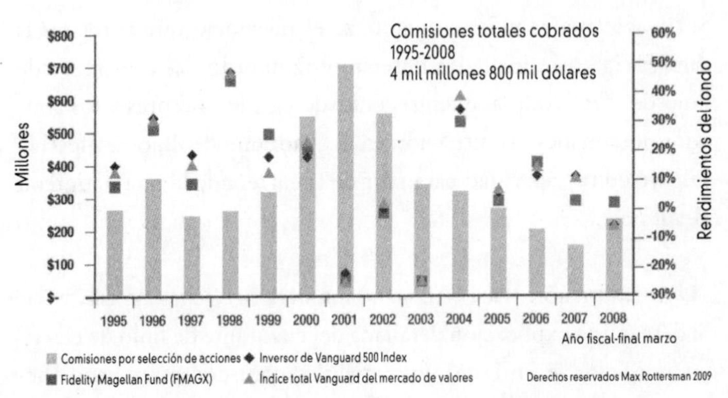

Habrás notado que desde 1995 Fidelity Magellan Fund ha generado honorarios por 4 mil millones 800 mil dólares y, a pesar de eso, no ha superado el rendimiento del Dow Jones y del S&P 500. De haber invertido en las acciones simples y no manejadas del Dow Jones y de S&P 500, no solamente habrías obtenido mejores rendimientos, sino también te habrías ahorrado mucho dinero por comisiones.

Comentarios del lector

La explicación con la cual te refieres al mercado de valores refleja muy acertadamente mi experiencia en los últimos quince años, desde que empecé a trabajar después de la universidad y comencé a invertir en la bolsa, hasta ahora. Tengo una pequeña variedad de fondos de inversión y he visto cómo pierden su valor, se tambalean y vuelven a perder su valor. En ningún lado he visto un crecimiento o incremento firme de su valor como lo hacen, por ejemplo, otros negocios que he observado durante el mismo periodo de tiempo.

—Obert

Si tu objetivo es vivir con riqueza es necesario que aprendas la diferencia entre los lados derecho e izquierdo del cuadrante de flujo de efectivo, y que tengas cuidado con los asesores y los consejos que recibes. Tu situación en el cuadrante de flujo de efectivo influye en tu capacidad para salir de la carrera de la rata e ingresar al *fast track*.

Una excursión personal al cuadrante del flujo de efectivo

Si deseas una explicación detallada del cuadrante de flujo de efectivo, por favor ve a mi sitio www.richdad.com/conspirancy-of-the-rich y te lo explicaré personalmente en una presentación de video en línea.

Cuento de hadas financiero #3: Seguridad Social y el mercado de valores

En diciembre de 2008 el mundo se enteró de la existencia de Bernard Madoff y de los esquemas Ponzi. Hasta ese momento, la mayoría de la gente no sabía quién era Bernie Madoff o lo que era un esquema Ponzi. El término *esquema Ponzi* surgió por Charles Ponzi, un inmigrante italiano que llegó a Estados Unidos y a quien se acusó de engañar a inversores en 1920. Un *esquema Ponzi* es una *inversión fraudulenta con que se paga a los inversores con su propio dinero o con el dinero de un inversor subsiguiente.* Dicho con sencillez, significa «robarle a Peter y a Paul para pagarle a Ponzi».

El 12 de marzo de 2009, Bernie Madoff se declaró culpable de operar según el esquema Ponzi y de otros 11 cargos, incluyendo el robo a inversores por más de 65 mil millones de dólares.

El esquema Ponzi de Madoff se considera el mayor de la historia, pero no creo que lo sea. Como muy poca gente entiende lo que es un esquema Ponzi, no se da cuenta de que el mayor fraude continúa realizándose en la actualidad. Dicho llanamente, un esquema Ponzi es un cuento de hadas financiero que funciona si los nuevos inversionistas continúan invirtiendo dinero para que el gestor, en este caso Bernie Madoff, pueda pagarle a los antiguos inversores. Esto significa que la estrategia puede continuar siempre y cuando la gente nueva esté dispuesta a entregar su dinero. Además, no genera suficiente flujo de efectivo para realizar sus operaciones.

Si analizas la definición de esquema Ponzi y sus implicaciones, entonces tal vez llegarás a la conclusión de que la Seguridad Social es el mayor ejemplo de esta estrategia en la historia de Estados Unidos. La Seguridad Social sólo puede funcionar si los trabajadores jóvenes continúan poniendo su dinero en la olla. La mayoría de la gente entiende que el fondo de la Seguridad Social está vacío, sin embargo, muchas personas continúan colocando su dinero en lo que yo considero que es el Ponzi patrocinado por el gobierno. Y todas estas personas esperan que, al menos, haya suficiente dinero para *su* jubilación.

Para colmo, no creo que la Seguridad Social sea el único Ponzi que está en marcha hoy en día. Me causa mucha gracia que durante su mandato, el presidente George W. Bush haya apoyado la legislación para que los trabajadores más jóvenes colocaran su dinero en la bolsa de valores en lugar de ponerlo en la Seguridad Social. Creo que en realidad quería que los empleados jóvenes formaran parte del mayor esquema Ponzi de todos: el mercado de valores. En el mercado o bolsa de valores, los inversores sólo pueden obtener dinero si los precios de las acciones suben; es decir, mientras se inyecte nuevo dinero al mercado. Si se saca el dinero, el precio de las acciones cae y los inversores, pierden.

Es por ello que resulta tan necesario conocer la diferencia entre ganancias de capital y flujo de efectivo. Todos los esquemas Ponzi se basan en las ganancias de capital; es indispensable que entre dinero para que los precios suban, y por eso creo que el mercado de valores es un esquema Ponzi. Si no entra dinero, colapsa. Sucede lo mismo con los mercados de bienes raíces y los de bonos: siempre que continúe inyectándose dinero, el esquema Ponzi de ganancias de capital seguirá a flote. Pero si la gente pide que le devuelvan sus inversiones, los precios caerán y no habrá suficiente efectivo para hacerlo.

Uno de los mayores problemas al que se enfrentan las compañías de fondos mutualistas en 2009 es su derrame de flujo de efectivo. Muchas de ellas tienen problemas para reunir suficiente dinero y pagarle a los inversores que los abandonan. Y es que los inversores están descubriendo que la mayoría de los fondos mutualistas son en realidad esquemas Ponzi legalizados.

La importancia de la educación financiera

Para tener éxito en la actualidad se requieren tres tipos diferentes de educación:

1. **Académica.** La habilidad de leer, escribir y solucionar problemas matemáticos.
2. **Profesional.** El aprendizaje necesario para trabajar a cambio de un pago.
3. **Financiera.** El aprendizaje de cómo hacer que el dinero trabaje para ti.

Nuestro sistema educativo ha hecho un buen trabajo en lo que se refiere a los dos primeros tipos de educación, pero ha suspendido miserablemente en proveer educación financiera. Millones de personas con mucha preparación han perdido billones de dólares debido a que el sistema educativo desatendió la educación financiera.

A mí no me fue bien en la escuela, nunca fui bueno en lectura, escritura o matemáticas, ni quería convertirme en un E (empleado) o A (autoempleado o profesional). Cuando era niño sabía que el sistema escolar no era el tipo de ambiente en el que yo podría convertirme en un ganador, y por eso me enfoqué en mi educación financiera. Cuando estudié para ingresar en los cuadrantes D (dueño de negocio grande) e I (inversor), supe que podría tener más dinero y libertad que quienes se preparaban para los cuadrantes E y A.

La vida después de la depresión

Como mencioné anteriormente, la depresión tuvo un profundo efecto en mi padre pobre. Él asistió a la escuela, estudió con ahínco y realizó su cuento de hadas: un empleo seguro como maestro. Se sentía a salvo en el cuadrante E. El problema fue que el cuento de hadas se convirtió en pesadilla cuando perdió su empleo y después, siguiendo malos consejos financieros, también perdió los ahorros para su jubilación. De no ser por la Seguridad Social, se habría metido en serios problemas económicos.

La depresión también afectó a mi padre rico. Él sabía que su futuro se encontraba en los cuadrantes D e I, y aunque nunca fue un estudiante académico sobresaliente, sí fue un astuto estudiante de la educación financiera. Cuando la economía se recuperó, su IQ financiero se había fortalecido y su vida y negocios despegaron. Sus sueños se volvieron realidad.

Ahora, hay mucha gente que sigue los pasos de mi padre pobre: regresa a la escuela para entrenarse nuevamente para los cuadrantes E y A, pero estas personas no están invirtiendo tiempo en su educación financiera. En lugar de eso, esperan sobrellevar la situación y sobrevivir a la caída. Muchos han hecho de la frugalidad una religión, han convertido en un arte su capacidad de vivir por debajo de sus posibilidades y de minimizar sus sueños. Lo barato está de moda.

Por fortuna todavía hay algunas personas que siguen los pasos de mi padre rico y expanden su educación financiera. En la actualidad, la mayoría de las universidades, incluyendo Harvard y Oxford, ofrecen cursos para ser empresario. Los seminarios en actividad empresarial, inversión en bienes raíces y en intercambio de activos de papel están repletos. Y es que hay millones de personas que saben que existe otro tipo de educación, la financiera, y que ésta es su camino hacia el nuevo futuro, la nueva economía y sus sueños.

La pregunta que debes hacerte es: ¿qué tipo de futuro deseas alcanzar? ¿Qué estarás haciendo cuando termine la próxima depresión o recesión? ¿Llevarás ventaja en el juego o te habrás quedado rezagado?

Historia de dos Maestros

Greg es uno de mis mejores amigos. Es un empresario social. Para ser específico te diré que dirige una escuela para niños con severa incapacidad de aprendizaje: el tipo de niños que el sistema escolar de California no puede o no quiere atender. Actualmente, el presidente Obama entrega miles de millones de dólares para programas sociales y el negocio de Greg es uno de los que recibirán este dinero extra. Significa que su negocio está floreciendo, y como su negocio está floreciendo, va a comprar más escuelas y a contratar más maestros de educación especial.

Lo que deseo destacar es que Greg es un maestro y empresario social que opera desde los cuadrantes D e I. Los maestros que él contrata provienen de los cuadrantes E y A. Greg y sus maestros trabajan en la misma escuela pero viven en mundos opuestos.

Conozco a Greg desde que tenía 19 años. Hoy es millonario a los 33 y le dice a la gente a manera de broma que ha tenido éxito porque obtuvo un título en *PhD*. Sin embargo, aunque *PhD* es la abreviatura de lo que en inglés se denomina *Philosophy Doctor*, Greg termina su broma diciendo que *PhD* en realidad quiere decir: *Public High (school) Degree*, o sea, doctorado de secundaria pública. Como te podrás imaginar, a veces existen fricciones entre Greg y sus maestros. El sueño de Greg es tener docenas de escuelas, contratar cientos de maestros y ser capaz de enseñar a miles de niños con problemas. Pero los maestros a quienes contrata tienen sueños diferentes.

Autor de los libros más vendidos, no de los mejor escritos

Hace algunos años un importante periódico publicó un artículo sobre mí en donde me criticaba por ser un vendedor de copiadoras. En efecto, el periodista se preguntaba: ¿cómo es que un vendedor de copiadoras se puede convertir en un autor de *best sellers*? Obviamente, el periodista —que con seguridad fue un extraordinario estudiante del idioma y un mejor escritor que yo—, malinterpretó el término *autor de best sellers*. Como dije en *Padre Rico, Padre Pobre*, soy autor de los libros *más vendidos*, no de los *mejor escritos*. Hay mucha gente que puede *escribir* bien, pero muy poca puede *vender* bien.

Para muchos, vender es una palabra vulgar. Creen, como mi padre pobre, que *vender* es una grosería de seis letras. Para él, la idea de *vender* era totalmente repugnante porque era un académico y un intelectual; creía que los vendedores eran basura. Pero para mi padre rico, la palabra *vender* era esencial en el éxito financiero de un empresario.

Comentarios del lector

Creo que vender es la mejor profesión. Todos somos vendedores; les vendemos a nuestros amigos ver una película o ir a determinado restaurante, le vendemos a nuestros esposos las razones de sacar la basura, le vendemos a nuestros hijos la importancia de desarrollar una ética de trabajo, nos vendemos a nosotras mismas porque necesitamos un vestido nuevo. Las ventas adquieren un sentido negativo cuando se intercambia dinero; entonces, vender es malo. Pero detengámonos a pensar ¿dónde estaríamos sin las ventas? Casi todo lo que tenemos nos fue VENDIDO. Creo que necesitamos madurar y darnos cuenta de que no nos pueden «vender» nada a menos que realmente lo queramos. Dejemos de culpar al vendedor.

–SYNCHROSTL

Anteriormente mencioné a Greg, mi amigo que es empresario social, porque quería señalar las diferencias entre él y los maestros que contrata. Una de esas diferencias yace en la palabra *vender*.

Para muchos maestros, la idea de hacerse ricos «vendiendo» educación, viola sus más profundas creencias. Pero Greg sabe que si él no vende, no puede pagar a sus maestros.

Greg también sabe que cuanto más venda, más dinero ganará, y eso le permitirá comprar más escuelas, contratar más maestros y enseñar a más niños. Sin importar la cantidad de escuelas que tengan Greg y su esposa, Rhonda, (quien también es maestra), a los maestros les pagan igual. La diferencia radica en el lado del cuadrante de flujo de efectivo en que cada persona se enfoca.

También mencioné a Greg porque, a diferencia de los ratones, él sí organiza grandes eventos en el estado de California. Cuantas más escuelas tenga, más grandes serán los eventos que organice. Sus maestros también venden su labor, pero ellos solamente pueden venderse a sí mismos. Lo que quiero decir es que quienes pueden organizar grandes cosas (productos o servicios), producen más dinero que quienes sólo pueden organizar a un nivel bajo (vendiendo sólo su trabajo). En la industria del cine, las estrellas más taquilleras son las que producen más dinero. Sucede lo mismo en el ámbito de las estrellas de la música. Los músicos que venden más derivados (CD, entradas o *downloads*) son los que ganan más dinero. En los deportes, los promotores del Super Bowl o de Wimbledon producen muchísimo dinero porque pueden vender muchas entradas, además de derechos de retransmisión. Dicho llanamente, si no puedes vender «entradas» (o sea, derivados de tu persona), tienes que vender tu trabajo. Yo vendo millones en forma de libros, juegos y eventos especiales, y todos son derivados de mi persona. Mi habilidad para vender es lo que me ha hecho prosperar, incluso durante esta crisis financiera.

En 1974, cuando abandoné el cuerpo de Marina, supe que no quería seguir los pasos de mi padre pobre. No quería pertenecer a los cuadrantes E ni A, y es por ello que ya no regresé a trabajar para la Standard Oil y tampoco busqué trabajo como piloto de una aerolínea. Te reitero que mis sueños no yacían en los cuadrantes E y A. Mis sueños estaban en D e I. No buscaba un empleo seguro y no deseaba vivir por debajo de mis posibilidades.

Por eso decidí seguir los pasos de mi padre rico. Cuando le pedí asesoría para convertirme en D e I, solamente me dijo: «Tienes que aprender a vender». Siguiendo su consejo, obtuve un empleo en el que trabajaba para Xerox, y ahí me entrenaron para vender. Aprender a vender fue casi tan difícil como aprender a volar porque no soy un vendedor nato y no soporto el rechazo. Estuve a punto de ser despedido en varias ocasiones mientras luchaba con mi trabajo de tocar puertas para ofrecer copiadoras Xerox, que entonces competían contra las IBM. Pero tras dos años, mis habilidades mejoraron y aumentó mi confianza. Comencé a disfrutar de algo que originalmente me aterraba. Y durante los siguientes dos años me mantuve consistentemente entre los cinco mejores representantes de ventas de la sucursal de Xerox en Honolulu. Mis ingresos se dispararon y, aunque el dinero era bastante bueno, la mejor parte de la experiencia radicaba en el entrenamiento profesional de ventas que recibía y en la nueva confianza que había adquirido al vender. Dejé Xerox en 1978, cuando mi negocio de medio tiempo de carteras de nylon ya había despegado. Pero el entrenamiento de ventas que recibí ahí me convirtió en un hombre mucho, mucho más rico.

Conviértete en un estudiante de la palabra *vender*

La palabra *vender* ha sido la clave de mi éxito. En 1974 me rebelé en contra de los principios de mi padre pobre y me convertí en un estudiante de la palabra *vender*, porque es un concepto de mucha relevancia en el ámbito del dinero.

Pasé tres años aprendiendo a vender y finalmente, en 1977, me convertí en el mejor vendedor de Xerox. Para 1979, mi primer negocio produjo un nuevo producto que se vendía increíblemente bien en la industria de los accesorios deportivos: carteras de nylon y velcro para surfistas. En 1982, el negocio floreció más cuando comencé a trabajar con bandas de *rock* como Duran Duran, The Police y Van Halen: de esa forma vendía productos de rock al tiempo que MTV se popularizaba. En 1993, mi primer libro: *If You Want To Be Rich And Happy, Don't Go To School* (*Si quieres ser rico y feliz, no vayas a la escuela*) se convirtió en un *bestseller* en Estados Unidos, Australia y Nueva Zelanda. En 1999, *Padre Rico, Padre Pobre*, se convirtió en *bestseller* del *New York Times*. Después de aparecer en el programa televisivo *Oprah*, en el año 2000, *Padre Rico, Padre Pobre* se convirtió en *bestseller* internacional, se publicó en 50 idiomas y se vendió en más de 100 países. Pero nada de esto hubiera sido posible si no hubiera aprendido a vender en Xerox a finales de los setenta.

La gente pobre no tiene qué vender

Mucha gente tiene problemas económicos porque tiene muy poco que vender, porque no sabe vender o por ambas razones. Así que si tú eres parte de ese grupo, encuentra algo que vender, aprende a vender mejor, o ambas cosas. Si estás genuinamente interesado en mejorar tus habilidades como vendedor, te puedo decir que uno de mis mejores amigos, Blair Singer, fundó un negocio que entrena personas y negocios en el arte y la ciencia de vender. Sus cursos son duros y exigentes pero los resultados son fenomenales. Puedes encontrar su negocio en www.salesdogs.com. Blair es reconocido internacionalmente como un genio en el entrenamiento para ventas y es el autor de *Vendedores perros*, libro de la serie Advisors de Padre Rico. Mejorar tus habilidades como vendedor es una buena estrategia para incrementar tus ingresos, sin importar de qué sector del cuadrante procedes.

Hay mucha gente que, por otra parte, tiene grandes productos o servicios, pero el problema es que las ventas no las obtienen los mejores productos o servicios, sino la gente que sabe vender mejor. Dicho de otra forma, no saber vender te puede salir muy caro porque ¡perderás cantidades indescriptibles de dinero en los negocios que se te escapen!

Por esta razón, Donald Trump y yo recomendamos que busques un negocio en red. Si eres serio en cuanto a convertirte en empresario, te sugiero que inviertas algunos años, durante tu tiempo libre, en aprender a vender a través de un negocio en red. El entrenamiento que recibes, y en especial la habilidad de superar tu miedo al rechazo, será invaluable.

Vendedores contra compradores

En 2002 coticé por primera vez uno de mis negocios en la bolsa de valores. Fue en la bolsa de Toronto y se trataba de una empresa minera en China. Creo que el principal objetivo de un empresario es construir un negocio y después hacerlo público en la bolsa, es decir, comenzar a cotizar o vender acciones. En cuanto la compañía salió a la venta al público; es decir, cuando cotizó en la bolsa, agradecí en silencio a mi padre rico por haberme estimulado a estudiar la palabra vender, por no considerarla una palabra vulgar, como lo hacía mi padre pobre.

En cuanto observes el juego *Cashflow*, podrás darte cuenta de por qué tanta gente ha perdido su fortuna.

Hacer mi compañía pública fue como entrar al *fast track*. En el ámbito de los D y de los I del cuadrante, a los vendedores que aparecen en una IPO (oferta pública inicial), se les conoce como *vendedores de acciones*. Estos vendedores ofrecen sus acciones a los que están en la carrera de la rata y así obtienen ganancias sustanciosas. La lección es que en el mundo del dinero existen los vendedores y los compradores: los ricos son los vendedores y los pobres son los compradores. Los compradores están del lado de los E y los A, y los vendedores en el lado de los D y los I.

Para que tengas mayor claridad sobre el juego de los vendedores y los compradores, por favor visita mi sitio www.richdad.com/conspiracy-of-the-rich, en donde te lo explicaré con más detalle.

EN RESUMEN

Cuando observas la economía mundial actual, es fácil entender por qué caímos en esta crisis financiera: China está vendiendo y Estados Unidos compra; lo que significa que Estados Unidos compra más de lo que vende, y no sólo eso: los estadounidenses están comprando con dinero prestado y usando sus casas como garantía. A veces el mundo considera que éstos son los consumidores de última opción, y esto ocasiona déficit en nuestra balanza de comercio, lo que a su vez provoca que la deuda del país crezca hasta billones, y que aumenten nuestros impuestos. Ahora China es nuestro mayor acreedor, y nosotros, como nación, hemos perdido la habilidad de vender más de lo que compramos. Con esto se aclara por qué fracasan tantos negocios. Cuando los ingresos bajan o cuando se atraviesan tiempos de dificultad económica, muchos contables recortan el presupuesto de publicidad de los negocios, pero eso es lo peor que pueden hacer. El recorte de publicidad puede aniquilar un negocio. La mejor estrategia en tiempos difíciles es aumentar la publicidad y tratar de cautivar a una mayor porción del mercado. Y como dice el dicho, las ventas resuelven problemas, pero sin publicidad, no hay ventas.

Si quieres salir de la carrera de la rata, a un nivel personal, y moverte al *fast track* para vivir una vida más rica, tienes que superar tu miedo al rechazo y adquirir la valiosa habilidad de vender. Recuerda, enfócate más en vender y menos en comprar. Mucha gente se encuentra en problemas financieros porque les encanta comprar y odian vender. Si deseas ser rico debes vender más de lo que compras. Pero esto no significa que tengas que vivir por debajo de tus posibilidades, quiere decir que debes aprender a vender y a expandir las posibilidades, a perseguir tus sueños. Si vendes más de lo que compras, no tendrás que vivir mal, aferrarte a la seguridad de un empleo, o asistir a bailecitos de ratones.

10

Construir para el futuro

El lobo feroz: «¡Soplaré... soplaré... y tu casa derrumbaré!»

Casi todos hemos escuchado el cuento del lobo feroz y los tres cerditos. Es una maravillosa historia con varias lecciones que se pueden aplicar en la vida real, a cualquier edad. La historia cuenta que había tres cerditos: uno de ellos construyó su casa con paja, el segundo, con tablas, y el tercero, con ladrillos.

El cerdito que construyó la casa de paja fue el primero que terminó, así que tuvo bastante tiempo libre para ir a jugar. Un poco más tarde, trataba de convencer al segundo cerdito de que terminara pronto para jugar juntos. Cuando el segundo cerdito acabó, ambos se pusieron a jugar y a cantar. Comenzaron a reírse y a burlarse del tercer cerdito por trabajar tanto y tardar en construir su casa. Finalmente, el tercer cerdito terminó la casa de ladrillos y los tres pudieron disfrutar de la vida.

Pero un día, el lobo feroz se encontró al feliz grupo y vio en él tres apetitosos platillos. Al notar que el lobo se aproximaba, los tres cerditos corrieron a sus respectivas casas. El lobo se detuvo primero frente a la casa de paja, le gritó al cerdito para que saliera, pero éste se negó. Entonces, el lobo comenzó a soplar y a resoplar y, de esa forma, abatió la casa. El cerdito escapó y llegó a la casa de madera. El lobo nuevamente les exigió salir, pero se negaron. Comenzó a soplar y a resoplar y, por supuesto, también tiró la casa de madera. Los dos cerditos corrieron a refugiarse en la casa de ladrillos.

Confiado en que tenía tres suculentos platillos dentro de una misma casa, el lobo se aproximó y les exigió salir. Ellos se negaron de nuevo. La historia cuenta que el lobo sopló y resopló. Él insistió, siguió soplando y resoplando pero no pudo tirar la casa. Finalmente, se retiró exhausto y los tres cerditos lo celebraron.

En este cuento, los dos primeros cerditos aprendieron bien su lección: comenzaron a construir sus casas con ladrillos de inmediato, y vivieron felices para siempre. Pero, como ya sabes, la historia del lobo feroz y los tres cerditos es sólo un cuento. En la vida real, la gente solicita al gobierno que la rescate con dinero de los contribuyentes y, después, vuelve a construir sus casas con paja y madera. El cuento está vigente: las personas no aprenden las lecciones y el lobo feroz sigue acechando en la oscuridad.

Casas de paja y madera

En 2007, emergió del bosque «el lobo feroz», o sea, la deuda *subprime*. Cuando el lobo sopló y resopló, la enorme casa de paja, es decir, nuestros bancos más grandes, se cayeron. Al desmoronarse nuestra casa bancaria de paja, arrastró consigo otras construcciones de paja y madera. Actualmente, los gigantes corporativos como AIG, Lehman Brothers, Merrill Lynch, Citibank, Bank of America, GM y Chrysler se desploman. El mundo está descubriendo que los gigantes corporativos aparentemente construidos con ladrillos, en realidad eran de paja y madera. Con la caída de todas estas enormes casas se produce una gran onda de choque que abate pequeños negocios y muchos individuos.

Hoy en día, los negocios cierran, el desempleo aumenta a ritmo acelerado en todo el mundo, el valor de los inmuebles se desploma y los ahorros se agotan. Países enteros, como Islandia, han dejado de cumplir sus compromisos económicos. Muchos otros, incluido Estados Unidos, y en específico estados como California, la octava economía más grande del mundo, también están al borde del colapso. Por desgracia, en lugar de aprender las lecciones y reconstruir con ladrillos, como lo hicieron los cerditos, sólo estamos en espera de que los líderes de la Reserva Federal, Wall Street y del gobierno resuelvan nuestros problemas.

La gente de todo el mundo, se pregunta: «¿Qué van a hacer nuestros líderes?». Yo creo que la pregunta más importante es: «¿Qué haremos tú y yo?». O más específicamente: «¿Cómo podemos, tú y yo, construir nuestra casa de ladrillos?».

Para construir una casa de ladrillos

Yo comencé mi casa de ladrillos reconstruyendo mi vida y educándome. Recuerda la nueva regla del dinero #4: *prepárate para los malos tiempos y así sólo vivirás los buenos tiempos.* En 1984 comencé a hablar con Kim sobre lo que pensaba del futuro de la economía y por qué creía que debíamos prepararnos para recibirlo. En lugar de sentirse atemorizada, Kim cogió mi mano y, de esa forma, comenzamos juntos el viaje de nuestra vida. Y juntos también, construimos nuestra casa de ladrillos. Al inicio del viaje estábamos endeudados. Yo aún debía 400 000 dólares de una pérdida de 790 000 que había sufrido en mis negocios anteriores. No tenía dinero, empleo, casa ni coche. Lo único con que contábamos era la ropa que llevábamos puesta, dos pequeñas maletas, nuestro amor y el sueño de nuestro futuro.

En 1986 estrellamos una botella de champagne para celebrar nuestra llegada a «cero». Trabajando juntos conseguimos pagar los

400 000 dólares de deuda mala. Y para 1994, ya éramos libres financieramente.

Juntos construimos nuestra casa de ladrillos. Nos preparamos para los malos tiempos y, gracias a eso, solamente hemos vivido buenos tiempos desde entonces, incluso en medio de esta terrible crisis financiera. Esto no significa que no hayamos tenido retrocesos, batallas, fracasos, pérdidas y alguna que otra fuerte lección que aprender. Lo que sí significa es que recibimos todas esas experiencias negativas como parte del prolongado proceso de construcción de nuestra casa de ladrillos.

Comentarios del lector

Mis mayores obstáculos han sido los «créditos fáciles», he tropezado con la misma piedra varias veces. He aprendido que acrecentar el interés es más que sólo un interesante problema de matemáticas. Ahora, me dedico a encontrar formas que me permitan aprovecharme de ese efecto en vez de ser víctima de él.

—RobertPO

Los planos para una casa de ladrillos

A continuación se presenta un diagrama de los planos de nuestra casa de ladrillos. A esta figura se le conoce como el *triángulo D-I.*

El triángulo D-I es un derivado del cuadrante de flujo de efectivo que revisamos en el capítulo 9 y que analicé meticulosamente en mi libro *El cuadrante de flujo de dinero*. Ésta es una imagen del cuadrante:

Lo que Kim y yo hicimos fue diseñar nuestra vida juntos en el lado D-I del cuadrante de flujo de efectivo. Tú también puedes hacerlo, incluso si te parece que lo mejor para ti es permanecer en el lado E y A. Permíteme explicarte:

1. Técnicamente, el triángulo D-I se puede aplicar en todas las secciones del cuadrante.

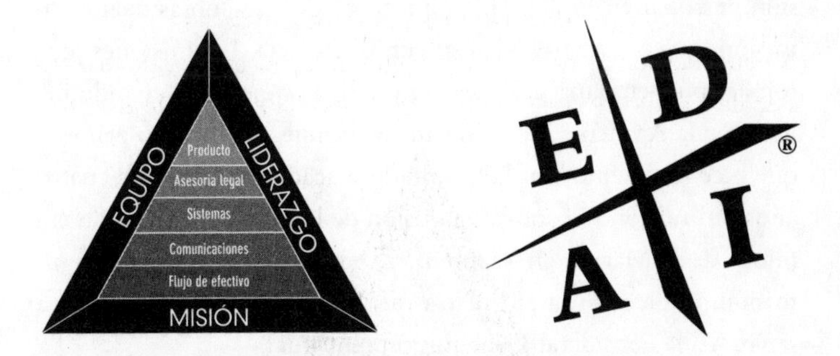

2. Sin importar en qué cuadrante se encuentre una persona, a su vida la forman y la afectan las ocho integridades del triángulo

D-I. El problema es que la mayoría de la gente no sabe lo que es el triángulo D-I.

Si en la vida de una persona hacen falta una o más de las ocho integridades, yo diría que, aunque sea trabajadora y honesta, carece de *integridad* financiera. Para decir esto me baso en la definición de la palabra integridad, que significa *completo* o *total*, y no en el significado más popularizado que tiene implicaciones morales. *Integridad* también puede significar: *funcionar con armonía*. Es imposible que alguien esté en armonía si carece de una o más de las ocho integridades. A continuación se explican brevemente las ocho.

Integridad #1: misión. Creo que cada persona tiene una misión personal en la vida. Es importante que descubras cuál es tu misión, que la escribas y la leas con frecuencia. Las misiones personales pueden darse a distintos niveles. Por ejemplo, cuando ingresé en la Academia de la Marina Mercante, en 1965, lo primero que hice fue memorizar la misión de la academia. Durante cuatro años, mi misión fue apoyar la misión de la academia. Cuando era piloto de la Marina en Vietnam, yo tenía mucha claridad en mi misión, que consistía en traer a mis hombres de vuelta a casa, a salvo. Yo la consideraba una misión espiritual.

Mi misión hoy en día es elevar el bienestar financiero de la humanidad y ofrecer educación financiera al mundo. A finales de los setenta, cuando era fabricante y trabajaba exclusivamente para obtener dinero, me sentía terrible, sin propósito y sin vida. Sí, me divertía mucho, pero sabía que me hacía falta algo. En 1981 conocí al doctor Fuller y él me recordó la importancia de tener una misión. Después de nuestro primer encuentro, supe que no podía continuar siendo fabricante, así que me preparé para dar un salto de fe, convertirme en maestro y difundir lo que mi padre rico me había enseñado. En 1984, cuando estaba a punto de dar mi salto de fe, conocí a Kim. Juntos nos propusimos seguir nuestra misión de ser maestros de cultura financiera. Lo único que teníamos entonces era el compromiso de una misión.

Kim y yo creemos que si una persona carece de integridad en su vida y se aparta de su misión, comenzará a sufrir problemas. Es crucial que exista un fundamento en la vida para tener las ocho integridades, que haya una misión personal y una razón espiritual para vivir.

Integridad #2: equipo. Hay un antiguo refrán que dice: «Ningún hombre es una isla». En los negocios y en las inversiones, no hay nada tan importante como formar un equipo de expertos que te ayude a lograr tus objetivos: abogados, contables, etcétera. Un equipo te fortalece porque con él puedes superar tus flaquezas y aumentar tus fortalezas. El equipo te ayuda a mantener tu responsabilidad y te impulsa.

Uno de los problemas que tuve en la escuela es que me entrenaron para resolver los exámenes: solo. Si yo quería colaborar con alguien o solicitar la ayuda de alguno de mis compañeros, lo consideraban trampa. Creo que esta forma de pensar ha ocasionado que millones de personas funcionen como si fueran islas. Temen cooperar con otros porque les enseñaron que cooperar equivale a hacer trampa.

El éxito en la vida depende de la calidad de nuestro equipo. Por ejemplo, Kim y yo tenemos un gran equipo de doctores para cuidar nuestra salud. Tenemos también un gran equipo de mecánicos, plomeros, contratistas, proveedores y otras personas que conocemos y en quienes confiamos, a las que llamamos cuando requerimos ayuda con problemas que nosotros no podemos manejar. En nuestros negocios contamos con un fantástico equipo de empleados y especialistas que nos ayudan a resolver los problemas laborales. Y en el aspecto espiritual también tenemos un equipo cuyos miembros ayudan a que nuestro corazón, nuestra mente y nuestras emociones estén sintonizadas con el poder de una autoridad mayor. Sin nuestros equipos, sencillamente no tendríamos éxito.

Integridad #3: liderazgo. En la academia militar nos entrenaban para convertirnos en líderes. Pero la mayoría de la gente cree que ser líder significa saberlo todo y lograr que los demás te obedezcan. Eso no es verdad. Los verdaderos líderes comprenden que su equipo tiene opiniones muy valiosas que son la clave del éxito para quien dirige.

Para convertirse en líder, primero se debe aprender a ser parte del equipo. Cuando abandoné la academia militar y me uní a la Marina, continué desarrollando mi habilidad de trabajar en equipo. Ahora que soy el líder de mi negocio, el desarrollo de mi liderazgo prevalece. Una buena forma de ser un gran líder es seguir aprendiendo y aceptando las aportaciones de tu equipo, incluso si sus opiniones no te agradan mucho. El mejor entrenamiento de liderazgo que he tenido lo recibí gracias a un crudo comentario que alguien me hizo en mi propia cara.

Tal vez has visto imágenes de un instructor de prácticas de la Marina gritándole a un joven recluta en la cara. El recluta está aprendiendo a recibir los comentarios. El mundo real es en sí un mecanismo que nos enseña a recibir críticas. Cuando te subes a la báscula en el baño y descubres que tienes diez kilos de sobrepeso, estás enfrentando una crítica. Si te despiden, si tu negocio quiebra, y si te divorcias, también estás recibiendo una crítica. Para ser un buen líder es esencial aprender a afrontar los comentarios de todo tipo. Por desgracia, una buena parte de nuestros líderes empresariales, laborales, políticos y del sector educativo, no saben aceptar la crítica, y tampoco pueden aprender de los mensajes que envía la economía mundial. Parece que no entienden nada.

El mal liderazgo es la mayor causa de los problemas personales, familiares, de negocios o económicos. El viejo dicho reza: «Los pescados comienzan a pudrirse por la cabeza». Debemos preguntarnos: «¿Soy un buen líder, en relación con mi propia vida?». Tal vez debas cuestionar la calidad del liderazgo en tu familia, en el negocio en que trabajas, y en la ciudad y el país en donde vives. Pero no temas recibir comentarios negativos de tu familia, clientes, jefe y amigos, porque sólo cuando aprendes a lidiar con la crítica puedes realizar cambios positivos basados en ella, para ser un mejor líder.

Integridad #4: producto. El producto es todo aquello que llevamos a mercado. Puede ser un producto o materia prima como una manzana, o un servicio como consultoría legal, diseño de páginas web o mantenimiento de jardines. En el ámbito de la economía mundial, un producto es algo que ofrecemos a cambio de dinero, un vehículo para la obtención de flujo de efectivo.

Si un producto es malo, tiene baja calidad, es lento u obsoleto, quien lo ofrece tendrá problemas financieros. Digamos que tengo un restaurante y la comida tarda mucho en servirse, sabe mal y, para colmo, es cara. Lo más probable es que mi negocio caiga en picado. Los productos pésimos y caros hacen que las familias, los negocios y los gobiernos, lo pasen mal.

Cuando conozco a una persona con problemas financieros, lo primero que reviso es su producto o servicio. Si la persona en cuestión no trabaja para mejorar o actualizar su producto, sus dificultades continuarán. Otro elemento que perpetúa los problemas financieros es que el producto no sea coherente con la misión de quien lo ofrece. Por ejemplo, cuando producía carteras de nylon, tenía problemas porque no me encontraba espiritualmente alineado con mi producto. Mi misión en realidad era convertirme en educador financiero, no en fabricante. Creo que mis libros, juegos y negocios tienen éxito porque derivan de mi espíritu y de mi misión en la vida.

Integridad #5: asesoría legal. Nos guste o no, vivimos en un mundo de reglas. Como consecuencia, sólo tendremos éxito si las entendemos y podemos trabajar con eficiencia dentro de los marcos legales. ¡Por ello es tan importante contar con un abogado en tu equipo! Si no existieran las reglas, la civilización se desmoronaría. Por ejemplo, si yo, que soy estadounidense, decido seguir las reglas de mi país estando en Inglaterra, donde los coches se conducen por la izquierda, lo más probable es que termine en la cárcel o en un hospital.

Cuando alguien no sigue las reglas, comienzan los problemas en su vida. Por ejemplo, si dicha persona fuma, come, bebe y no hace ejercicio, está violando las leyes de su propio cuerpo y por lo tanto, sufrirá problemas de salud. Sucede lo mismo con el dinero. Si la persona roba una tienda, seguramente terminará en la cárcel. Si engaña a su esposo o esposa, se enfrentará a problemas personales. El hecho de romper las reglas afecta a la vida, las familias, los negocios y las naciones.

Integridad #6: sistemas. La clave para el éxito en los negocios y en la vida es comprender la importancia de la eficiencia en los sistemas. El cuerpo humano cuenta con varios sistemas que trabajan en conjunto. Tenemos sistema respiratorio, óseo, digestivo, circulatorio y otros. Si alguno falla, el cuerpo estará en dificultades.

En los negocios hay, entre otros, sistemas de contabilidad, asesoría legal y comunicaciones. Y en el gobierno existen los sistemas judicial, comunicaciones, bienestar social, recaudación fiscal y educación, entre muchos otros. Si alguno falla, todo el gobierno estará en problemas. Mucha gente tiene sistemas financieros dañados o que no funcionan, y eso la obliga a batallar permanentemente sin importar cuánto dinero gane o cuán duro trabaje.

Integridad #7: comunicaciones. La frase sacada de la película *Cool Hand Luke*: «Lo que tenemos aquí es un problema para comunicarnos», refleja un sentimiento típico de las organizaciones. Ese mismo sentimiento surge entre las familias y los individuos. En Vietnam fui testigo de muchos fracasos y muertes que se produjeron tan sólo por falta de comunicación. En varias ocasiones bombardeábamos o atrapábamos a nuestras propias tropas por culpa de la mala comunicación. Y con frecuencia, nos hacemos esto.

La mayor parte del libro ha tratado sobre la comunicación, sobre aprender a usar las palabras y a hablar el lenguaje del dinero. Este lenguaje es ajeno para la mayoría, así que, si deseas entender mejor el dinero, tendrás que aprender a usar sus términos y sus palabras.

Integridad #8: flujo de efectivo. Al flujo de efectivo se le considera el «resumen de todo». Si un banquero quiere evaluar tu IQ financiero solicitará tu estado financiero. Como la mayoría de la gente no sabe lo que son, entonces te pedirán una solicitud de crédito. El desastre *subprime* que estamos viviendo fue provocado porque los bancos más grandes del mundo comenzaron a otorgar créditos a la gente, los negocios y los países más pobres.

La nueva regla del dinero #3 es, *aprende a controlar el flujo de efectivo.* Es de gran importancia porque te permite controlar las ocho integridades. Si puedes controlar el flujo de efectivo puedes controlar tu vida, sin importar la cantidad de dinero que ganes. Es por ello que creé mis juegos *Cashflow* y que existen clubes para jugarlos en todo el mundo: clubes en donde la gente aprende la importancia de controlar el flujo de efectivo.

Si deseas una explicación más profunda de las ocho integridades del triángulo D-I, visita mi sitio www.richdad.com/conspiracy-of-the-rich, en donde te explicaré personalmente su relevancia para ti y tu negocio.

Comentarios del lector

Yo creí que tenía integridad financiera; a todo mundo le presumía lo íntegra que era mi vida. Para mi, la idea de integridad era no meterse en problemas, no engañar a mi pareja y ese tipo de cosas. Poco pensaba que la integridad era financiera también. Después de reflexionar y analizar mi vida, me di cuenta que no tengo integridad financiera. Afortunadamente, tenemos la oportunidad de cambiar el rumbo de nuestro camino.

—Msrpsilver

En mis libros *Antes de renunciar a tu empleo* y *Guía para invertir* se explica el triángulo D-I a profundidad y con un enfoque para empresarios e inversores interesados en estos cuadrantes. Ambos están disponibles en librerías, en línea y en formato de audiolibro.

Autoanálisis

Revisa las integridades del triángulo D-I y pregúntate en qué rubros eres más débil. Formula preguntas como: «¿Con quién cuento en mi equipo legal?», o «¿Quién es mi asesor para impuestos y contabilidad?», o «¿A quién recurro cuando necesito tomar una decisión financiera o realizar una inversión?».

Lo que quiero decir es que, cuando observas tu vida a través del prisma de las ocho integridades del triángulo D-I, puedes ver el mundo con los ojos de quien está en los cuadrantes D e I. Para construir una casa de ladrillos necesitas organizar tu vida tomando en cuenta las ocho integridades.

Cuando conozco a una persona o un negocio en problemas, generalmente descubro que las dificultades provienen de una ruptura o debilidad de sus ocho integridades. Así que tal vez necesites detenerte e invertir tiempo en revisarlas y autoanalizarte. Si eres valiente y deseas construir una casa más sólida, reúnete con un equipo de amigos y discute las ocho integridades con toda sinceridad y compasión. Debes estar dispuesto a dar y recibir crítica honesta. Esto es importante porque a veces nuestros amigos y la gente que nos ama pueden ver en nosotros lo que nosotros mismos no podemos. Te prometo que si llevas a cabo este proceso con honestidad y constancia, cada seis meses, por ejemplo, te encontrarás automáticamente construyendo un castillo de ladrillos.

Los negocios y las inversiones son deportes de equipo

Millones de personas van por la vida repitiendo lo que aprendieron en la escuela, enfrentando el gran examen que es la vida en solitario, sin pedir ayuda, y siendo mangoneados u obligados a hacer lo que las grandes organizaciones les dicen. Afrontan sus problemas con el mantra de: «Si quieres que algo se lleve a cabo bien, hazlo tú mismo». Pero mi padre rico solía decir: «Los negocios y las inversiones son deportes de equipo». Mucha gente tiene desventaja en la vida porque entra sola al campo del juego financiero, sin un equipo. Por supuesto, es vapuleada por los grandes equipos corporativos que dominan el mundo, o gigantes, como llamaba el doctor Fuller a las mega corporaciones.

Cuando una pareja contrata un asesor financiero, tal vez no lo sepa, pero lo más probable es que éste juegue para el equipo contrario, al de las mega corporaciones. Cada tarjeta de crédito que hay en tu cartera está relacionada con un negocio de las secciones D-I. Cuando compras una casa, tu préstamo hipotecario proviene de alguno de los mercados financieros del mundo, el de bonos. Tu casa, coche y tu vida también están asegurados por algunas de las mayores corporaciones. Dicho de otra forma, hay millones de personas jugando el juego de la vida desde su posición de E y A, mientras se enfrentan a los enormes D e I. Es por eso que mucha gente siente impotencia y espera que el gobierno se haga cargo de ella. Pero, como ya sabes, nuestras leyes son fabricadas por las mismas corporaciones de D e I que contribuyen con millones de dólares durante las campañas electorales. Tú tienes un voto, pero ellos cuentan con millones de dólares para influir en la votación misma.

Sucede igual en el ámbito de la medicina. Este ámbito está en una mala situación y es caro porque las enormes compañías aseguradoras son las que dictan las reglas. Los doctores que pertenecen a los cuadrantes E y A tienen muy poca influencia sobre la gente D e I del ámbito farmacéutico y de seguros. En la educación, los poderosos sindicatos de maestros son los que dominan. Los sindicatos sólo buscan ganar dinero y dar prestaciones a los maestros, pero la educación de los niños no les interesa.

Mi mensaje es el siguiente: si quieres proteger tu vida, tu casa y a tu familia de los lobos feroces de los cuadrantes D e I, tendrás que construir tu propio triángulo D-I y reunir tus ocho integridades personales.

La mayoría de las personas no cuentan con las ocho integridades, de hecho, solamente unas cuantas las tienen. Es por eso que muchas del sector corporativo desean un empleo seguro y viven con el temor de ser despedidas. Por cuidar su empleo, dejan a un lado la misión que Dios les dio. Viven temerosas porque sus vidas personales se sostienen con paja y madera.

Comienza a construir tu triángulo D-I

Una de las primeras cosas que Kim y yo hicimos para comenzar a construir nuestra casa de ladrillos fue contratar una contable que mantuviera nuestras finanzas en orden. En mi libro *Incrementa tu IQ financiero* hablé sobre este tema. Para nosotros fue muy importante armar un equipo. Incluso si solamente tienes un poco de dinero extra, *Incrementa tu IQ financiero* te ayudará a construir tu propio triángulo D-I. Otro muy buen libro que te puede ayudar a construir un triángulo D-I sólido es *Own Your Own Corporation,* del abogado Garrett Sutton, miembro del equipo Advisors de Padre Rico. Este libro te ayudará en lo relacionado con la integridad #5: asesoría legal. El libro *Vendedores perros* de Blair Singer, también del equipo Advisors de Padre Rico, te ayudará con la integridad #7: comunicaciones. Recuerda que incrementar tus habilidades para vender incrementará tu habilidad para vender tu producto, servicios o para afianzar técnicas efectivas de comunicación. En este mundo en que existe un exceso de comunicación, la diferencia entre el éxito y el fracaso, entre tener un empleo o no, y entre el dinero y la bancarrota, lo dictará tu habilidad para vender.

La formación de un equipo no es una tarea sencilla ni rápida. Requiere bastante tiempo. Los miembros del equipo pueden ir y venir. En todos estos años yo he tenido a grandes profesionales en mi equipo y a algunas personas que no han sido tan eficientes: todo es parte del proceso. Conforme aumenten tu conocimiento y tu riqueza, tal vez necesites elevar el nivel de tu equipo. La transformación de tu casa de ladrillos en un castillo es un proceso prolongado y constante. Y como dice el dicho: «El camino al éxito siempre está en construcción».

La tormenta que se avecina

Si te preparas para los malos tiempos tendrás mayor oportunidad de ver los bordes de luz que se pueden vislumbrar entre las oscuras nubes de tormenta, incluso de encontrar una gran olla de oro al otro lado del arco iris. Los años venideros podrían ser muy malos para la gente que hoy habita casas de paja y madera, pero para quienes viven en casas de ladrillos será visible un fino borde de plata entre las nubes, y la gran olla de oro estará esperándoles al otro lado del arco iris.

En la siguiente gráfica se muestra por qué creo que los años venideros podrían ser muy malos para quienes viven en casas de paja y madera. Muy poca gente sabe de esto, y yo le agradezco a Michael Maloney, mi asesor en oro y plata, por haberme proporcionado esta información. Michael es miembro del equipo Advisors de Padre Rico y autor del libro *Rich Dad's Guide to Investing in Gold and Silver.* Si te gustan las gráficas te encantará el libro de Michael.

A. Gráfica de la emisión de dinero del Banco de la Reserva Federal

Base Monetaria Ajustada de St. Louis (AMBNS)
Fuente: Banco de la Reserva Federal de St. Louis

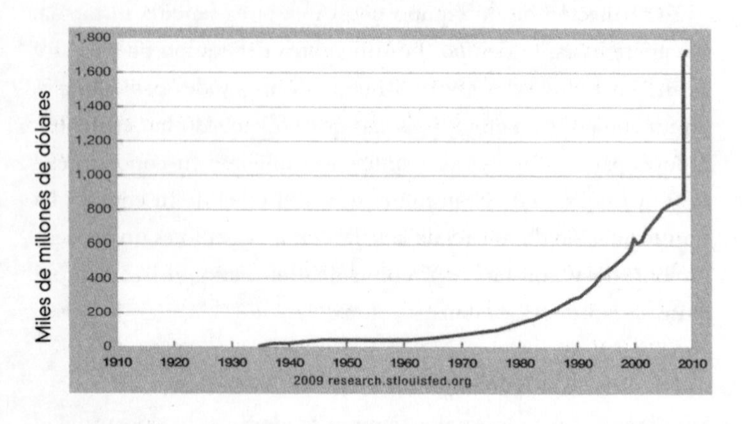

Esta gráfica muestra todo el dinero base (monedas, papel moneda y reservas bancarias) que está en circulación desde 1913, año en que se creó la Reserva Federal. Se requirieron 84 años, de 1913 a 2007, para poner 825 mil millones de dólares en circulación. Mira lo que le ha sucedido al suministro de dólares a partir de 1971, año en que, sin permiso del Congreso, el presidente Nixon desvinculó el dólar del patrón oro. El suministro comenzó a aumentar aceleradamente. También podrás notar que, desde 2007, año en que el desastre *subprime* golpeó al mundo, la reserva prácticamente ha duplicado la cantidad de reserva de dinero de los 84 años previos. Con esto incrementó la circulación de dinero base hasta llegar a los 1700 miles de millones de dólares.

¿Cómo crees que la información de esta gráfica les afecta a ti y a tu familia? Éstas son algunas de las posibilidades:

1. **Hiperinflación.** Significa que los precios de artículos esenciales como alimentos y energía eléctrica se incrementarán a un ritmo inusitado. Será devastador para las familias con ingresos bajos a medios.
2. **Todos los países del mundo se verán obligados a imprimir dinero.** Así como Estados Unidos imprime su propio dinero, probablemente los otros países también lo hagan. Si no lo hacen, su moneda se volverá demasiado fuerte frente al dólar y las exportaciones a Estados Unidos se estancarán lentamente. Lo anterior provocará una desaceleración en la economía del país. Probablemente esto produzca inflación en todos los países que comercian con Estados Unidos.
3. **Incremento en el coste de la vida.** La gente que vive en casas de paja y madera va a tener muchos problemas para sobrevivir porque deberá gastar la mayor parte de su salario en pagar los altos precios de los artículos primordiales.

B. Gráfica del presupuesto propuesto por el presidente Obama

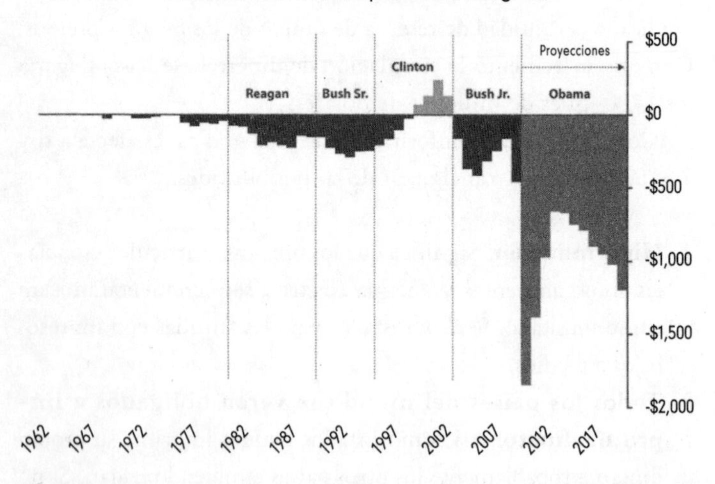

Esta gráfica comienza con los presupuestos de los presidentes Reagan, George H. W. Bush, Clinton y George W. Bush. Más adelante se presentan los presupuestos propuestos por el presidente Obama.

¿Qué notas en esta gráfica? Lo que yo veo es que habrá más gobierno, más impuestos y más deuda. Significa que estamos esperando que el gobierno reconstruya nuestras casas de paja y madera.

C. Gráfica de reajuste hipotecario

Reajustes hipotecarios mensuales

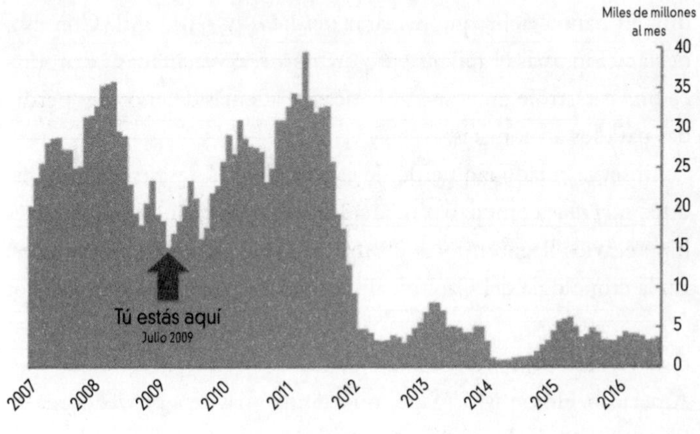

Source: International Monetary Fund

Esta gráfica ilustra la cantidad en dólares obtenida a través de los reajustes hipotecarios en todo el mundo. El reajuste hipotecario sucede cuando una hipoteca está a punto de ejecutarse y el banquero modifica la tasa de interés para igualarla con la tasa que prevalece en el mercado. El resultado generalmente es una tasa de interés más alta para el comprador y un pago mayor al préstamo solicitado.

Por ejemplo, digamos que una pareja *subprime* compra una casa de 300 mil dólares que no puede pagar. Para atraer a la pareja, el banco le ofrece un préstamo de 330 mil dólares con que se financia el 110 por ciento del valor de la casa, a una ridícula tasa de dos por ciento. Tiempo después, el préstamo se reajusta a una tasa de interés más alta, de cinco por ciento y, más adelante, sube hasta el siete por ciento. En cada reajuste, el pago mensual de la hipoteca aumenta. Muy pronto, la pareja falla, se ejecuta la hipoteca y la pareja pierde su casa. En casos recientes, las casas han llegado a devaluarse hasta un 50 por ciento de la cantidad original de la hipoteca. Así que, en este ejemplo, la casa podría estar valiendo 150 mil dólares pero estar bajo las estipulaciones de un préstamo de 330 mil. El banco tiene que declarar pérdidas por 180 mil. Con esta declaración, más el apilamiento de hipotecas ejecutadas, se produce una catástrofe en el sector bancario, además de enormes pérdidas para los accionistas.

Observa el lado izquierdo de esta gráfica. El desastre de los créditos *subprime* comenzó a mediados de 2007, cuando los reajustes hipotecarios llegaron a los 20 mil millones de dólares mensuales. En la cronología del Capítulo 1 de este libro mencioné este hecho:

6 de Agosto de 2007
American Home Mortgage, uno de los mayores proveedores de hipotecas, se declaró en bancarrota.

9 de Agosto de 2007
Debido a problemas con las hipotecas *subprime* de Estados Unidos, el banco francés BNP Paribas anunció que no podía valorar activos por un valor de 1600 millones de euros.

Si observas nuevamente la gráfica de reajustes hipotecarios, podrás ver que para finales de 2008 los reajustes alcanzaron los 35 mil millones de dólares mensuales, justo en el momento más álgido de la tormenta. En 2008 todo parecía sombrío.

Comentarios del lector

Al leer las gráficas y pensar en el futuro, personalmente, veo muchas oportunidades a la vuelta de la esquina. Ahora es el momento de

> prepararse y tomar ventaja de ellas. Me dio gusto que mencionaras que estamos en el ojo del huracán. Empezaba a sentir que era el único que pensaba eso. Tengo el presentimiento de que vendrán más problemas por parte de los bancos, con todo y sus consecuencias.
>
> —Newydd105

El ojo del huracán

Ahora, en la Gráfica C, observa la flecha roja que indica «aquí estás tú» en el verano de 2009. Mientras escribo esto, los reajustes hipotecarios están a la baja, alcanzando aproximadamente los 15 mil millones de dólares mensuales. Los comentaristas de noticias financieras dicen que la tormenta ha terminado, que la economía está renaciendo. Con estas felices noticias, los cerditos comienzan a salir de sus casas de paja y madera para ir a jugar: el lobo feroz se ha ido. La gente ha vuelto a gastar en los centros comerciales y en los restaurantes: de nuevo es necesario hacer reservas. Pero, si observas noviembre de 2011, la gráfica muestra que se aproximan reajustes hipotecarios pendientes por 38 mil millones de dólares. Parece que el lobo feroz sólo está recuperando el aliento.

¿Qué trascendencia tiene para ti?

Mientras escribo esto, creo que sólo hemos llegado al ojo del huracán y lo peor está aún por venir. En agosto de 2007 bastaron 20 mil millones mensuales de reajustes hipotecarios para abatir las casitas de paja financieras de Lehman Brothers y de Bear Stearns. La economía de Islandia colapsó con el primer resoplido del lobo feroz. Bank of America, Royal Bank of Scotland y AIG son varias de las casitas de madera que en este momento se encuentran debilitadas y tambaleantes. California, la octava economía del mundo, está a punto de un colapso financiero, y lo mismo sucede con la economía japonesa. Mi pregunta es: ¿qué daño podría ocasionar el reajuste hipotecario de 40 mil millones de dólares que se espera entre octubre y noviembre de 2011? ¿Cuáles serán los resultados para ti, tu familia, tu negocio, el país y el mundo?

Recuerda, la nueva regla del dinero #4: *prepárate para los malos tiempos y así solamente vivirás los buenos.* Si observas la gráfica de reajustes hipotecarios, verás que prepararse para los malos tiempos en realidad significa que debes ordenar tu casa financiera y fortalecer tu triángulo D-I. Todavía queda tiempo para prepararse, incluso si la tormenta no llegara, será muy bueno que construyas una casa de ladrillos, un sólido triángulo D-I.

El significado combinado de las gráficas

Cuando observes las tres gráficas simultáneamente, podrás ver una imagen del futuro que te dejará perplejo.

1. **Gráfica A: la cantidad de dinero base en circulación.** Nos llevó 85 años ir de una pequeña cantidad de dólares en circulación para llegar a la cifra de 825 mil millones de dólares, pero solamente dos años para duplicar esa cifra y llegar a los 1700 miles de millones de dólares. Y continuamos imprimiendo. Yo creo que este dato prefigura la inflación en artículos de primera necesidad como alimentos y energía eléctrica porque, cuantos más dólares haya en circulación yendo tras la misma cantidad de artículos, más subirán los precios. También significa que habrá inflación en todo el mundo porque los bancos centrales estarán obligados a imprimir su propia moneda para debilitar su poder de compra. Si un país no debilita su moneda, ésta toma fuerza y el precio de los productos y servicios del país en cuestión suben demasiado en el mercado mundial, las exportaciones se hacen más lentas y la economía local se estanca. Dicho en términos

simples, la vida está a punto de hacerse aún más cara en todo el mundo.

2. **Gráfica B: presupuesto propuesto por el presidente Obama.** He notado un incremento en los controles e impuestos del mercado que el gobierno tendrá que ejercer para cubrir el incremento de la deuda. Mientras los precios de los alimentos y la energía aumenten, los precios de los inmuebles se quedarán un poco atrás por las siguientes razones: la primera es que será más difícil obtener la deuda o crédito, y cuando los créditos son más difíciles, los precios de las casas, bajan. La otra razón es que, teniendo mayores impuestos, los negocios crecen con mayor lentitud y, en consecuencia, se crean menos empleos. Además, los precios de los bienes raíces están directamente vinculados con la cantidad de empleos.

   Éstas son malas noticias para los propietarios de casas que esperan que sus inmuebles se revaloricen (ganancias de capital) porque no podrán vender sus casas para obtener más dinero. Pero las buenas noticias son para los inversores en bienes raíces que reciben flujo de efectivo, porque ahora pueden adquirir casas a precios muy bajos y cubrir los pagos de la hipoteca con la renta que paguen los inquilinos, además de que podrán mantener su activo.

3. **Gráfica C: reajustes hipotecarios.** He notado que los reajustes hipotecarios ocasionan más incrementos en las gráficas A y B, pero eso es si, y solamente si, la economía mundial no colapsa bajo el peso de toda la deuda, impuestos y dinero tóxico.

La línea plateada y la olla de oro

En los cuentos de hadas siempre aparece una línea plateada alrededor de las nubes de tormenta y una olla de oro al final del arco iris. Y sucede algo muy similar con esta crisis global.

En la siguiente gráfica se comparan las cantidades y precios del oro entre 1990 y 2007. Mientras escribo esto, en junio de 2009, el precio del oro se encuentra alrededor de los 900 dólares la onza, y el de la plata a 15 dólares.

Reserva de metales preciosos para inversión

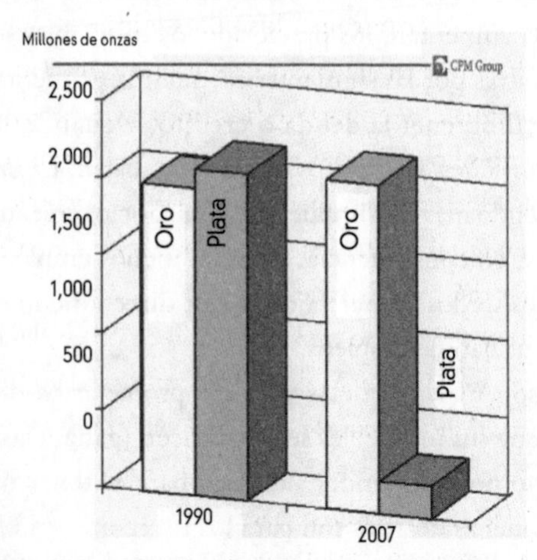

Impreso con el permiso de CPM Group, firma líder en la investigación acerca de mercancías. Para mayor información, visita www.cpmgroup.com

Observa que el suministro de plata disminuye en comparación con el de oro. Esto sucede porque el suministro de plata es menor que el del oro: la plata es una materia consumible, un metal precioso que se utiliza en la industria para la fabricación de móviles, computadoras, interruptores de energía y como película reflectora en espejos. Mientras el oro se almacena, la plata se consume. Creo que el oro y la plata son la oportunidad más resplandeciente que tiene la gente en medio de la crisis.

Al observar las gráficas A, B y C, puedo predecir que muy pronto la gente dejará de creer en la forma en que el gobierno manipula nuestro dinero, despertará y entenderá las razones por las que se debe aferrar al oro y a la plata como una cobertura contra la inflación. Cuando el público despierte, continuará la siguiente burbuja de codicia y temor. El oro puede subir a más de 3 000 dólares la onza y algún día la plata podría alcanzar el mismo precio que el oro, porque es un metal precioso industrial cuya reserva se está agotando. Pero claro, ésas son sólo mis predicciones y mis deseos personales en medio de esta locura financiera.

Como en cualquier burbuja, los pillos y los estafadores del oro y la plata trabajan en manadas, transmitiendo sus anuncios en televisión, en Internet y en los medios impresos. Nuevamente, los cerditos que no se prepararon para la crisis perderán su dinero en manos de los lobos feroces que hablan con dulzura y seguridad. Pero, como en todas las inversiones, debes aprender acerca del oro y la plata antes de invertir en ellos.

Si deseas aprender más sobre la inversión en oro y plata, te sugiero que leas el libro de Michael Maloney, miembro del equipo Advisors de Padre Rico, *Guide to Investing in Gold and Silver.*

NUEVA REGLA DEL DINERO #7: LA VIDA ES UN DEPORTE DE EQUIPO, ESCOGE CUIDADOSAMENTE AL TUYO

El lobo feroz no se ha ido aún, solamente está recuperando el aliento. Para protegerte debes armar un equipo financiero y comenzar a construir o a reforzar tu casa de ladrillos. Tus planos deben basarse en el triángulo D-I. La conspiración juega el juego del dinero con un equipo muy fuerte y tú debes hacer lo mismo.

Comentarios del lector

Finalmente estoy empezando a darme cuenta del valor de tener un equipo y estoy trabajando en construir uno con la gente que ya

> conozco. Cuando hablo con ellos, encuentro referencias y puedo hacerles preguntas que me ayudan a saber si vamos a tener la habilidad, o no, de trabajar bien, juntos. Me ayuda a ser honesto acerca de cuál es mi misión y cómo quiero lograr mis metas.
>
> –MGBABE

Si ya te comprometiste a construir una fuerte casa de ladrillos, te sugiero que te reúnas con algunos amigos y asesores financieros para discutir tu propio triángulo D-I. Agradece sus opiniones, aún cuando no te guste lo que te digan.

Creé la serie de libros Advisors de Padre Rico para darte acceso a mi equipo. Es el caso de mi socio en bienes raíces, Ken McElroy. Leyendo su libro sobre bienes raíces, realmente puedes llegar a entender cómo piensa. Mike Maloney es mi asesor en oro y plata. Donald Trump y Steve Forbes son mis asesores en inteligencia financiera, y para leer sus comentarios sobre este importante tema, puedes leer mi libro, *Incrementa tu IQ financiero.* Muy pronto habrá más libros escritos por mi equipo sobre materias como actividad empresarial e inversión en activos de papel como acciones y otras opciones. Cuando veas el mundo a través de los ojos de mis asesores, podrás seleccionar mejor a tu propio equipo y comenzar a construir un triángulo D-I y una casa de ladrillos sólida.

Aunque no planees construir una casa de ladrillos, por lo menos compra algunas monedas de plata. En este preciso momento, cada moneda de plata cuesta 15 dólares en las tiendas locales de numismática. Einstein dijo: «Nada sucede hasta que algo se mueve». Tal vez 15 dólares no sea una gran cantidad, pero es un comienzo y casi toda la gente puede pagar una moneda de plata.

11

La educación financiera: una ventaja injusta

Bancarrota

Resulta irónico que escriba este Capítulo 11, precisamente en junio de 2009, el día en que General Motors se declara en bancarrota, este hecho es una forma más de respaldar mis palabras. Te reitero que el dicho dice: «Estados Unidos hará lo que haga General Motors». Pero incluso si GM y Estados Unidos sobreviven, lo cierto es que millones de personas en el mundo están siguiendo los pasos de esta empresa y se están declarando en quiebra.

El coste de la vida va a aumentar

Nadie tiene una bola de cristal pero, si estudiamos la historia como lo hicimos en la primera parte de este libro, y si observamos las acciones de nuestros líderes, podemos vislumbrar el futuro probable. Mientras nuestros líderes imprimen más dinero para salvar a los ricos en nombre de la economía, el coste de la vida aumenta porque hay incrementos constantes en impuestos, deuda, inflación y jubilaciones.

El incremento en impuestos. En Estados Unidos el presidente Obama ya mencionó un posible aumento de impuestos para las personas que ganen más de 250 mil dólares al año. De hecho, el mandatario contrató a agentes del servicio de recaudación fiscal para que se aseguren que se realice la recolección tributaria. Asimismo, existe una propuesta para gravar las prestaciones pagadas por los empleadores y así poder proveer servicios de salud a la gente que no cuenta con este servicio. Lo anterior significa que aumentarán los gastos operativos de muchos más negocios y, consecuentemente, tendrán más pérdidas y habrá mayor desempleo. Por otra parte, también existe una propuesta para reducir las deducciones de impuestos por interés en los préstamos hipotecarios para las familias que ganen más de 250 mil dólares al año. Si esto sucede, habrá un colapso del mercado de segundos hogares y los precios de las viviendas caerán más.

En este preciso momento, estados como California, la octava economía más grande del mundo, se tambalean al borde de la quiebra. Sacramento, su capital, tiene ahora una creciente área llena de tiendas de campaña. En esta zona vive gente que alguna vez tuvo hogar y empleo, pero que hoy habita campamentos de ciudades perdidas como las de Cape Town, en Sudáfrica, el lugar que mencioné anteriormente. Conforme la economía siga reduciéndose, la gente que no puede proveerse ciertos servicios comenzará a exigirlos del gobierno en mayor cantidad, y como consecuencia, aumentarán los impuestos.

El incremento de la deuda. El incremento de los impuestos fuerza a la gente a incurrir en más deuda para sobrevivir. Estos impuestos son el dinero que cada vez más y más gente paga al gobierno para que financie programas. En el futuro, las tarjetas de crédito serán más importantes para sobrevivir día a día. La gente que no tenga acceso al crédito se unirá al grupo de los pobres.

El incremento de la inflación. La inflación se produce principalmente porque el gobierno imprime dinero y así aumenta el suministro. La inflación se produce porque, como hay más y más dólares inundando los recursos comunes de dinero, disminuye el poder adquisitivo del mismo. También significa que los precios de productos esenciales como alimentos, gasolina y servicios, aumentan. Esto se debe a que hay mucho más dinero disponible para adquirir la misma cantidad de productos en oferta. A la inflación se le conoce también como el impuesto invisible y recae con más fuerza sobre los pobres, los ancianos, los ahorradores, los trabajadores con bajos ingresos y los jubilados que reciben una pensión.

El coste de la jubilación. GM se encuentra en problemas principalmente porque no pudo controlar los costes de jubilación y gastos médicos para sus trabajadores. Tanto Estados Unidos como otros países occidentales se están enfrentando al mismo predicamento. Se encuentran frente a un dilema moral: ¿cómo se puede cuidar a la población que se hace mayor y que no puede proveerse servicios por sí sola? La solución podría ser mucho más costosa de lo que la crisis financiera ya es. Hoy en día, muchas familias están en la quiebra debido a los costes que implican la jubilación y los gastos médicos.

La ventaja injusta

Las personas que cuentan con educación financiera sólida tienen una injusta ventaja sobre quienes carecen de ella. Con educación financiera sólida, una persona puede utilizar los impuestos, la deuda, la inflación y la jubilación para dejar de ser pobre y hacerse rica. Pero para la gente que carece de educación, estos elementos pueden regir su vida.

En una ocasión, Albert Einstein dijo: «No podemos resolver los problemas utilizando el mismo tipo de razonamiento que usamos para crearlos». Es la gran tragedia de la actualidad: nuestros líderes pretenden solucionar la crisis financiera utilizando el mismo razonamiento que lo provocó. Por ejemplo, están imprimiendo más dinero para resolver el problema que surgió por imprimir mucho dinero.

El intento de resolver los problemas financieros empleando el mismo razonamiento también genera que empeore la situación financiera de mucha gente. En la actualidad, la mayoría trata de resolver los problemas de impuestos, deuda, inflación y jubilación, trabajando con más ahínco, pagando sus deudas, ahorrando dinero, viviendo por debajo de sus posibilidades e invirtiendo a largo plazo en el mercado de valores. Para las personas que insisten en seguir este tipo de comportamiento, aumentará el coste de la vida.

Comentarios del lector

Veo un tremendo paralelismo en el sistema de salud en general. Aunque no cambiaría lo que tenemos aquí por el sistema de salud de ningún otro país, creo que el tratamiento de enfermedades crónicas (la mayoría de los gastos médicos) está mal guiado y es ridículamente caro.

–MicMac09

Explicado con imágenes

El siguiente diagrama muestra por qué creo que aumentará el coste de la vida:

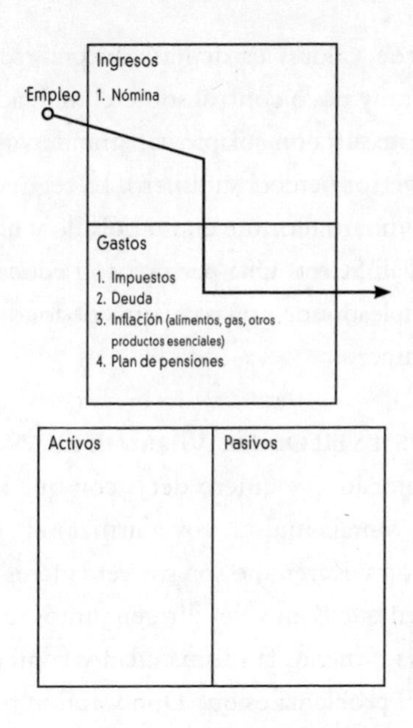

En Estados Unidos, cuando el empleado común recibe su nómina, de éste ya han sido descontados impuestos, deuda, inflación y ahorros para un plan de pensiones. Dicho de otra forma, *antes* de que el trabajador reciba un centavo para vivir, se sustrae una buena tajada.

Tal vez ya notaste que la gran parte del ingreso de una persona se utiliza para cubrir los gastos de supervivencia como impuestos, deuda, inflación y ahorros para el plan de pensiones, y por tanto, todo se va a los bolsillos de la conspiración. Creo que ésta es la razón por la que no hay educación financiera en nuestras escuelas: si la gente supiera adónde llega su nómina, seguro que armaría una revuelta. En contraste, cuando una persona cuenta con educación financiera sólida, puede minimizar esos gastos, incluso utilizarlos para recuperar su dinero.

Por ejemplo, yo no tengo un plan de pensiones tradicional, repleto de fondos mutualistas, por dos buenas razones. La primera es que la bolsa de valores es demasiado peligrosa. La persona corriente tiene muy poco control sobre el mercado, y las posibilidades de que éste sufra un colapso son grandes, así que, en algún momento, el inversor perderá su dinero. La segunda razón es que prefiero que ese dinero termine en mi bolsillo y no en el de quienes controlan Wall Street. Una persona con educación financiera no paga a los empleados de una compañía de fondos para permitir que pierdan *su* dinero.

Dos estilos de vida diferentes

Para ilustrar mejor lo que quiero decir con que la educación financiera es una ventaja injusta, voy a utilizar el ejemplo de unos amigos míos. Don y Karen (no son sus verdaderos nombres) están casados y, al igual que Kim y yo, dirigen juntos sus negocios. Todos tenemos más o menos la misma edad y contamos con títulos universitarios. El problema es que Don y Karen tienen muy poca educación financiera y poca experiencia en inversiones.

Aunque Don y Karen técnicamente poseen sus propios negocios, en realidad son propietarios autoempleados del cuadrante A. Esto significa que si dejaran de trabajar, dejarían de tener ingresos. En cambio, Kim y yo poseemos nuestros propios negocios en el cuadrante D, lo que significa que el ingreso llegará aunque no trabajemos.

Hace tiempo, mientras cenábamos juntos, Don y Karen nos confesaron que estaban preocupados por su futuro. Sus negocios no iban bien, los gastos habían aumentado y su cartera para la jubilación había perdido el 40 por ciento de su valor. Tuvieron que despedir a cuatro empleados, modificar su estilo de vida y ya dudaban si podrían jubilarse. Querían saber cómo nos iba a nosotros y si estábamos preocupados por el futuro y la posibilidad de jubilarnos.

La respuesta que les dimos fue que siempre estábamos preocupados y que nunca dábamos nada por hecho, pero que no habíamos modificado nuestro estilo de vida. En lugar de eso, nuestros ingresos seguían aumentando, principalmente porque usábamos los impuestos, la deuda, la inflación y el dinero para la jubilación en nuestro beneficio.

La diferencia es que Don y Karen ven el mundo a través de los ojos de E y A, mientras Kim y yo lo vemos a través de los ojos de D e I.

Ahora voy a mostrar un sencillo diagrama de nuestros estados financieros para explicarte lo que quiero decir. Si no estás familiarizado con estos diagramas, puedes encontrar una explicación más amplia de los mismos en *Padre Rico, Padre Pobre.*

Cuando veas nuestros estados financieros, notarás que Don y Karen tienen un enfoque diferente al que tenemos Kim y yo. Ellos se enfocan en trabajar más duro para ganar más dinero, en tanto que Kim y yo nos enfocamos en nuestras inversiones y en incrementar nuestros negocios y nuestros activos personales para ganar más.

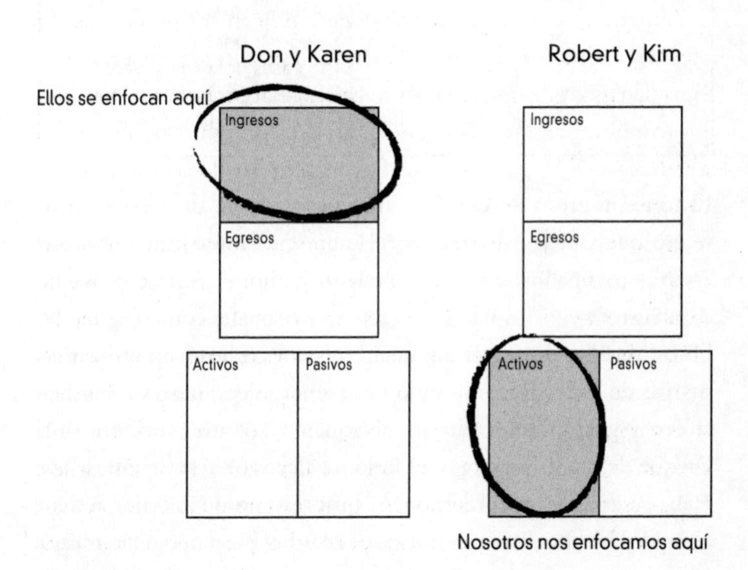

Como Don y Karen son autoempleados y propietarios de un negocio deben trabajar más duro para obtener más dinero. Kim y yo somos dueños de negocios del cuadrante D y no nos enfocamos en trabajar más duro sino en incrementar nuestros activos, lo que, a su vez, nos produce mayores ingresos. Al enfocarnos en incrementar nuestros activos, pagamos menos impuestos, usamos la deuda para adquirir más activos y logramos que la inflación aumente nuestro flujo de efectivo. Esto significa que en lugar de enviar nuestros ahorros para la jubilación a Wall Street, metemos el dinero en nuestros bolsillos a través del flujo de efectivo que recibimos de los negocios y activos personales.

La diferencia es más notoria cuando se comparan los ingresos en los estados de cuenta de Don y Karen, con los nuestros.

Don y Karen	Robert y Kim
Ingresos	Ingresos
1. Nómina	1. Nómina
	2. Regalías de libros
	3. Regalías por licencias
	4. Ingresos por bienes raíces
	5. Ingresos por petróleo y gas
	6. Dividendos de acciones

El único ingreso de Don y Karen proviene de su negocio y, te repito que si dejan de trabajar, el ingreso se interrumpe. Por eso están preocupados. En el caso de Kim y mío, el ingreso proviene de nuestros negocios y nuestros activos personales como regalías de libros, regalías por inventos, licencias de derechos para utilizar las marcas de Padre Rico, ingreso por bienes raíces, ingresos por petróleo y gas, y dividendos de acciones. Cada mes recibimos un cheque de nuestros activos: es flujo de efectivo. Y si ya leíste *Padre Rico, Padre Pobre*, recordarás que el ingreso producido por activos como los bienes raíces y negocios tiene un gravamen mucho menor que el del trabajo personal (que produce un salario), y en algunos casos, está exento de él.

Tres tipos de impuestos sobre el ingreso

En Estados Unidos existen tres tipos de ingreso gravado: el ganado, el de cartera y el pasivo. El ingreso ganado es el que proviene del trabajo personal y es el más gravado de todos. El ingreso de cartera, en general, es el ingreso de ganancias de capital que se obtiene al comprar un activo a bajo precio y venderlo a precio alto; es el segundo más gravado. Y por último, el ingreso pasivo, que proviene del flujo de efectivo y es por el que se pagan menos impuestos.

La ironía reside en que cuando una persona invierte en fondos mutualistas a través de su plan de ahorro para la jubilación, en la mayoría de los casos, cuando se jubila y comienza a retirar dinero de su plan, el ingreso está gravado como ingreso ganado, o sea, por el que se pagan más impuestos. Don y Karen están ahorrando para el futuro, pero no saben que deberán pagar los impuestos más altos cuando se retiren. Ésta es otra de las injustas ventajas que tiene la gente con educación financiera sobre quienes no están educados, la ventaja de ahorrar en nuestro mayor gasto: los impuestos.

Cuando escucho a los maestros de escuela decir con gran orgullo que ofrecen educación financiera y que invitan a banqueros y asesores financieros para que hablen con los niños sobre ahorrar para el futuro, sólo muevo la cabeza de un lado a otro. ¿Por qué transmitir la visión de una persona que fue educada para trabajar en los cuadrantes E y A?

Diferentes tipos de boletines financieros

Durante todo mi tiempo como estudiante, tuve calificaciones espantosas. A pesar de eso, mi padre pobre, que era maestro, me apoyó para que me mantuviera en la escuela y me graduara. Mi padre rico también me estimuló a mejorar mis calificaciones, pero además, me dijo lo siguiente: «Cuando ya no estés en la escuela, tu banquero no te va a pedir tu boletín de notas. A él no le importa si tuviste buenas o malas calificaciones. Lo único que tu banquero querrá ver es tu estado financiero porque, al salir de la escuela tu estado financiero será como tu boletín de calificaciones».

Al comparar las hojas de balance de Don y Karen (en donde se cuadran los activos y los pasivos) con las hojas de balance de Kim y mías, podrás ver quién tiene mejores calificaciones financieras después de 20 años de trabajo.

Don y Karen

Activos	Pasivos
Ahorros	1. Casa 2. Coches Plan de jubilación sin fondos

Flujo de efectivo por activos: cero

Robert y Kim

Activos	Pasivos
Regalías de negocios 1400 propiedades para alquilar Pozos de petróleo y gas Oro y plata	2 casas 6 coches

Flujo de efectivo por activos: millones

Ambas parejas recibimos cheques de nuestros negocios, pero en el caso de Kim y yo, la mayor parte de nuestro ingreso proviene de nuestros activos de negocio como libros, juegos y licencias de marca, así como de nuestras inversiones personales en bienes raíces, acciones y pozos de petróleo y gas. Sin embargo, Kim y yo no consideramos que el oro y la plata sean activos que produzcan flujo de efectivo porque no están poniendo dinero en nuestros bolsillos. En realidad guardamos oro y plata de la misma forma que otras personas guardan dinero en una cuenta de ahorros.

El oro y la plata son líquidos, y en tiempos en que los políticos imprimen más y más dinero, estos metales tienen mayor oportunidad de conservar su poder adquisitivo.

También podrás notar otra gran diferencia en nuestras columnas de gasto.

Don y Karen
Ingresos
Gastos Plan de pensiones

Robert y Kim
Ingresos
Gastos

Como Kim y yo no tenemos un plan de pensiones, irónicamente, tenemos una ventaja injusta en lo que se refiere a impuestos, deuda, inflación y jubilación. Como la mayor parte de nuestro ingreso proviene de nuestros activos de negocio e inversiones, pagamos muchos menos impuestos. Por ejemplo, los impuestos sobre mi ingreso por los libros, juegos y regalías de la marca son mucho menores que los que gravan al ingreso de mi nómina. Al invertir en bienes raíces, estamos usando la deuda para incrementar nuestro flujo de efectivo mensual, y te reitero que los impuestos sobre el ingreso producido por bienes raíces son mucho menores que los impuestos sobre los cheques de nómina. Al invertir en petróleo y gas, la inflación incrementa nuestro flujo de efectivo y aquí otra vez, los impuestos sobre el ingreso por estos títulos son mucho menores que los de la nómina.

Como no tenemos un plan de pensiones, que representa un fuerte gasto en honorarios y comisiones, y como podemos incrementar nuestro ingreso anualmente con los activos, no tenemos que preocuparnos por el futuro. En lugar de enviar cada mes una parte de nuestro ingreso a Wall Street, Kim y yo lo invertimos y de esa forma obtenemos más dinero. ¿Por qué invertir a largo plazo en la bolsa y perder el control sobre tu inversión, pudiendo invertir con menos riesgo y recibir más ingresos mensualmente, pagar menos impuestos, usar la deuda para enriquecerte y hacer que la inflación incremente tu flujo de efectivo?

Confío en que esta sencilla comparación entre las dos parejas ilustre adecuadamente por qué, en esta crisis financiera, Don y Karen se preocupan más que Kim y yo, y por qué la educación financiera le puede ofrecer a una persona una ventaja financiera injusta a largo plazo en la vida.

Otras ventajas injustas

Mientras el coste de la vida aumenta debido a los incrementos en impuestos, deuda, inflación y planes de pensiones, la educación financiera puede ofrecer otras ventajas injustas que no están disponibles para la mayoría de la gente. Algunas de ellas son:

1. **Expandir las posibilidades en lugar de vivir por debajo de ellas.** Kim y yo nos tomamos algunos días al año para enfocarnos en nuestros objetivos financieros. En lugar de enfocarnos en vivir por debajo de nuestras posibilidades, nos enfocamos en expandirlas incrementando el flujo de efectivo que producen nuestros activos. El concepto se ilustra en el siguiente diagrama:

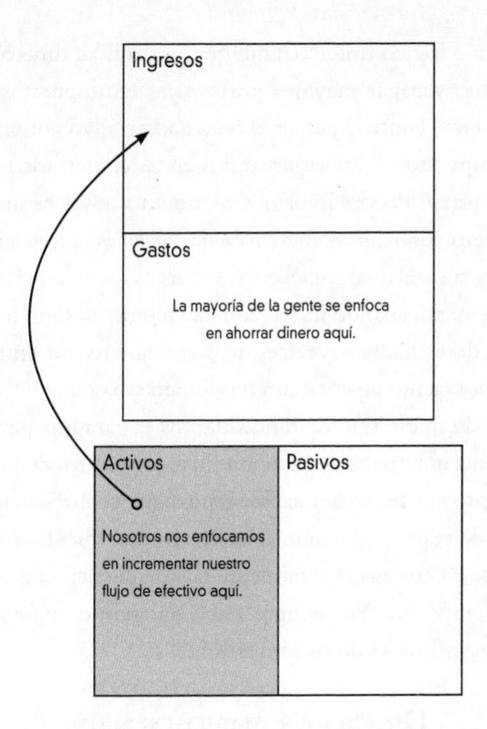

Kim y yo planeamos publicar tres nuevos libros en 2009, comprar entre 200 y 500 nuevos apartamentos para alquilar, taladrar dos pozos petroleros más e incrementar nuestros negocios creando más franquicias. Nos enfocamos en aumentar el flujo de efectivo a través de nuestros activos en lugar de hacer recortes y contar con ganancias de capital que proceden del mercado de valores o contar con que nuestras casas adquieran más valor.

2. **Imprimir nuestro propio dinero.** El título del capítulo 6 de *Padre Rico, Padre Pobre* es: «Los ricos inventan el dinero». Yo creo que la posibilidad de imprimir tu propio dinero es una de las mayores ventajas de invertir en tu educación financiera. El gobierno está imprimiendo más dinero, así que, ¿no crees que tiene sentido que tú también lo hagas… legalmente? ¿Acaso

no es más lógico financieramente imprimir tu dinero que trabajar más y pagar mayores porcentajes en impuestos, ahorrar dinero en el banco y perder el poder adquisitivo por la inflación y los impuestos, o arriesgar tu dinero en el mercado de valores a largo plazo? Puedes imprimir tu dinero a través de un término financiero conocido como *retorno (o rendimiento) sobre inversión* (o *ROI,* por sus siglas en inglés).

En general, cuando hablas con banqueros, asesores financieros o corredores de bienes raíces, te dicen que recibir entre un 5 y un 12 por ciento de ROI es un rendimiento bastante bueno por tu dinero. Pero ese tipo de rendimientos es para una persona que no cuenta con mucha educación financiera. Otro de los cuentos de hadas o tácticas para causar temor que probablemente escucharás de ellos es: «Cuanto más alto el rendimiento, más alto es el riesgo». Pero eso es totalmente falso si cuentas con educación financiera sólida. Yo siempre estoy tratando de obtener rendimientos infinitos con mis inversiones.

Dinero a cambio de nada

Puedes imprimir tu dinero si logras obtener un rendimiento infinito a cambio de tu dinero. Yo llamo a este concepto: «Dinero a cambio de nada». O más específicamente digamos que si recupero todo el dinero que usé para adquirir un activo, conservo el activo y, además, logro disfrutar de los beneficios del flujo de efectivo que éste me produce, entonces es como si estuviera imprimiendo mi propio dinero. Escribí sobre este procedimiento en tres de mis libros: *Padre Rico, Padre Pobre,* uno de los libros sobre finanzas personales más vendidos de todos los tiempos, en *Who Took My Money?,* un libro sobre la forma en que el mercado de valores y los asesores financieros roban tu dinero a través del sistema para jubilación, y en *Incrementa tu IQ financiero,* un libro respaldado por Donald Trump y Steve Forbes.

Con una educación financiera sólida, puedo imprimir mi dinero con un negocio, bienes raíces, acciones, incluso con materias primas como el oro, la plata y el petróleo. La clave es obtener rendimientos o retornos infinitos: dinero a cambio de nada.

Imprime tu dinero con un negocio

Kim y yo comenzamos la compañía Padre Rico en la mesa de nuestra cocina. En lugar de usar nuestro propio dinero, reunimos 250 mil dólares a través de inversores. Ése es el beneficio de invertir tiempo en aprender a vender: en este caso, vendimos nuestra idea de negocios a los inversores. Gracias al crecimiento de nuestro negocio y a las ganancias que producía, en menos de tres años pudimos devolver el 100 por ciento del dinero a nuestros inversores, más interés y más un 100 por ciento adicional sobre su dinero para que adquirieran nuevamente acciones de la compañía. Hoy en día, la compañía Padre Rico pone millones de dólares en nuestros bolsillos a pesar de que no hemos invertido nada de nuestro dinero en ella. Es un rendimiento infinito por definición, o sea, nuestro negocio imprime nuestro propio dinero.

La clave del éxito de la compañía Padre Rico es que el negocio diseña y crea activos en lugar de productos. Por ejemplo, nosotros no vamos a producir este libro, en lugar de eso, produciremos un derivado del mismo, una licencia literaria, y vamos a vender la licencia a varios editores para su publicación en distintos idiomas. También vendemos licencias de derechos para producir nuestros juegos, nuestras marcas y derechos de franquicia. Nuestro estado financiero luce de esta forma:

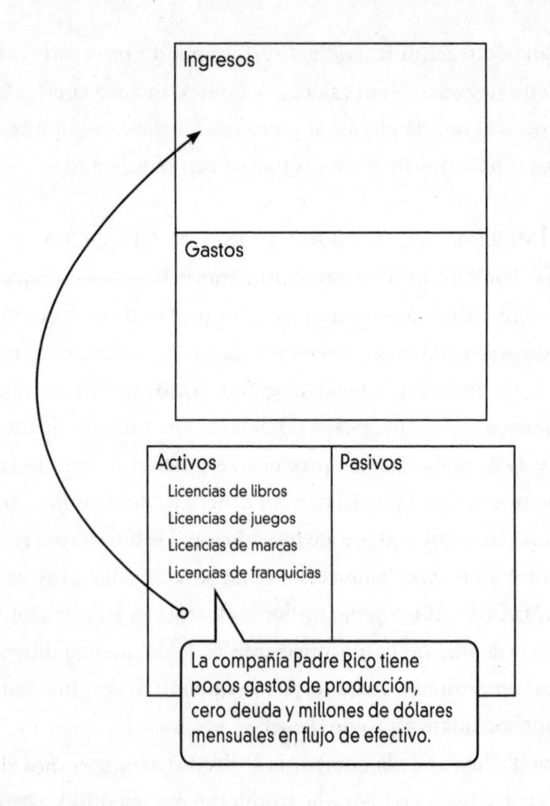

Te reitero la importancia de conocer el término *derivados*: las licencias son precisamente eso. Si se utilizan adecuadamente, los derivados pueden ser increíbles herramientas de creación financiera masiva. Te recuerdo: *enfócate más en vender y menos en comprar.* Ya habrás notado que la compañía Padre Rico crea activos para vender a largo plazo.

Para una explicación más profunda sobre cómo imprimir dinero con un negocio, visita mi sitio www.richdad.com/conspiracy-of-the-rich, en donde mi amigo, Kelly Ritchie, y yo, te explicaremos cómo funcionan los retornos infinitos en un modelo de franquicias.

Nuestro plan con los bienes raíces es usar la deuda; es decir, el dinero de otras personas, para obtener retornos infinitos y así imprimir nuestro dinero. A continuación te presento un ejemplo, muy simplificado, de la vida real:

Compra: con 100 mil dólares adquirimos una casa con dos habitaciones y un baño, en una zona encantadora.

Financiamiento: pagamos 20 mil como entrada y pedimos prestados, a un banco o a inversores, 100 mil para la casa y algo de dinero extra para la reforma.

Mejoras de la propiedad: al añadir otra habitación y otro baño mejoramos la propiedad.

El incremento en rentas refleja el incremento en el valor de la propiedad: subimos las rentas de 600 dólares mensuales (el precio del mercado para casas con dos habitaciones y un baño), a 1 200 dólares (el precio del mercado para la renta de casas con tres habitaciones y dos baños).

Refinanciación de la propiedad al nuevo valor de 150 mil dólares: cuando refinanciamos la casa el banquero nos da un préstamo de 120 mil (80 por ciento del nuevo valor). Obtenemos los 20 mil de nuevo, más 20 mil extras para invertir en una nueva propiedad.

Costes: el interés del préstamo al seis por ciento asciende a 600 dólares mensuales aproximadamente. Los gastos implican otros 300 al mes, lo que nos deja con una cantidad neta de 300 dólares mensuales en nuestro bolsillo en forma de flujo de efectivo.

Clave: el nuevo préstamo y los gastos se financian con la renta que paga el inquilino.

La transacción neta final luce así:

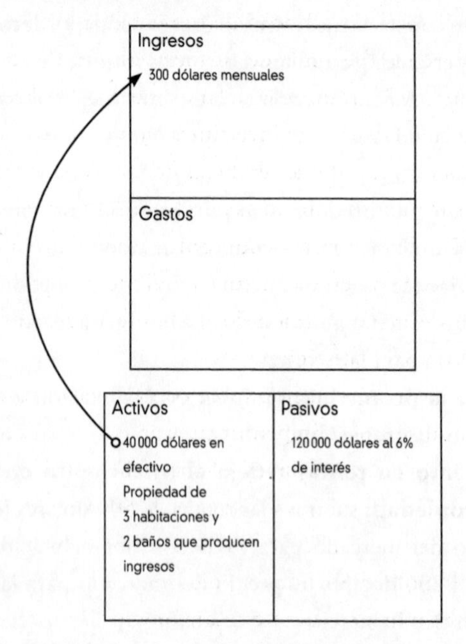

Las claves para que esta inversión funcione, son:

1. Mejoras a la propiedad.
2. Una buena ubicación: los bienes raíces solamente son valiosos si hay empleos cerca de ellos.
3. Buen financiamiento y/o inversores.
4. Buena administración inmobiliaria.

Si careces de alguno de estos elementos, tendrás problemas con la inversión.

Yo comencé mi inversión en bienes raíces con un apartamento de una habitación y un baño en la isla de Maui. Lo adquirí por 18 mil dólares en 1973. Kim comenzó con una casa de dos habitaciones y un baño en Portland, Oregon. La compró por 45 mil dólares en 1989.

Actualmente somos poseedores de 1 400 unidades de propiedades residenciales y de cierta cantidad de inmuebles comerciales. Todo lo adquirimos con la fórmula de financiación del 100 por ciento. No hemos invertido ni un solo dólar en nuestras propiedades. La diferencia es que actualmente invertimos en proyectos más grandes en los que aplicamos millones en lugar de tan sólo miles. Sin embargo, los principios continúan siendo los mismos. Incluso nos va bien en medio de este clima económico, sencillamente porque escogemos cuidadosamente a nuestros inquilinos y tenemos equipos profesionales de administración, los cuales se aseguran que nuestros inquilinos estén satisfechos.

Si deseas mayor información sobre cómo invertir para obtener rendimientos infinitos, e imprimir tu propio dinero, visita mi sitio www.richdad.com/conspiracy-of-the-rich. Con Ken McElroy, nuestro socio en bienes raíces y autor del libro *El ABC de la inversión en bienes raíces*, de la serie Advisors de Padre Rico, analizaremos más a fondo cómo adquirimos propiedades de millones de dólares, recuperamos nuestro dinero, mantenemos la propiedad y nos embolsamos el flujo de efectivo como un rendimiento infinito. Lo que debes recordar es que nosotros no compramos las propiedades para especular con ellas. Nuestra fórmula es adquirir activos durante años y después vender el tiempo de alquiler en términos mensuales.

Imprime tu propio dinero con activos de papel

Existen varias formas en que puedes imprimir tu propio dinero con activos de papel como las acciones. Una de ellas es usar estrategias de opción. Por ejemplo, digamos que compro mil acciones por dos dólares cada una. Después, voy al mercado de opciones y vendo una opción para comprar mis mil acciones con una prima de un dólar por acción (mil dólares) por 30 días. Si la acción llega a tres dólares por acción, o más alto, la persona que compró la opción puede adquirirla a tres dólares. Si no alcanza los tres dólares en 30 días, yo mantengo su dinero de opción de mil dólares. Observa que, nuevamente compro a largo plazo y vendo tiempo mensualmente.

En este sencillo ejemplo, al vender una opción de 30 días, metí mil dólares en mi bolsillo de inmediato. Si vendo otra opción a 30 días con las mismas acciones en los mismos términos, pero la acción no pasa los tres dólares, entonces gané otros mil, producto de mi inversión original de dos mil dólares y también puedo conservar mis acciones. Habré recuperado el 100 por ciento de mis dos mil dólares originales, y habré impreso mi propio dinero gracias a mi conocimiento financiero. Yo creo que esto es mucho más lógico que entregar mi dinero a fondos mutualistas a largo plazo y permitir que los comerciantes de acciones a corto plazo y de opciones, lo roben legalmente.

Si deseas más información sobre cómo utilizar los activos de papel y las opciones para crear rendimientos infinitos, y así imprimir tu dinero, visita mi sitio www.richdad.com/conspiracy-of-the-rich. En ese segmento, mi amigo y asesor, Andy Tanner, te explicará como utilizar las opciones para imprimir tu dinero legalmente.

Imprimir tu dinero con oro y plata

Yo he impreso mi propio dinero mediante la construcción de minas de oro y plata y de la venta (derivados) de la compañía, en el mercado accionario. En este momento trabajo en una compañía de extracción de cobre que comenzará a cotizar en la bolsa en cuanto el precio del cobre mejore. Tengo claro que llevar a un negocio a cotizar en la bolsa no es una opción viable en la situación en que se encuentra la mayoría de la gente, pero es una de las mejores formas de producir una fortuna personal a partir de una idea.

Hacer una compañía pública; es decir, hacerla cotizar en la bolsa, es lo mismo que hizo el coronel Harland Sanders a los 75 años. La leyenda cuenta que cuando se construyó una carretera que pasaba junto al restaurante de pollo del coronel, el flujo de clientes se redujo significativamente y, cuando descubrió que su cheque de la Seguridad Social no lo iba a mantener a flote financieramente, se fue de viaje para tratar de vender su receta (el derivado). Su oferta fue rechazada más de mil veces. Pero finalmente, después de tantos rechazos, alguien la compró, construyó un negocio, lo convirtió en franquicias y vendió las acciones (otro derivado) de su compañía al público. Al pasar del cuadrante A al D, el coronel transformó su mala suerte en buena. Cambió su forma de pensar y su vida. Siempre que alguien me dice: «Soy muy viejo para cambiar», simplemente le cuento la historia del coronel y su receta de pollo.

Mencioné el oro y la plata porque yo prefiero poseer estos metales que tener dinero en efectivo. Como yo puedo imprimir mi propio dinero, no necesito preocuparme por ahorrar para una época de vacas flacas. Además, los gobiernos imprimen tanto dinero que me siento más seguro ahorrando en oro y plata.

Si deseas aprender más sobre el oro y la plata, visita mi sitio www.richdad.com/conspiracy-of-the-rich. En ese segmento, mi amigo Mike Maloney, autor del libro *Guide to Investing in Gold and Silver*, de la serie Advisors de Padre Rico, te explicará por qué invertir en estos metales resulta vital para la economía actual.

Nueva regla del dinero #8:
Ya que el dinero vale cada vez menos y menos, aprende a imprimir tu propio dinero

Cuando tenía nueve años, mi padre rico me dio uno de los mejores obsequios que he recibido: la educación financiera. La nueva regla del dinero #8 vincula todo el conocimiento hasta llegar de nuevo a la nueva regla del dinero #1: *el conocimiento es dinero*. Debido a la crisis financiera que atravesamos, y teniendo en cuenta que el dinero cada vez vale menos y menos, la gente con educación financiera tiene una ventaja injusta sobre quienes cuentan sólo con educación tradicional.

En 1903, la fecha en que creo que la conspiración se apoderó del sistema educativo, el verdadero poder de la conspiración también se apoderó de nuestras mentes y logró que millones de personas incompetentes en el aspecto financiero dependieran de que el gobierno se hiciera cargo de ellas. Actualmente, el mundo se encuentra en una crisis de ignorancia e incompetencia financiera. Se está llevando a cabo el mayor atraco de la historia. Gracias a los impuestos, la deuda, la inflación y las cuentas para la jubilación, nos están despojando de nuestra riqueza. Y así como la carencia de educación financiera nos metió en esta crisis, es precisamente la educación financiera lo que nos puede sacar. Como ya lo mencioné, para resolver los problemas financieros, nuestros líderes están usando el mismo tipo de razonamiento que los provocó en primer lugar. En lugar de esperar que ellos cambien, creo que es mejor que tú y yo evolucionemos, así como lo hizo el coronel Sanders. Es posible cambiar nuestra vida si modificamos nuestra manera de pensar y los materiales que estudiamos.

Comentarios del lector

Aunque estoy muy bien educado financieramente —Maestría en economía internacional y finanzas por la Universidad de Georgetown, dos años en inversiones bancarias escribiendo notas de crédito de inversiones privadas, cinco años como Director Financiero y quince años fundando, dirigiendo y vendiendo mi propio negocio— me faltaba un elemento muy importante en mi educación financiera. Ese elemento era superar el miedo de invertir en mis propios proyectos y en bienes raíces; se volvió peor cuando empecé a acumular más dinero porque entonces, había más que perder. Una de las cosas que hice fue contratar un asesor de Padre Rico, quien cada miércoles, durante nuestra conferencia, me seguía repitiendo, muy gentilmente: «Recuerda, tu meta es invertir en bienes raíces». Ahora, estoy en búsqueda de un segundo edificio de apartamentos; todavía me despierto en las mañanas con un poco de ansiedad, pero la estoy superando.

—Cwylie

El mayor error de la educación

La gente tiene miedo de cambiar principalmente porque teme cometer errores, especialmente en el aspecto financiero. La mayor parte de la gente se cuelga de la seguridad de un empleo porque teme fracasar económicamente. Muchos le entregan su dinero a los asesores financieros porque esperan que ellos no cometan errores, y eso, irónicamente, también es una equivocación.

Yo pienso que el mayor problema de nuestro sistema educativo yace en que le enseña a los niños a no cometer errores. Si los niños cometen errores el sistema los castiga, en lugar de enseñarles a aprender de sus equivocaciones. Una persona inteligente sabe que al cometer errores aprendemos. La forma de aprender a andar en bicicleta es caerse de ella y volver a montarse. Aprendemos a nadar solamente si saltamos al agua. Pero ¿cómo puede aprender una persona sobre el dinero si tiene miedo de equivocarse?

Por qué la mayoría de los niños no aprenden en la escuela

El siguiente diagrama se llama cono del aprendizaje y fue diseñado por Bruce Hyland, basado en el cono de la experiencia, creado en 1946 por Edgar Dale. En él puede verse por qué a muchos niños les desagrada la escuela, por qué la encuentran aburrida y por qué, después de pasar años sentados en las aulas, no pueden retener mucha de la información.

El cono del aprendizaje

Después de dos semanas usualmente recordamos		Naturaleza de la participación	
90% de lo que decimos y hacemos	Viviendo la experiencia real	Activa	
	Simulando la experiencia		4
	Haciendo una representación dramática		
70% de lo que decimos	Dando un discurso		
	Participando en una discusión		3
50% de lo que escuchamos y vemos	Viéndolo en una demostración *in situ*	Pasiva	
	Viendo una demostración		
	Asistiendo a una exposición		
	Viendo una película		
30% de lo que vemos	Viendo imágenes		
20% de lo que escuchamos	Escuchando palabras		2
10% de lo que leemos	Leyendo		1

De Dale. *Audio-Visual Methods in Teaching*, 1E. ©1969 Wadsworth, una parte de Cengage Learning, Inc. Reproducción con permiso de www.cengage.com/permissions

Flecha #1: leer. Según el cono del aprendizaje, la peor forma de aprender y retener conocimientos es leyéndolos, porque la retención a largo plazo es menor a 10 por ciento.

Flecha #2: asistir a una clase o conferencia. La segunda peor forma es a través de una conferencia. Tal vez has notado que los métodos principales para la transmisión de los conocimientos en las escuelas son la lectura y las conferencias o clases.

Flecha #3: participando en discusiones de grupo se incrementa la retención. En la escuela siempre quería participar en las discusiones en grupo, especialmente durante los exámenes. El problema es que esto se considera trampa en las escuelas. En el mundo real, yo realizo mis exámenes financieros en conjunto con mi equipo porque todos sabemos que dos cabezas piensan mejor que una.

Flecha #4: aprender a través de simulación o juegos. La simulación y los juegos son herramientas efectivas de enseñanza porque con ellas aprendemos cometiendo errores en el marco del juego o la simulación. En la escuela de vuelo pasé muchas horas volando en simuladores antes de volar en un avión real. Hoy en día, las aerolíneas invierten miles de millones de dólares en simuladores de vuelo para entrenar a sus pilotos. Pero no solamente es una buena inversión, sino que el piloto puede probar distintas maniobras sin correr el riesgo de estrellar un avión.

Yo aprendí a pensar como una persona de los cuadrantes D e I mientras jugaba al Monopoly durante horas con mi padre rico. En otras palabras, primero cometí errores en el tablero de juego, después practiqué realizando inversiones menores y cometiendo errores menores para obtener experiencia en la vida real. Yo no soy rico porque me fue bien en la escuela, soy rico porque descubrí cómo cometer mis propios errores y aprender de ellos.

Para retirarse joven

Kim y yo nos retiramos en 1994, Kim tenía 37 años y yo 47. Nos retiramos jóvenes porque teníamos más activos que pasivos. Hoy, a pesar de la crisis financiera, nos va incluso mejor porque continuamos adquiriendo y creando más activos. Hay millones de personas que se encuentran en apuros financieros hoy porque cuando el mercado colapsó, descubrieron tardíamente que lo que ellos habían pensado que eran activos en realidad eran pasivos.

En 1996, Kim y yo creamos nuestro juego de mesa *Cashflow.* Este juego permite cometer errores con dinero de juguete antes de utilizar dinero real para invertir. Actualmente existen tres versiones, *Cashflow* para niños, *Cashflow 101*, que enseña los rudimentos de los negocios y las inversiones, y *Cashflow 202*, que enseña la inversión técnica y el manejo de los devaneos del mercado. Los tres están disponibles en versiones electrónicas. Si deseas saber más sobre ellos, también existen clubes de *Cashflow* en todo el mundo. Algunos utilizan una lista de 10 pasos que ideé para maximizar las lecciones del juego. Si quieres incrementar tu IQ financiero y, posiblemente, retirarte joven sin tener que vivir por debajo de tus posibilidades, los juegos *Cashflow* son una excelente oportunidad de cometer errores y aprender de ellos con dinero de juguete antes de que intentes hacerlo en la vida real.

En 1997 publiqué mi libro *Padre Rico, Padre Pobre*, en donde aseguré que tu casa no es un activo y que los ricos pagan menos impuestos, no trabajan para obtener dinero y saben imprimir su propio dinero. En 2007, cuando estalló el desastre de hipotecas *subprime*, millones de personas descubrieron que, en realidad, sus casas no eran activos, sino pasivos.

En 2002 escribí *Rich Dad's Prophecy*, en donde aseguré que los planes de pensiones en que millones de personas confían, muy pronto se vendrían abajo. Para 2009, en que escribo esto, no he modificado mi mensaje.

Comentarios del lector

El conocimiento puede que sea el nuevo dinero pero sólo es útil si todos los otros elementos del triángulo D-I se entienden por completo y son implementados por un inversor serio. Este libro es un buen comienzo para dar una guía a aquellos que buscamos claridad en las inversiones durante estos tiempos inciertos. Gracias por compartir tus experiencias y ayudarnos a sobrevivir en el caos del mercado.

—Ray Wilson

12

Si yo dirigiera el sistema escolar

Mucha gente sufre debido a la falta de educación financiera. En este libro hemos visto que la falta de educación financiera también es culpable, en buena parte, de la crisis que atravesamos. Aunque mucha gente no lo crea, yo soy un defensor de la educación. Pienso que se ha vuelto más importante que antes, y que mientras la educación financiera no forme parte del tronco común de materias, las escuelas continuarán dañando al país y al mundo, y seguirán sin preparar a los niños para la vida real.

La mayor parte de estos temas se han discutido en *La conspiración de los ricos* y en otros libros de la serie Padre Rico, pero pensé que debía reunir en un solo lugar mis pensamientos sobre la educación financiera. Aunque probablemente no podré cubrir en este capítulo todo lo que un programa de educación financiera debería incluir, creo que se exponen varios aspectos que difieren de la educación tradicional. Si yo dirigiera el sistema escolar, crearía un programa de educación financiera que incluyera las siguientes 15 lecciones.

1. La historia del dinero

El dinero ha evolucionado de la misma forma que los humanos. Originalmente se trataba de algún producto de trueque como pollos o leche. Más adelante fueron conchas marinas y cuentas de colores, y después, monedas de oro, plata y cobre. Eran objetos a los que se asignaba un valor tangible y, por tanto, podían intercambiarse por otros artículos con valor similar. Hoy en día también contamos con papel moneda. Se trata de una utilidad de inversor del gobierno (IOU) a la que también se le conoce como dinero por decreto. El papel moneda no tiene valor por sí mismo y es solamente un derivado del valor de algo más. Anteriormente el dólar era un derivado del oro, pero ahora lo es de la deuda, es un IOU de los contribuyentes de un país.

El dinero ya no es un objeto tangible como los pollos, el oro o la plata. El dinero moderno es solamente una idea respaldada por la fe y la confianza en un gobierno. Cuanto más confiable es el país, más valioso es el dinero y viceversa. Esta evolución del dinero, de un objeto tangible a una idea, fue lo que lo hizo tan confuso como es ahora. El dinero es difícil de entender en la actualidad porque no podemos verlo, tocarlo ni sentirlo.

Algunas fechas importantes en la historia del dinero

A continuación se presenta un breve resumen con las fechas clave exploradas en el libro.

1903: en esta fecha la Junta General Educativa, fundada por John D. Rockefeller, tomó el control del sistema educativo de Estados Unidos y decidió lo que los niños tenían que aprender. De esta forma los ultraricos comenzaron a influir en la educación y el tema del dinero dejó de enseñarse en las escuelas. Actualmente las personas aprenden en la escuela a trabajar a cambio de dinero, pero no aprenden la forma en que el dinero puede trabajar para ellas.

Éste es el cuadrante del flujo de efectivo:

E significa *empleado.*

A significa *autoempleado,* dueño de negocio pequeño o *especialista.*

D significa *dueño de negocio grande* (más de 500 empleados).

I significa *inversor.*

El sistema educativo pone gran empeño en preparar gente para las secciones E y A, pero no en entrenarla para las secciones D e I. Incluso a los estudiantes de maestría se les entrena para convertirse en empleados (E) muy bien pagados que trabajan en los negocios de la gente rica. Algunos de los dueños de negocios (D) más famosos son Bill Gates, fundador de Microsoft; Michael Dell, fundador de Dell Computers; Henry Ford, fundador de Ford Motor Company; y Thomas Edison, fundador de General Electric. Ninguno de ellos terminó la escuela.

1913: establecimiento de la Reserva Federal. La Reserva Federal no es una creación estadounidense, no tiene reservas y no es un banco. La controlan algunas de las familias más ricas y con mayor influencia política del mundo. Además, tiene el poder de producir dinero de la nada.

Tanto los creadores de la Constitución como los presidentes George Washington y Thomas Jefferson se opusieron a las instituciones como la Reserva Federal.

1929: la Gran Depresión. A partir de la crisis conocida como Gran Depresión, el gobierno de Estados Unidos creó varias agencias como el Organismo Federal de Garantía de los Depósitos Bancarios (FDIC), la Federal Housing Administration (FHA), y la Seguridad Social. Además, comenzó a ejercer más control sobre nuestros destinos financieros mediante los impuestos y su intervención, cada vez mayor, a través de los programas sociales y las agencias. Muchos de estos programas y agencias como la FHA, Fannie Mae y Freddie Mac, son responsables directos de la crisis *subprime* que vivimos. Se calcula que los pasivos sin fondos del gobierno como la Seguridad Social y Medicare ascienden a 50 ó 60 billones de dólares. Son bombas que tarde o temprano estallarán y harán que consideremos la crisis *subprime* un juego de niños. En otras palabras, los esfuerzos del gobierno para resolver la Gran Depresión provocarán una crisis aún mayor en el futuro.

1944: Acuerdo Bretton Woods. Este acuerdo internacional sobre divisas fue el origen del Banco Mundial y del Fondo Monetario Internacional (FMI). El acuerdo creó una réplica global del sistema de reserva federal e instaló al dólar estadounidense como la divisa de reserva internacional. En esencia, mientras todos los países estaban involucrados en una guerra mundial, los banqueros trabajaban duramente para cambiar el mundo. Lo anterior significa que a las divisas de todos los países las respaldaba el dólar estadounidense que en aquel entonces estaba adherido al oro. La economía internacional mantendría su estabilidad siempre que este metal precioso fuera el respaldo del dólar.

1971: el presidente Nixon desvinculó al dólar del patrón oro sin autorización del Congreso. En cuanto se produjo la desvinculación, el dólar estadounidense se convirtió en un derivado de la deuda, no del oro. Después de 1971, la economía de Estados Unidos solamente crecería si aumentaba la deuda: ahí comenzaron los rescates. En la década de los ochenta, los rescates eran de millones, para los noventa de miles de millones y, ahora, de billones y continúan aumentando. Este suceso financiero es uno de los más importantes de la historia mundial y ocasionó un cambio en las reglas del dinero. Además, permitió a Estados Unidos comenzar a imprimir dinero a su antojo, con lo que se produjo una creciente deuda conocida como bonos de Estados Unidos. En toda la historia mundial, jamás se había dado el caso de que todas las divisas internacionales tuvieran como respaldo la deuda de una sola nación, el respaldo de los IOU de los contribuyentes estadounidenses.

En 1971 el dólar dejó de ser dinero para convertirse en una simple *divisa*. En inglés, la palabra divisa se dice *currency*, término que proviene de la palabra *current* (corriente). Se refiere a una corriente como la eléctrica o la marina. Es decir, una divisa se debe mantener en movimiento o perderá su valor. Para conservarlo es necesario que la divisa monetaria se mueva de un activo a otro. Después de 1971, la gente que había estacionado su dinero en cuentas de ahorros bancarias o en la bolsa de valores, lo perdió porque sus divisas dejaron de moverse. Los ahorradores también perdieron, y quienes ganaron fueron los deudores porque el gobierno de Estados Unidos imprimió más y más dinero, lo que produjo un incremento de la deuda y la inflación.

A partir de 1971 la economía se expandió debido a la creación de una deuda mayor. En teoría, si todo el mundo pagara sus deudas, desaparecería el dinero moderno. Cuando los prestatarios *subprime* ya no pudieron pagar sus hipotecas en 2007, se detuvo la expansión de la deuda y colapsó su mercado: esto fue lo que produjo la enorme crisis actual.

Estados Unidos ha podido financiar su gasto excesivo gracias a que ha vendido deuda a países de Europa, a Japón y a China. Pero si estas naciones perdieran la confianza que tienen en Estados Unidos y dejaran de comprar nuestra deuda, se produciría otra crisis financiera. Y si tú y yo dejáramos de comprar casas y de usar nuestras tarjetas de crédito, entonces la crisis duraría mucho más.

La educación financiera es importante porque debemos aprender que existe deuda buena y deuda mala. La deuda mala nos empobrece y la buena nos enriquece. El dinero moderno es en realidad deuda, y por lo tanto, si la gente adquiriera una educación financiera sólida podría aprender a utilizar la deuda para enriquecerse.

1974: el Congreso de Estados Unidos aprobó la Ley ERISA (Ley de Seguridad de Ingresos de Jubilación para el Empleado) que ahora funciona en Estados Unidos como el 401 (k). Antes de 1974 la mayoría de los empleados contaba con un *plan de pensiones de prestaciones definidas* (DB, por sus siglas en inglés). A través de los planes de pensiones DB, las compañías otorgaban a los trabajadores un cheque vitalicio, pero, después de 1974, se vieron obligados a cambiar a los *planes de contribución definida* (DC). Como consecuencia, los trabajadores ahora debían ahorrar para su jubilación, y la cantidad que cada uno recibiría al jubilarse dependería de cuánto hubiese contribuido él mismo a su pensión. Y si la pensión se quedaba sin fondos o colapsaba debido a un *crack* de la bolsa, el jubilado se quedaba en la calle.

Esta modificación en el tipo de plan de pensiones, de DB a DC, forzó a millones de trabajadores a adentrarse en la incertidumbre del mercado de valores. El problema es que, al igual que en la actualidad, la mayoría carecía de la educación financiera necesaria para invertir inteligentemente para su jubilación.

Actualmente hay millones de trabajadores en el mundo que no cuentan con fondos suficientes para jubilarse y, como no tienen educación financiera, tendrán que recurrir a las mismas instituciones: a los bancos de ahorros y a la bolsa de valores, las instituciones que causaron gran parte de la crisis financiera. Ahora los trabajadores intentarán ahorrar suficiente dinero para asegurarse una jubilación. Ésta es la gente a la que más le afecta y preocupa la crisis.

Ahora que ya hiciste una breve revisión de la historia del dinero moderno, puedes darte cuenta de la importancia de la educación financiera. El primer paso para comenzar tu propia educación es comprender un estado financiero.

2. Comprensión de tu estado financiero

Mi padre rico solía decir: «Tu banquero nunca te va a pedir tu boletín de notas; a él no le importan tus calificaciones. Lo único que querrá ver es tu estado financiero porque, al salir de la escuela, éste se convierte en el equivalente a un expediente escolar».

El primer paso en la educación financiera es aprender que el estado financiero tiene tres secciones.

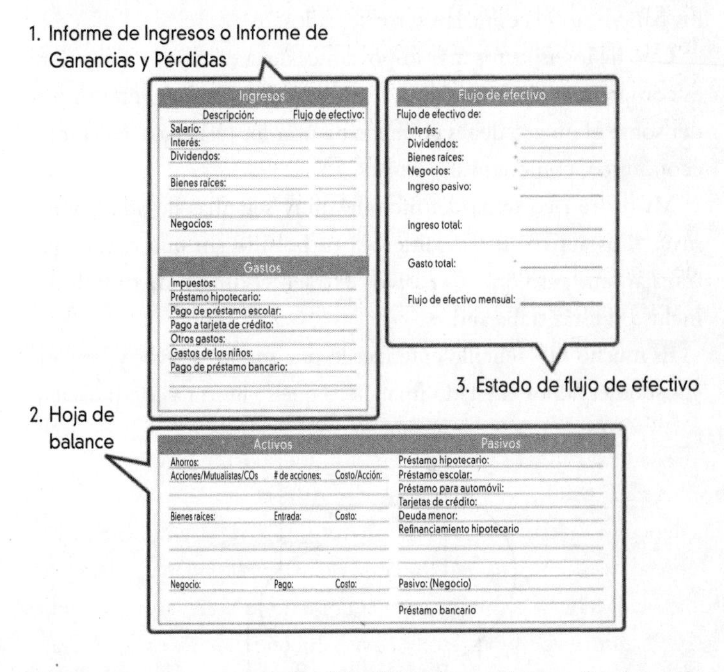

Ahora comenzaremos la lección #3 para explicar todo el estado financiero: la diferencia entre activos y pasivos.

3. La diferencia entre activos y pasivos

Mi padre pobre solía decir: «Nuestra casa es un activo». Mi padre rico decía: «Si tu padre tuviera educación financiera sólida, sabría que su casa no es un activo sino un pasivo».

Mucha gente tiene problemas financieros porque considera que sus pasivos son activos, y apenas en medio de esta crisis financiera ha descubierto que sus casas en realidad no son un activo. Pero incluso nuestros líderes hablan de los pasivos como si fueran activos. Por ejemplo, el Programa de Alivio para Activos en Problema (TARP, por sus siglas en inglés) en realidad no es un programa para activos en problema. Se trata de un programa de pasivos en problema porque, si fueran activos, no estarían en dificultades y los bancos no necesitarían ser rescatados.

Uno de los aspectos más importantes de la educación financiera es comprender el vocabulario del dinero. Para incrementar tu poder sobre el dinero debes comenzar a usar los términos del ámbito económico, como *activos y pasivos.*

Mi padre rico tenía definiciones muy sencillas de *activos* y *pasivos*: «Los activos llevan dinero a tu bolsillo sin que tengas que trabajar, en tanto que los pasivos extraen el dinero de tu bolsillo, incluso si estás trabajando».

Es mucho más sencillo entender lo que son los activos y los pasivos si observamos el estado financiero que se ilustra a continuación.

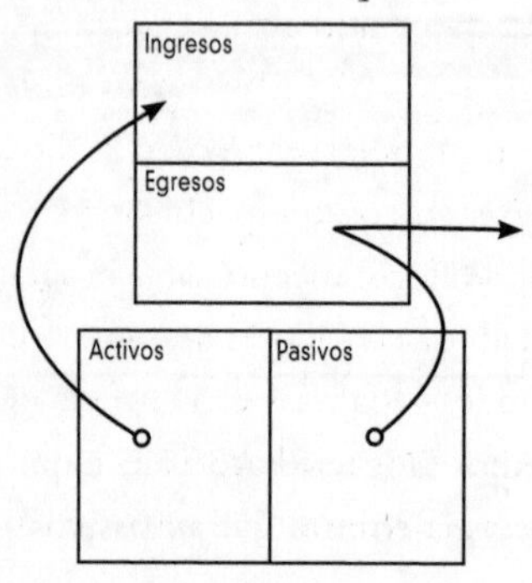

Las flechas representan el estado del flujo de efectivo. Una flecha muestra cómo fluye el dinero desde un activo (que puede ser una propiedad que se alquila o un dividendo) hacia una acción que llega a tu bolsillo, en la columna de *Ingresos*. La otra flecha muestra cómo fluye el dinero desde la columna de *Gastos* y llega hacia un pasivo como la deuda por la compra de un coche o por el crédito hipotecario de tu hogar.

Los ricos también enriquecen porque trabajan para adquirir activos, mientras todos los demás adquieren pasivos que creen que son activos. Hay millones de personas en problemas financieros porque trabajan mucho y porque compran pasivos como casas y coches. Cuando obtienen un aumento de sueldo adquieren una casa más grande y mejores coches, y aparentan ser ricos cuando en realidad son cada vez más pobres y están cada vez más endeudados.

Tengo un amigo que es un actor menor de Hollywood. Él me comentó que su plan de pensiones consistía en invertir en residencias personales. Su casa principal está en Hollywood pero también tiene casas en Aspen, Maui y París. Hace poco nos encontramos antes de que iniciara nuestra participación en un programa de televisión y le pregunté cómo le iba. Con rostro desencajado, me dijo: «Casi no tengo trabajo y lo estoy perdiendo todo. El valor de mis casas ha disminuido y no puedo pagar los préstamos hipotecarios». Éste es un problema derivado de los pasivos y los activos y de la imposibilidad de entender la importancia del *flujo de efectivo.*

En el más reciente *boom* de bienes raíces, muchos se involucraron en el mercado inmobiliario, pero en realidad, no lo hicieron como inversionistas sino como especuladores y apostadores. Comenzaron a llamarlos *flippers.* Incluso había programas televisivos en los que se presentaban especuladores de bienes raíces, gente que esperaba obtener grandes ganancias con la venta de casas. El problema es que muchos de ellos resultaron afectados cuando estalló la burbuja inmobiliaria y tuvieron que subastar las propiedades.

Esta situación nos lleva a la lección #4 de la educación financiera.

4. La diferencia entre ganancias de capital y flujo de efectivo

Al invertir, la mayoría de la gente espera obtener *ganancias de capital,* y por eso se emociona cuando sube la bolsa de valores o cuando aumenta el valor de su casa. Mi amigo de Hollywood y casi todos los especuladores de bienes raíces invierten de esta forma, también lo hacen así los trabajadores que invierten en la bolsa para su jubilación. Pero la gente que desea obtener ganancias de capital está apostando su dinero. Warren Buffett dijo: «La razón más estúpida para comprar una acción es ver que su precio aumenta».

La mayoría de los inversores que invierte en ganancias de capital se deprime cuando el mercado de valores cae o cuando el valor de su casa disminuye. Esta forma de inversión es el equivalente de apostar porque el inversor tiene muy poco control sobre los altibajos del mercado.

La gente con educación financiera invierte tanto en flujo de efectivo como en ganancias de capital y existen dos razones para esto.

Razón #1: una divisa debe fluir desde un activo que produce flujo de efectivo o, de otra forma, perderá su valor. Es decir, si tu dinero solamente permanece estacionado mientras esperas que gane valor o que el precio de algunas acciones aumente, entonces no es productivo y no está trabajando para ti.

Razón #2: cuando se invierte en flujo de efectivo se minimiza el riesgo. Es difícil sentirse un perdedor si hay un flujo de efectivo llegando a tus bolsillos, incluso si el precio del activo se deprecia. Por otra parte, dado que ya tienes flujo de efectivo, si además el activo aumenta de valor, tendrás una ganancia extra.

A continuación se muestra la diferencia entre ganancias de capital y flujo de efectivo.

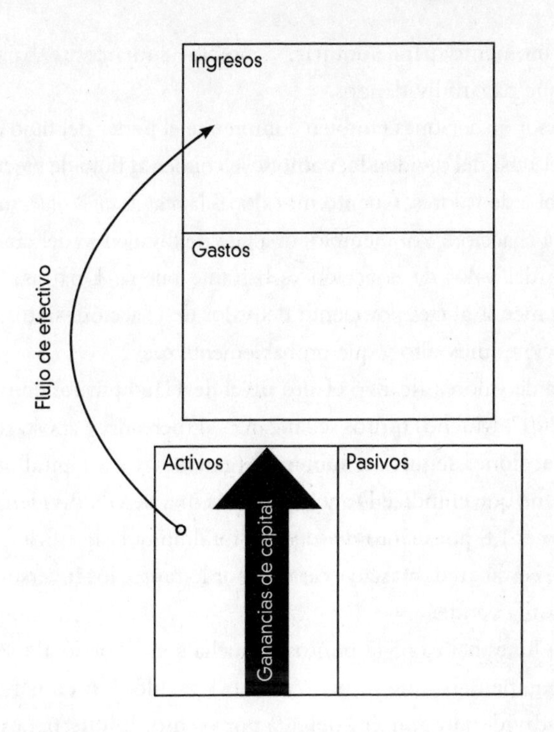

Mi esposa y yo somos socios de una compañía petrolera; invertimos en petróleo para obtener flujo de efectivo y ganancias de capital. Cuando comenzamos a perforar para encontrar petróleo, el precio del barril era de 25 dólares. Estábamos felices con el flujo de efectivo que recibíamos mensualmente, pero cuando el barril alcanzó los 140 dólares por barril, se incrementó el valor de nuestros pozos gracias a las ganancias de capital, y nos sentimos aún más contentos. El valor actual del petróleo es de 65 dólares por barril y nosotros seguimos felices porque el efectivo continúa fluyendo hacia nuestros bolsillos de manera independiente al valor de los pozos.

Si tú prefieres las acciones, lo mejor es invertir en alguna que pague dividendos constantes porque así obtendrás flujo de efectivo. Cuando caen los precios de las acciones en una economía bajista, es el mejor momento para adquirir, a precios sumamente bajos, acciones que pagan dividendos.

El inversor en acciones también comprende el poder del flujo de efectivo o la tasa del dividendo, como se le conoce al flujo de efectivo en la bolsa de valores. Cuanto más alta es la *tasa de dividendo*, más valiosa será la acción. Por ejemplo, una tasa de dividendo del cinco por ciento del valor de la acción es bastante buena. Una tasa de dividendo menor al tres por ciento del valor de la acción, significa que el precio es muy alto y que probablemente caerá.

La bolsa de valores alcanzó el alto nivel de 14164 puntos en octubre de 2007. Muchos tontos se lanzaron al mercado y apostaron a que las acciones seguirían subiendo (ganancias de capital). El problema fue que el índice Dow Jones tenía una tasa de dividendo de tan sólo el 1,8 por ciento de su valor total, lo que significa que las acciones estaban demasiado caras y, por lo tanto, los inversores comenzaron a vender.

El Dow Jones bajó a 6547 puntos y mucha gente volvió al mercado porque pensaba que lo peor ya había pasado. Sin embargo, la tasa de dividendo aún era del 1,9 por ciento, lo que para un inversor profesional significa que el precio de la acción continúa siendo muy alto, que la bolsa de valores probablemente bajará y que los inversores a largo plazo podrían perder todavía más dinero cuando el dinero comience a fluir hacia fuera del mercado.

Yo opino que invertir tanto en ganancias de capital como en flujo de efectivo es mucho más lógico que estarse preocupando por las altas y bajas de cualquier mercado. Es por eso que inventé *Cashflow 101* y *202*, juegos de mesa didácticos para informar a la gente sobre las bondades de este tipo de inversión.

Las altas y bajas del mercado nos llevan a la lección #5 de la educación financiera.

5. La diferencia entre inversión fundamental e inversión técnica

La inversión fundamental es el proceso en el que se analiza el rendimiento financiero de una compañía y tiene inicio con la comprensión del estado financiero:

Ingresos
Gastos

Activos	Pasivos

Una persona con educación financiera querrá saber si una propiedad o un negocio está siendo dirigido con inteligencia, y eso sólo se puede determinar tras el análisis del estado financiero del negocio. Cuando un banquero te solicita tu estado financiero, lo que quiere saber es si manejas adecuadamente tu vida financiera. El banquero quiere saber cómo interactúan tus ingresos y egresos, el número de activos que producen flujo de efectivo y los pasivos que extraen flujo de efectivo a corto y largo plazo. Al invertir en una compañía deberás obtener información sobre ella de la misma forma en que el banquero se informa sobre ti.

Con mi juego de mesa *Cashflow 101* se pueden aprender los rudimentos de la inversión fundamental.

La inversión técnica consiste en medir las emociones o los ambientes de los mercados a través de indicadores técnicos. Los inversores técnicos pueden soslayar los fundamentos del negocio. Ellos se fijan más en las gráficas que miden los precios, como la que se muestra a continuación.

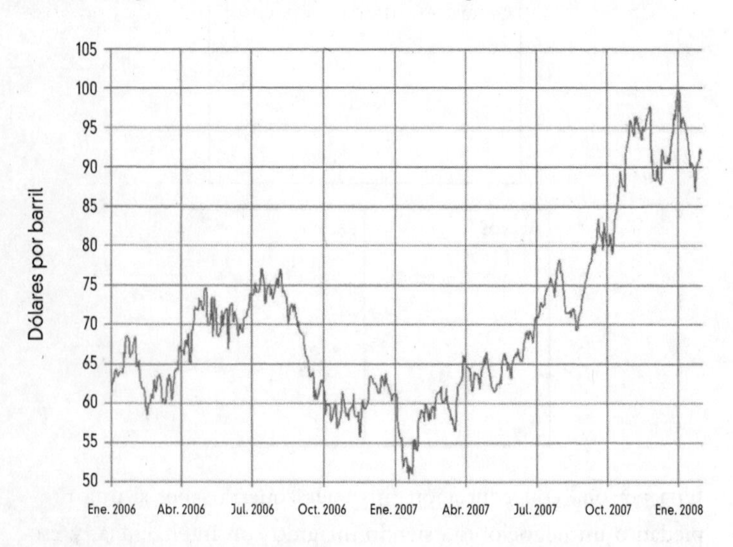

Las gráficas son importantes porque están respaldadas por datos duros, por ejemplo, los precios de compraventa de acciones o materias (*commodities*) como oro o petróleo. Las gráficas con las líneas ascendentes indican el incremento en precio; es decir, que el dinero está fluyendo hacia el mercado. A los mercados hacia donde fluye efectivo se les llama *bull market*. Las gráficas con líneas descendentes indican que el dinero fluye hacia fuera del mercado. A este tipo de mercado se le llama *bear market*. El inversor técnico busca los patrones históricos en los mercados que implican flujo de efectivo y, basándose en ellos, realiza inversiones y pronósticos sobre el comportamiento del mercado.

Un inversor con educación financiera siempre desea saber de dónde sale el efectivo y hacia qué mercado fluye. Por ejemplo, cuando se hundió la bolsa y la gente comenzó a temer, mucho dinero comenzó a fluir hacia el mercado del oro. Basado en los indicadores, un inversor técnico pudo haber previsto que el oro aumentaría y que el mercado de valores colapsaría, y entonces podría haber transferido su dinero hacia el oro antes de que otros lo hicieran.

Reproducido con la autorización de Yahoo! Inc. © 2009 Yahoo! Inc. Yahoo! y el logo de Yahoo! son marcas registradas de Yahoo! Inc.

Reitero la importancia del flujo de efectivo en el precio o ganancias de capital. La gente con educación financiera sabe que debe tener su dinero en movimiento, pues si lo estaciona en algún tipo de activo, como los inversores novatos, podría perderlo todo cuando el dinero comience a fluir hacia fuera de dicho activo.

Como todos los mercados suben y bajan, tienen auges y estallan, lo anterior nos lleva a la lección #6 de la educación financiera, que se refiere a la fortaleza del activo.

6. Medición de la fortaleza de un activo

En muchas ocasiones se han acercado personas para decirme: «Tengo una idea para un gran producto nuevo», «Encontré un buen inmueble en el cual invertir», o «Quiero invertir en acciones de esta compañía, ¿qué piensa?». Para este tipo de preguntas siempre consulto el triángulo D-I que aquí te presento.

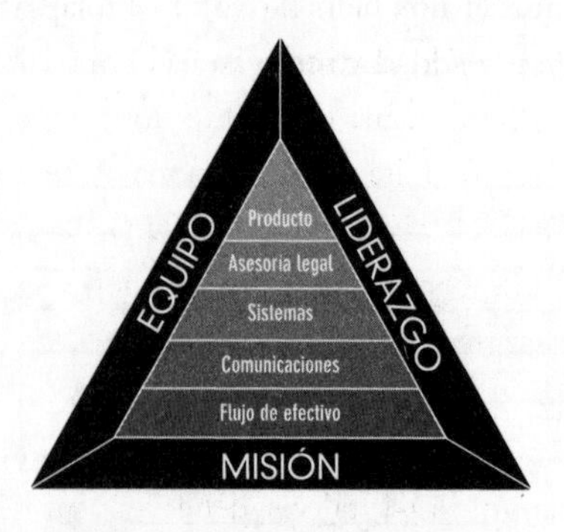

El nombre del triángulo D-I proviene del cuadrante del flujo de efectivo que mencioné anteriormente y que te vuelvo a mostrar.

Te reitero que:

E significa *empleado.*
A significa *autoempleado,* dueño de negocio pequeño o *especialista.*
D significa *dueño de negocio grande* (más de 500 empleados).
I significa *inversor.*

Notarás que el producto es la parte más pequeña o menos importante del triángulo D-I. Al iniciar un negocio mucha gente fracasa porque se enfoca en el producto y no en el resto del triángulo; sucede lo mismo con los bienes raíces. Muchos inversores solamente revisan la propiedad y soslayan todo el triángulo D-I.

Mi padre rico solía decir: «La gente, los negocios y las inversiones fracasan porque falta o no funciona alguna o varias de las ocho integridades del triángulo D-I». Dicho de otra forma, antes de invertir o de comenzar tu propio negocio, debes evaluar el triángulo y preguntarte si tal inversión o negocio posee un triángulo sólido.

Si planeas comenzar tu propio negocio o si quieres aprender más sobre el triángulo D-I, tal vez debes leer mi libro *Antes de renunciar a tu empleo.*

Nuestro entorno actual requiere de más empresarios que sepan cómo construir triángulos D-I sólidos; al crear empresarios sólidos, también crearemos empleos para la gente de los cuadrantes E y A.

En vez de crear más empleos, el gobierno debería crear más empresarios.

Esto nos lleva a la lección #7 de la educación financiera.

7. Aprende a seleccionar a la gente mejor preparada

Mi padre rico solía decir: «La mejor forma de encontrar un buen socio es conocer a uno malo».

En mi carrera como empresario he tenido socios maravillosos y socios terribles pero, como decía mi padre rico, la mejor manera de reconocer a uno bueno es tener la experiencia negativa de un mal socio. Y vaya que he tenido experiencias negativas relacionadas con socios.

El problema en la vida es que no puedes saber cuán bueno o malo es un socio hasta que las cosas se ponen feas. La buena noticia es que, por cada mal negocio o socio que he tenido, como resultado *siempre* he encontrado otro socio excelente. Por ejemplo, a mi socio en bienes raíces, Ken McElroy, lo conocí debido a una horrible inversión que hice con un mal socio. Desde aquel trato incumplido, Ken y yo hemos ganado millones y él es ahora uno de los mejores socios que Kim y yo tenemos.

Una de las lecciones que aprendí de Ken es que todo buen negocio tiene tres componentes:

1. Socios.
2. Financiamiento.
3. Administración.

Lo anterior se aplica a cualquier inversión o negocio. Al invertir tu dinero te conviertes en socio de una empresa de inversión, incluso si no conoces personalmente a los demás involucrados. Por ejemplo, cuando una persona invierte en un fondo mutualista, se convierte en un socio igualitario del mismo. Así que el primer componente implica que, antes de que entregues tu dinero, selecciones cuidadosamente a tu socio.

Mi padre rico decía: «No puedes hacer un buen negocio con un mal socio». El segundo componente que sugiere Ken, el financiamiento, se enfoca en lo bien estructurada que está una inversión y en cuáles son tus posibilidades de ganar financieramente como socio.

Existen cuatro razones por las que no quiero ser socio de un fondo mutualista:

1. La estructura financiera de los fondos mutualistas está diseñada para beneficiar a la compañía de fondos, no a ti, su socio igualitario.
2. Los gastos de los fondos mutualistas son demasiado altos y no hay transparencia en ellos. Yo pongo el 100 por ciento del dinero y también tengo el 100 por ciento del riesgo, y mientras tanto, el fondo mutualista se lleva el 80 por ciento de las ganancias. Desde el punto de vista financiero, no es un buen socio.
3. Cuando invierto en bienes raíces procuro que la mayor cantidad posible de dinero provenga de un préstamo bancario porque, de esta forma, tengo un fuerte apalancamiento que no es posible aplicar en los fondos mutualistas.
4. Yo podría perder dinero en los fondos mutualistas y aún así tendría que pagar impuestos sobre un dinero que no obtuve, lo cual es definitivamente injusto.

La administración es el tercer componente que Ken sugiere para un gran negocio. Un buen socio también debe ser un gran administrador porque los negocios o bienes raíces que se administran deficientemente son como inversiones que no maximizan los rendimientos y, por lo tanto, pueden fracasar. Muchos negocios pequeños y propiedades quiebran porque están mal administrados.

Actualmente es muy fácil para mí analizar con rapidez casi todas las inversiones, sólo tengo que preguntarme: «¿Quiénes son los socios?», «¿Me gustaría asociarme con ellos?», «¿Cuál es la estructura financiera?», «¿Es favorable?» y, «¿Cuán eficiente es la administración?». Si las respuestas son satisfactorias, entonces me involucro más en la inversión.

Así llegamos a la lección #8 de la educación financiera.

8. Descubre qué activo te conviene más

Existen cuatro tipos básicos de activos en los que se puede invertir:

Hoja de balance

Activos	Pasivos
Negocios Bienes raíces Activos de papel Materias primas	

Negocios

Ventajas: un negocio es uno de los activos más poderosos porque ofrece ventajas en el pago de impuestos, apalancamiento para incrementar tu flujo de efectivo y además, te permite tener el control de tus operaciones. La gente más rica del mundo se dedica a los negocios; algunos ejemplos son Steve Jobs, el fundador de Apple, Thomas Edison, fundador de General Electric, y Sergey Brin, fundador de Google.

Desventajas: los negocios son «intensos en el aspecto del trato con la gente». Con esto quiero decir que tienes que dirigir empleados, clientes y compradores. Para que los negocios tengan éxito, es necesario contar con la habilidad de relacionarse y de ser líder. Además, se requiere gente que pueda trabajar en equipo.

Pienso que, de los cuatro tipos de activos, los negocios son el que requiere más inteligencia y experiencia para tener éxito.

Bienes Raíces

Ventajas: la inversión en bienes raíces se puede realizar de maneras distintas para recibir grandes rendimientos. Una de ellas consiste en apalancar la inversión utilizando dinero del banco a través de un financiamiento. Otra forma consiste en usar el dinero de otras personas (OPM, son las siglas en inglés) como inversores, capitalizar ventajas como la depreciación y, si la propiedad está bien administrada, cobrar un flujo de efectivo consistente.

Desventajas: los bienes raíces son un tipo de activo que requiere una administración intensa, que no es líquido y, si no se administra adecuadamente, te puede salir muy caro. Los bienes raíces están en segundo lugar, después de los negocios, de los activos que requieren una cantidad mayor de inteligencia financiera. Mucha gente carece del IQ financiero necesario para invertir en bienes raíces, es por ello que la mayoría de quienes invierten en este activo, lo hacen a través de un fideicomiso de inversiones en bienes raíces (REIT, por sus siglas en inglés).

Activos de papel: acciones, bonos, ahorros y fondos mutualistas

Ventajas: los activos de papel tienen la ventaja de que es sencillo invertir en ellos. Además, tienen liquidez escalonada, lo que significa que, en un principio, los inversores pueden ser conservadores y adquirir solamente unas cuantas acciones. Por lo anterior, se requiere mucho menos dinero para involucrarse en la inversión de activos de papel que el que se necesita para hacerlo en otros tipos de activos.

Desventajas: la mayor desventaja de los activos de papel es que son muy líquidos; es decir, es muy fácil venderlos. El problema que tienen las inversiones líquidas es que, en cuanto el dinero comienza a salirse del mercado, se vuelve muy sencillo perder la inversión si no se vende con prontitud. Los activos de papel necesitan vigilancia constante.

La mayoría de la gente invierte en este tipo de activos porque tiene poca educación financiera.

Materias primas (*commodities*): oro, plata, petróleo, etcétera

Ventajas: las materias primas son un buen escudo o protección en contra de la inflación. Estos escudos son especialmente importantes en las épocas en que los gobiernos imprimen muchísimo dinero, así como lo están haciendo ahora. Estos activos amortiguan la inflación porque son tangibles y se pueden comprar con dinero. Así que, cuando se incrementa el suministro de divisas, hay más dólares para comprar la misma cantidad de productos. Lo anterior provoca que el precio de las materias aumente o se infle. El petróleo, el oro y la plata, son un buen ejemplo de este fenómeno: gracias a las imprentas de la reserva federal, todos estos productos valen mucho más ahora que hace algunos años.

Desventajas: debido a que estas materias son activos en forma física, debes asegurarte de almacenarlos bien y de mantenerlos bien resguardados.

Cuando hayas decidido cuál es el activo más conveniente para ti, y cuál te interesa más, te sugiero que lo estudies a profundidad y que investigues sobre el mismo *antes* de invertir tu dinero. Te lo recomiendo porque con cualquier tipo de activo existe el riesgo de perder dinero. Además, el activo en sí mismo no es lo que te hace rico, sino el conocimiento sobre el mismo. Nunca olvides que tu mayor activo es tu mente.

También recuerda que cada activo involucra el uso de términos distintos. Por ejemplo, con frecuencia, los inversores de bienes raíces utilizan el término *tasa de capital* o NOI (ingreso operativo neto), en tanto que un inversor de la bolsa utiliza los términos radio

P/E O EBITA (ganancias antes de intereses, impuestos y amortización). Cada tipo de activo tiene su propio idioma; quienes invierten en petróleo utilizan términos diferentes a los que usan quienes invierten en oro. Pero las buenas noticias son que, cuantas más palabras y términos comprendas, mayores serán los rendimientos y menor el riesgo. Sólo es necesario hablar el mismo idioma.

Diseñé mis juegos de *Cashflow* para enseñar parte del lenguaje de la contabilidad y de la inversión en distintos activos. También contamos con clases de niveles avanzados y programas de entrenamiento disponibles para la gente que ya decidió cuál es el activo que más le interesa.

Lo anterior me lleva a la lección #9, que es sobre enfocarse y diversificarse.

9. APRENDE CUÁNDO ENFOCARTE Y CUÁNDO DIVERSIFICARTE

La mayoría de las personas recomiendan la diversificación para protegerse de la incertidumbre que prevalece en el mercado, no obstante, Warren Buffett dice en *The Tao of Warren Buffett*: «La diversificación sirve para protegerse de la ignorancia, pero no es muy útil para quienes realmente saben lo que hacen».

Tal vez habrás notado que la mayoría de la gente se diversifica en fondos mutualistas, pero el problema con las carteras diversificadas de este tipo de fondos es que, en realidad, no están diversificadas porque todos los fondos pertenecen al mercado de valores: todos son activos de papel.

La verdadera diversificación incluye inversiones en los cuatro tipos de activos, no solamente en variantes de un mismo activo. Mi columna de activos contiene los cuatro tipos: negocios, bienes raíces, activos de papel y *commodities* o materias primas. En general, estoy diversificado, sin embargo, yo solamente me enfoco en inversiones fuertes de cada tipo.

Yo utilizo la palabra *focus* (enfoque, en inglés) como un acrónimo, mira: FOCUS significa: *follow one course until successful*, que quiere decir, sigue un mismo camino hasta tener éxito. Si quieres tener éxito en los cuadrantes D e I, es necesario que te enfoques. Escoge el tipo de activo en que te gustaría volverte un experto y sigue ese camino hasta que logres el éxito. Es decir, si te interesan los bienes raíces, estudia, practica, comienza con una pequeña inversión y enfócate hasta que logres obtener un flujo de efectivo que llegue a tu cuenta bancaria de forma consistente. Cuando estés seguro de que puedes producir flujo de efectivo en pequeños negocios, entonces, lánzate a retos un poco mayores, pero siempre enfócate en que la inversión produzca flujo de efectivo.

A mí no me gusta vivir por debajo de mis posibilidades; en lugar de ahorrar dinero, prefiero enfocarme en incrementar mis activos. Mi esposa y yo siempre establecemos nuestras metas de inversión para el año siguiente y, al enfocarnos en incrementar el flujo de efectivo que producen nuestros activos, los ingresos aumentan. En 1989 Kim comenzó su negocio con una casa con dos habitaciones y un baño en Portland, Oregon. Actualmente posee aproximadamente 1 400 propiedades en las que ha invertido. Para el año próximo, planea añadir 500 propiedades más. Mi plan es añadir tres pozos petroleros más a mi columna de activos. También vamos a incrementar nuestros activos a través de los negocios que tenemos, como la venta de franquicias de Padre Rico. Éstas las venderemos a personas que deseen ser dueñas de su propio negocio. Una franquicia de Padre Rico cuesta aproximadamente 35 mil dólares y, dos años más tarde, si se siguen al pie de la letra los programas de entrenamiento, tiene el potencial de ganar entre 100 mil y 200 mil dólares anuales. Esto representa un gran rendimiento de inversión.

En 1966 comencé a estudiar las materias primas, específicamente, el petróleo. En ese entonces navegaba para la Standard Oil de California. En 1972, mientras trabajaba como piloto en Vietnam, comencé a estudiar el oro, y en 1973, al regresar de la guerra, comencé a enfocarme en los bienes raíces. Antes de comprar inmuebles, invertí en un curso sobre bienes raíces que me hizo ganar millones. Pero lo más importante no es el dinero, sino el hecho de que aquel curso me proporcionó libertad y estabilidad financiera incluso en medio de esta economía. En 1974 me enfoqué en los negocios, justo después de abandonar la Marina Mercante. Comencé en Xerox, en donde adquirí la habilidad de vender. Hacia 1982 comencé a estudiar la bolsa de valores y el mercado de opciones. Actualmente poseo activos de los cuatro tipos; estoy diversificado pero nunca pierdo mi enfoque.

Esto me conduce a la lección #10.

10. Minimizar el riesgo

El hecho de construir un negocio o invertir no tiene que ser arriesgado necesariamente. Lo que sí es un riesgo es no contar con educación financiera. Por lo tanto, el primer paso para minimizar el riesgo es obtener educación. Por ejemplo, cuando yo quería aprender a volar, recibí lecciones de vuelo. Si solamente me hubiera subido a un avión y despegado, probablemente me habría estrellado y estaría muerto.

El segundo paso es proteger tus inversiones. Los inversores profesionales invierten con un seguro. La mayoría de la gente no conduciría un coche ni tendría una casa sin contar con un seguro. Sin embargo, sí hay muchos que invierten sin contar con un seguro. Es algo muy arriesgado.

Por ejemplo, yo puedo comprar un seguro cuando invierto en el mercado de valores, este seguro podría ser una opción colocada. Digamos que adquiero acciones por diez dólares. También puedo comprar una opción que cuesta un dólar, pero que me asegura que, si el precio de las acciones cae, yo recibiré nueve dólares. Si la bolsa cayera a cinco dólares, la opción colocada funciona como un seguro y me paga nueve dólares por una acción que solamente vale cuatro. Ésta es una de las formas en que los inversores profesionales aprovechan los distintos tipos de seguros que existen en el mercado de valores.

Para mis inversiones en bienes raíces he contratado seguros contra incendios, inundaciones y otros desastres naturales. Otro de los beneficios de poseer bienes raíces es que los inquilinos, al pagar su renta, cubren los costes de seguros. Si mi propiedad se incendia, no voy a perder dinero porque el seguro cubrirá las pérdidas.

Pero en el caso de la bolsa de valores, la diversificación no protegió a los inversores en el *crack* del 2007. Se debió a que la mayoría de los inversores no contaba con seguros y a que invertir el 100 por ciento de nuestro dinero en el mercado de valores no es diversificación en realidad.

Observa el triángulo D-I que se muestra a continuación, ahí podrás ver otras formas en las que yo minimizo los riesgos.

Notarás que una de las ocho integridades es asesoría legal. Para minimizar los riesgos, resulta esencial contar con un abogado en tu equipo. En principio, porque la asesoría legal siempre es invaluable; la asesoría legal evita que te metas en problemas con la ley y eso es mucho más económico que tratar de salir de ellos cuando ya cometiste algún error.

En segundo lugar, por ejemplo, siempre que diseño un nuevo producto, necesito protegerlo a él y a los negocios derivados, de ladrones y piratas. En mis productos y mis negocios, utilizo los servicios de un abogado para patentar las marcas y los derechos de mi trabajo. Y en tercer lugar, al contar con una patente o derechos sobre una marca o producto, estoy convirtiendo estos derivados de mis productos en activos. Por ejemplo, cuando escribo un libro, lo protejo legalmente y luego vendo la licencia de publicación a una editorial para que lo publique. Hoy en día, cada vez que escribo un libro, vendo entre 40 y 50 licencias a distintas editoriales en varios idiomas. Mis productos carecerían de valor si no estuvieran protegidos y si no los transformara legalmente en activos.

Lo que quiero decir es que solamente la gente que carece de educación financiera invierte sin un seguro y sin diversificación para protegerse. Todo esto nos lleva al mayor riesgo de todos: perder dinero en impuestos.

11. Aprende a minimizar los impuestos

Cuando le dices a un niño: «Asiste a la escuela y consigue un empleo», lo estás sentenciando a vivir en la tierra de los impuestos máximos. Sucede lo mismo cuando le dices: «Debes ser abogado o doctor porque así ganarás mucho dinero». Ambos empleos pertenecen a los cuadrantes E y A.

Observa el cuadrante de flujo de efectivo que se muestra aquí:

La gente que trabaja en los cuadrantes E y A es la que paga más impuestos.

En cambio, los cuadrantes D e I son los que menos impuestos pagan. Esto se debe a que la gente de estos cuadrantes es la que produce gran parte de la riqueza que necesita un país, y por lo tanto se le premia por crear empleos y construir casas u oficinas para que se alquilen a otras personas y negocios.

Existen tres tipos básicos de ingresos:

Ingreso ganado—el más gravado de todos.
Ingreso de cartera—ligeramente gravado.
Ingreso pasivo—el menos gravado de todos.

Ingreso ganado. Quienes trabajan como empleados para ganarse la vida, o quienes son autoempleados, obtienen ingreso ganado, el más gravado. Cuanto más ganan, más impuestos pagan. Irónicamente, la gente que alcanza a ahorrar dinero, también paga impuestos sobre los intereses del mismo, y esos impuestos son del mismo nivel que los del ingreso ganado. Los planes de pensiones en que invierten muchas personas también están gravados al nivel del ingreso ganado. En pocas palabras, quienes están en las secciones E y A del cuadrante de flujo de efectivo tienen todo en su contra.

Los asesores financieros suelen decir: «Tu ingreso disminuirá en cuanto te retires», y se debe a que la mayoría de la gente planea ser pobre al jubilarse. Así que, si eres pobre, los impuestos sobre tus ahorros y tu jubilación no te harán mayor daño. Pero si planeas ser rico cuando te jubiles, entonces tus ahorros y tu plan de pensiones serán gravados conforme a los niveles más altos, lo cual no es inteligente financieramente hablando.

Ingreso de cartera. La mayoría de la gente invierte para obtener ingreso de cartera. Este tipo de ingreso generalmente procede de ganancias de capital: de comprar a bajo precio y vender caro. Con toda seguridad el presidente Obama incrementará los impuestos sobre las ganancias de capital. Actualmente la tasa máxima para ganancias de capital es del 28 por ciento, y no podemos saber cuánto más aumentarán estos impuestos para los interesados en invertir en este tipo de ganancias.

Sin embargo, aunque las personas que compran y venden acciones o que especulan con bienes raíces, invierten en ganancias de capital, y aparentemente pagan impuestos de ingreso de cartera, en realidad terminan pagando como si su ingreso fuera ganado porque, en general, solamente conservan los activos por un año o un poco más. La verdad es que estas personas están trabajando en el cuadrante A, no en el I. Asumir todo el riesgo de la inversión, comprar a bajo precio, esperar vender caro y además pagar los porcentajes más altos de impuestos, no es algo inteligente financieramente hablando. Consulta a un contable fiscal para que definas en qué cuadrante estás invirtiendo.

Ingreso pasivo. El flujo de efectivo que obtengo de activos como mis inmuebles, está gravado conforme a una tasa de ingreso pasivo, el que paga menos impuestos.

Además del ingreso pasivo sencillo, los inversores en bienes raíces también cuentan con otras formas de flujo de efectivo con las que se puede compensar el riesgo del pago de impuestos: la apreciación, amortización y depreciación. Estas estrategias están exentas del pago de impuestos (*también se les conoce como flujo de efectivo fantasma*). Yo adoro el flujo de efectivo fantasma.

Te repito que antes de invertir debes consultar a un contable fiscal.

12. La diferencia entre deuda y credibilidad

Como ya muchos saben, existe la deuda buena y la deuda mala. Si debes tu casa propia, entonces tienes una deuda mala porque implica que salga dinero de tu bolsillo. Si debes dinero porque adquiriste una propiedad para alquilar y ésta te produce un dinero mensual que cubre tus gastos (incluyendo el del préstamo hipotecario), entonces tienes una deuda buena. Este tipo de deuda te hace ganar dinero.

La deuda buena es dinero exento de impuestos. Como es un dinero prestado, tú no pagas impuestos por tenerlo o usarlo. Por ejemplo, si doy una entrada de 20 mil dólares para adquirir una propiedad que voy a alquilar, y solicito un préstamo de 80 mil, en la mayoría de los casos los 20 mil dólares representan tu dinero después de pagar impuestos y los 80 mil serán dinero exento de este pago.

La clave de usar la deuda está en aprender a pedir dinero prestado de manera adecuada y en aprender a pagarlo. Si aprendes a pedir dinero prestado sabiamente y después logras que éste se pague a través de tus inquilinos o de tu negocio, aumentarás tu créditohabilidad, o credibilidad. Cuanto más grande sea tu credibilidad, podrás usar una cantidad mayor de deuda para enriquecerte, y todo sin pagar impuestos. Pero te repito que la clave se encuentra en tu educación financiera y en tu experiencia en la vida real.

Incluso en medio de la crisis actual, algunos bancos están prestando millones de dólares a los inversores que tienen credibilidad como yo. Los bancos nos prestan dinero por las siguientes razones.

1. **Invertimos en edificios de apartamentos de clase B.** En el negocio de alquiler de viviendas hay edificios de clases A, B y C. La clase A son los apartamentos más caros; éstos afectan a los inquilinos porque no pueden pagar las rentas y terminan mudándose. Los apartamentos de clase C son para la gente de escasos recursos. Y los apartamentos de clase B se alquilan a la gente de clase media que cuenta con solidez financiera. Mi compañía ofrece apartamentos seguros y limpios a precios accesibles. A pesar de la crisis, nuestros edificios están completamente ocupados y las rentas se siguen cobrando. Los bancos nos prestan porque tenemos un flujo de efectivo continuo.
2. **Compramos en áreas en donde hay empleos.** El valor real de los bienes raíces está directamente relacionado con los empleos. Nosotros tenemos edificios de apartamentos en Texas y Oklahoma, en donde la industria petrolera es una fuente de empleos. En Detroit, por ejemplo, no tenemos inmuebles porque los empleos se están acabando y el valor de los bienes raíces está cayendo.
3. **Tenemos propiedades en donde existen límites naturales o de construcción establecidos por el gobierno.** Por ejemplo, tenemos propiedades en ciudades en donde está prohibido el crecimiento más allá de la periferia. Dicho de otra forma, la ciudad no se puede extender más: las propiedades tienen más valor porque la oferta es limitada. También tenemos propiedades rodeadas por un río; el río es un límite natural que impide mayor crecimiento.
4. **Hemos estado en este negocio durante años y contamos con una reputación sólida.** Lo anterior nos da credibilidad; somos reconocidos porque somos buenos operadores a pesar de estar en un mercado adverso. Recibimos buenas condiciones de financiamiento porque los bancos confían en nosotros y nos ofrecen tratos que otros inversores no pueden conseguir.

5. **Nos enfocamos en el mercado que ya conocemos.** A pesar de que existen varios tipos de bienes raíces, nosotros no invertimos en edificios de oficinas ni en centros comerciales porque ése no es el negocio en que nos hemos enfocado. No obstante, si los precios continúan bajando, podríamos comenzar a interesarnos en nuevos títulos.

Si ya leíste *Padre Rico, Padre Pobre*, tal vez recuerdes la historia de Ray Kroc, el fundador de McDonalds. A la pregunta: «¿En qué negocio está McDonalds?», la gente contestó: «En el de las hamburguesas». Pero Ray Kroc comentó: «Mi negocio son los bienes raíces». Dijo eso porque McDonalds utilizó el negocio de la comida rápida para adquirir bienes raíces. De la misma forma, yo utilicé el negocio de los apartamentos para comprar mis inmuebles. La credibilidad la hemos obtenido gracias a que conocemos nuestro negocio y somos buenos en él. Asimismo, la credibilidad nos permite acceder a la deuda buena exenta de impuestos, a pesar de que la economía actual no favorece el crédito.

13. Aprende a usar los derivados

Warren Buffett decía que los derivados financieros eran armas de destrucción masiva. La crisis financiera que atravesamos se debe en gran parte a derivados como las obligaciones de deuda colateral y las garantías respaldadas con hipotecas (CDO y MBS, por sus siglas en inglés, respectivamente). Dicho en términos más sencillos, se trata de derivados de deuda que fueron empaquetados, que recibieron la calificación AAA de Moody's y de S&P, y que después se vendieron como si fueran activos. Todo iba bien hasta que la burbuja del mercado inmobiliario provocó el alza en el valor de las casas y los propietarios *subprime* ya no pudieron pagar sus préstamos hipotecarios. El gran negocio de la deuda colapsó y arrastró consigo la riqueza de millones de personas de todo el mundo.

Por otra parte, los derivados financieros también son herramientas de creación financiera masiva. En 1996 Kim y yo fundamos el negocio Padre Rico, derivado de nuestras mentes. También inventamos el juego *Cashflow* y libros como *Padre Rico, Padre Pobre,* o el que lees ahora. Y todo, derivado de nuestras mentes. Actualmente estamos trabajando en el proceso de convertir el negocio de Padre Rico en franquicias: otro derivado. En el ámbito de los bienes raíces, refinanciamos nuestros préstamos hipotecarios (otro derivado), y los pagamos con la renta de nuestros inquilinos, de esta forma obtenemos más dinero que no está gravado. En cuanto a la bolsa de valores, con frecuencia vendo derivados de mis acciones, por ejemplo, una opción de compra. Así solamente necesito mis acciones y mi mente para producir dinero de la nada.

Siempre recuerda: tu mayor activo es tu mente. Con la educación financiera adecuada, tú también puedes inventar tus propios derivados de creación financiera masiva.

14. Conoce cómo roban tu riqueza

Basta mirar el estado financiero de una persona para comprender por qué la gente del lado E y A del cuadrante de flujo de efectivo batalla en el aspecto financiero.

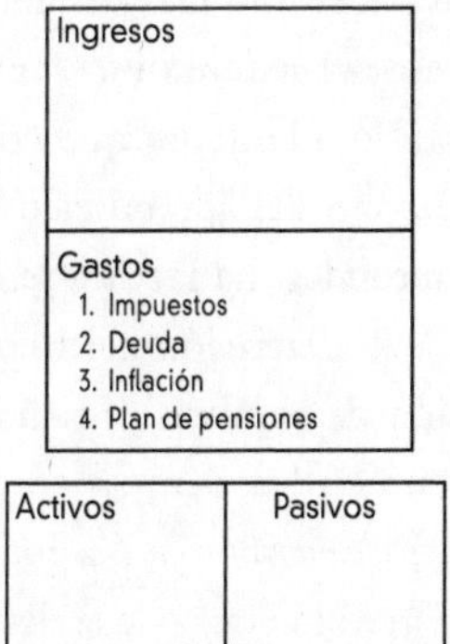

Ingresos

Gastos
1. Impuestos
2. Deuda
3. Inflación
4. Plan de pensiones

Activos	Pasivos

Estos gastos van directamente a la gente que opera en el lado D e I del cuadrante.

La gente que trabaja en los cuadrantes D e I puede ganar millones de dólares legalmente y sin pagar impuestos, puede usar la deuda para incrementar su riqueza, se puede beneficiar de la inflación y, además, no necesita un plan de pensiones repleto de arriesgados activos de papel como acciones, bonos, fondos mutualistas y ahorros.

La gran diferencia entre estos dos lados del cuadrante es que los E y A trabajan para ganar dinero y los D e I trabajan para crear activos que producen flujo de efectivo.

Si deseas una explicación más detallada de cómo roban tu riqueza y por qué la gente tiene problemas financieros, visita mi sitio www.richdad.com/conspiracy-of-the-rich y ve el video llamado *El atraco cotidiano.*

15. Aprende a cometer errores

Todos sabemos que es imposible aprender sin cometer errores, y lograr algo generalmente significa que hay que equivocarse. Un niño no puede aprender a caminar si lo regañan cuando se cae. Tú no puedes aprender a nadar si no te metes al agua, no puedes aprender a volar un avión si sólo lees un libro o vas a una conferencia. Y a pesar de eso, el sistema escolar enseña con lecturas, conferencias y regañando a la gente que comete errores.

Aquí se presenta el cono del aprendizaje. En él se explican las mejores formas para aprender. La lectura se encuentra al final del cono con un porcentaje de retención del 10 por ciento. Más arriba se encuentra la audición de palabras o escuchar una conferencia, con el 20 por ciento.

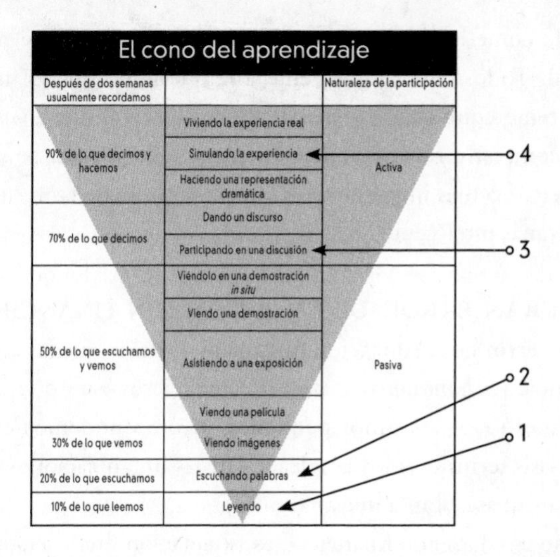

De Dale. *Audio-Visual Methods in Teaching*, 1E. ©1969 Wadsworth, una parte de Cengage Learning, Inc. Reproducción con permiso de www.cengage.com/permissions

Observa que simular la experiencia real tiene un porcentaje de retención del 90 por ciento y se considera la siguiente mejor estrategia después de llevar a cabo la acción real.

Las simulaciones y los juegos son una poderosa herramienta didáctica porque le permiten al estudiante cometer errores y aprender de ellos. Cuando yo estaba en la academia, pasé muchas horas en los simuladores de vuelo. Además de que era una manera económica de aprender, era más segura. Durante ese entrenamiento cometí muchos errores y aprender de ellos me ayudó a convertirme en un mejor piloto.

Gracias a que jugué al Monopoly durante horas cuando era niño y a que comprendí el poder del flujo de efectivo de los activos (las casas verdes y los hoteles rojos), no tuve miedo de operar en el lado D e I. El juego *Cashflow* que Kim y yo creamos, es una simulación de la inversión en la vida real. A *Cashflow* con frecuencia lo han llamado el «Monopoly con esteroides». Este juego es una excelente forma de cometer errores, aprender de ellos y prepararse para la vida real. Todos conocemos gente a la que le da miedo invertir porque teme equivocarse y perder dinero, pero al jugar *Cashflow* puedes cometer errores y perder dinero porque se trata de dinero de juguete. Lo más importante es que, cuantos más errores cometas, serás más inteligente.

Un gran error de la educación financiera

El mayor error de la educación financiera actual es que las escuelas han invitado a banqueros y asesores financieros para que hablen sobre dinero con los niños pequeños. ¿Cómo podemos esperar que la crisis termine si los empleados de las organizaciones que la ocasionaron, asesoran a nuestros niños?

Eso no es educación financiera, es explotación financiera, y aquí es donde comienza el gran atraco.

Si educáramos a la gente para que mirase el mundo desde la óptica de los cuadrantes D e I del cuadrante de flujo de efectivo, su vida cambiaría para siempre. Descubriría un mundo nuevo de abundancia y oportunidades financieras.

Hace poco conocí a un hombre que pasó gran parte de su vida en el cuadrante E como conductor de camiones. Trabajaba largas jornadas y ganaba un salario decente, pero nunca se sintió verdaderamente seguro. Cuando subió el precio del combustible y las cosas se pusieron difíciles, su compañía tuvo que hacer recortes y lo despidieron. En ese momento se comprometió a proveerse una educación financiera y a incrementar su IQ financiero. Tiempo después adquirió un negocio de franquicias dentro de la industria de los camiones, la que conocía bien. Se convirtió en empresario y hoy es libre financieramente.

Cuando hablé con él me comentó que, antes de convertirse en empresario, veía el mundo como un lugar de posibilidades limitadas en donde era presa de jornadas largas, ingresos bajos, impuestos altos y gastos crecientes que herían su economía, como alimentación, gasolina y calefacción. Hoy ve un mundo lleno de posibilidades. Pudo cambiar su vida para siempre porque modificó su manera de pensar y comenzó a verlo todo desde la perspectiva del lado D-I del cuadrante de flujo de efectivo. Para él hubiera sido muy sencillo solicitar la ayuda para desempleados y buscar un nuevo trabajo, pero en lugar de eso, aumentó su inteligencia financiera.

Considero que éste es un ejemplo perfecto de que darle dinero a la gente no resuelve sus problemas; creo que ha llegado la hora de dejar de darle pescado. Es hora de enseñarle a pescar y de darle el poder para resolver sus propios problemas financieros. La educación financiera tiene el poder de cambiar el mundo. Yo predigo que el primer país que adopte un programa integral de educación financiera para todos sus estudiantes, ricos o pobres, emergerá como una poderosa nación en el aspecto financiero.

El final y el principio

Hemos llegado al final del viaje en que exploramos la conspiración de los ricos. Pero aunque es el final del libro, no debe ser el final de la historia, de tu historia. Posiblemente nunca enseñen mis 15 lecciones financieras en las escuelas, pero quienes estén dispuestos a invertir su tiempo y esfuerzo para incrementar su IQ financiero, pueden hacerlo. Además, estas lecciones se pueden transmitir de padres a hijos, así como mi padre rico nos las transmitió a su hijo y a mí. Vívelas y enséñale a tus hijos a vivir con ellas. En tus manos está el poder de escapar de la conspiración de los ricos y de crear una vida de abundancia para ti y tus seres amados.

La misión de Padre Rico es elevar el bienestar financiero de la humanidad con nuestros libros, productos, seminarios, la educación avanzada y los programas de entrenamiento para la gente que quiere dar un paso más adelante. Así como este libro se divulgó en Internet como un reguero de pólvora, por recomendación personal, en conversaciones y *blogs*, de la misma forma se puede divulgar en todo el mundo el mensaje de Padre Rico, un mensaje sobre una vida abundante y sobre la libertad financiera. Juntos, persona por persona, niño por niño, podemos elevar el bienestar financiero de la humanidad. Juntos podemos esparcir el mensaje de que *el conocimiento es el nuevo dinero* y que nuestras mentes son el mayor activo que Dios nos dio.

Gracias por ser parte de la historia y por hacer que este libro sea un gran éxito.

EN CONCLUSIÓN

Cómo nos robamos a nosotros mismos

¿Nos han lavado el cerebro en términos financieros? Creo que sí. La razón principal por la que la mayoría de la gente no puede ver el atraco financiero que sucede a su alrededor es porque hemos sido programados financieramente, convertidos en perros de Pavlov que nos robamos a nosotros mismos a partir de nuestras palabras. Repetimos, sin pensar, una serie de mantras que nos cuestan nuestra riqueza.

Como he dicho, las palabras tienen el poder de hacernos ricos, o mantenernos pobres.

Nuestro sistema educativo hace un buen trabajo entrenándonos para los cuadrantes E y A. Durante nuestros primeros años, la familia y la escuela nos enseñan a repetir los que ellos creen ser la verdad financiera pero, en realidad son palabras que nos han entrenado para perder dinero. Estas palabras son mantras insertados en nuestro imaginario que nos condicionan a rendir inconscientemente el dinero por el que hemos trabajado a quienes están en los cuadrantes D e I. Sin una verdadera educación financiera, seguiremos siendo prisioneros de los cuadrantes E y A.

Nuestros líderes no nos motivan a cambiar y a buscar formas de pasar de los cuadrantes E y A a los D e I. En cambio, nos enseñan a vivir por debajo de nuestras posibilidades en lugar de expandirlas.

En mi opinión, vivir por debajo de tus posibilidades, acaba con tu espíritu. Ésa no es forma de vivir.

EL ATRACO: PALABRAS QUE USAMOS PARA ROBARNOS A NOSOTROS MISMOS

Como ya sabes, aquéllos en los cuadrantes E y A pierden sus riqueza a través de impuestos, deuda, inflación y planes de pensiones. Los siguientes son ejemplos de cómo nuestro discurso se relaciona con esas fuerzas y nos hace perder dinero.

-Impuestos: «Ve a la escuela para que consigas un buen trabajo». Estas palabras programan a los niños para que sean unos asalariados que dejan el mayor porcentaje de su sueldo en impuestos. Cuando aconsejas a un niño trabajar duro para tener más dinero, sin querer lo orillas a un tipo de impuesto mucho más alto y lo sentencias a trabajar por el ingreso más gravado: *ingresos salariales.*

Aquellos que son educados en los cuadrantes D e I operan bajo reglas de impuestos diferentes y pueden ganar más dinero y pagar menos impuestos, si es que pagan algo. Como ya se dijo en este libro, una persona en los cuadrantes D e I puede, legalmente, ganar millones de dólares y no pagar impuestos.

-Deuda: «Compra una casa. Será un activo y tu mejor inversión». Aconsejarle a la gente que compre una casa es entrenarlos para que vayan al banco y se endeuden. Una casa es un pasivo porque sólo saca dinero de nuestros bolsillos. A menudo, tu casa no es tu mejor inversión; es tu mayor pasivo, no ingresa dinero a tu bolsa. Esa verdad no es aparente en la crisis económica actual.

Aquéllos en los cuadrantes D e I utilizan la deuda para comprar activos como edificios que sí representan una entrada de dinero para sus bolsillos. La gente de los lados D e I sabe la diferencia entre deuda buena y mala.

-Inflación: «Ahorra dinero». Cuando la gente guarda dinero en el banco incrementa, sin darse cuenta, la inflación, lo que a su vez, irónicamente devalúa sus activos. Dado el sistema bancario estructural de reserva, un banco puede tomar los ahorros de una persona y prestarlos varias veces cobrando mucho más interés en los préstamos de lo que el que ahorra recibe por sus ahorros. En otras palabras, los ahorradores causan la erosión de su propio poder adquisitivo. Cuanto más ahorran, más aumenta la inflación.

Hay una inflación que es mejor que la deflación, la cual es muy destructiva y demasiado difícil de erradicar. El problema es que si las fianzas y los paquetes de estímulo no detienen la deflación, el gobierno podría imprimir tanto dinero que llegaríamos a un punto de hiperinflación, entonces, los que han ahorrado serían los que más perderían.

Por cada dólar que ahorras, le das al banco licencia de imprimir más dinero. Cuando llegues a entender ese concepto te darás cuenta porque aquellos con educación financiera tienen una ventaja injusta.

-Retiro: «Invierte a largo plazo en una cartera diversificada de acciones, bonos y fondos de inversión». Esta pizca de conocimiento hace a la gente de Wall Street muy rica en el largo plazo. ¿Quién no quisiera que a millones de personas del sector E y A le mandaran un cheque mensual? Yo me pregunto: ¿por qué le daría mi dinero a alguien en Wall Street cuando legalmente puedo «imprimir» mi propio dinero usando mi conocimiento e inteligencia financiera?

En resumen

Al quitar la educación financiera de nuestras escuelas, la conspiración ha hecho un excelente trabajo para que el atraco financiero suceda en nuestras mentes. Si quieres cambiar tu vida, cambia tus discursos. Adopta el vocabulario de una persona rica. Tu educación financiera es tu ventaja injusta.

Y eso es por lo que hoy, *el conocimiento es el nuevo dinero.* Gracias por leer este libro.

EPÍLOGO

1 de julio, 2009.

Una última nota

Cuando concebí *La conspiración de los ricos*, de verdad no sabía qué esperar. Para mí, el proceso de escribir un libro en línea era una idea completamente nueva pero, al mismo tiempo, me emocionaba. Como la crisis económica se daba en tiempo real en todo el mundo, quería que el libro también sucediera de esa forma.

Como un libro impreso se tarda un año o más en pasar de una idea a un objeto tangible, sabía que si escribía *La conspiración de los ricos* en el formato tradicional, estaríamos ya muy adentrados en la crisis —o incluso, fuera de ella— para que mi libro resultara una ayuda. Conforme la economía iba empeorando mes a mes y empecé a ver la retroalimentación de los lectores, supe que había tomado la decisión correcta de publicar el libro en línea y hacerlo interactivo.

Cada vez que me sentaba a escribir un capítulo, algunos eventos cambiaban al mundo... En un sentido, sentí que estaba de regreso en Vietnam, en un helicóptero sobre los campos de batalla, balas siendo disparadas en todas direcciones y explosiones sacudiendo el suelo mientras yo hacía mi trabajo. Justo como tuve una misión clara en Vietnam, la tenía al escribir este libro.

Mi experiencia me ha enseñado que la gente está deseosa de educación financiera relevante que le sea explicada simplemente y que sea fácil de entender. También sabía que había mucha gente que estaba asustada, frustrada y decepcionada de nuestros políticos y nuestra economía. Este libro se diseñó para afrontar esas dos realidades dando educación financiera simple y frontal que fuera relevante para nuestra economía actual y dándote a ti, el lector, voz para expresar tus pensamientos, miedos y triunfos.

Y eso fue lo que más me sorprendió. La calidad de la retroalimentación me dejó perplejo. Esperaba comentarios y preguntas inteligentes y bien pensadas pero su retroalimentación fue excepcional y contribuyó inmensamente al desarrollo de este libro. No sólo eso pero la amplitud de experiencias y perspectivas fue increíblemente vasta al tiempo que lectores de todo el mundo se adentraban en el libro y contribuían a la conversación.

Al final, *La conspiración de los ricos* fue un éxito mucho más grande del que imaginé. Éstas son algunas de las cosas más destacadas de la increíble recepción que le dieron al proyecto:

- Más de 35 millones de coincidencias en 167 países.
- Más de 1,2 millones de visitas al portal.
- 90000 lectores registrados.
- Más de 10 mil comentarios, preguntas y reflexiones de los lectores.
- 2000 blogueros de todo el mundo contribuyendo a exponer la conspiración.

Y la razón de este éxito eres tú. Así que, me doy la oportunidad de agradecerte personalmente por ser parte de la comunidad de *La conspiración de los ricos* y por hacer de este proyecto un triunfo tan grande. El libro que tienes en tus manos es, en verdad, tan tuyo como mío. Tus pensamientos, comentarios y preguntas ayudaron a definir el contenido de este libro mientras se iba escribiendo. De hecho, mucho de esos comentarios son ahora parte del libro.

Juntos hemos hecho historia en el mundo editorial.

Juntos, hemos expuesto la conspiración de los ricos.

Muchas gracias,
ROBERT T. KIYOSAKI

LA CONSPIRACIÓN DE LOS RICOS. ESPECIAL DE PREGUNTAS Y RESPUESTAS

Seleccioné las siguientes nueve preguntas de cientos que se hicieron en los foros de discusión de la página web de *La conspiración de los ricos.* Me hubiera gustado contestar todas las preguntas, pero, eso hubiera dado para todo un libro. Creo que estas respuestas representan la mayoría de las inquietudes de los lectores. Muchas gracias a todos por sus reflexiones, comentarios y preguntas. Recuerden: *El conocimiento es el nuevo dinero.*

P: *Tienes algún comentario acerca de lo que pasaría si, de alguna forma, se creara una nueva supermoneda internacional como la que Rusia ha considerado?*

– ISBARRATT

R: No tengo ningún comentario acerca de una supermoneda internacional. Ya sea bajo el dólar o cualquier otro tipo de moneda de reserva, el problema sigue siendo el mismo: esas monedas serán planas, se podrán imprimir del aire; no tienen valor. Son solamente fraudes manipulados por los gobiernos y diseñados para robarte dinero a través de la inflación. En mi opinión, la plata y el oro son mejores activos que cualquier moneda.

P: *Mi pregunta es ¿cómo es que invertir en oro y plata cae en el flujo de efectivo en vez de en plusvalía?* La conspiración de los ricos *me ha enseñado que estoy desviándome del flujo monetario y debo redireccionarme. Estoy teniendo problemas para expandir mi contexto y para entender que la plata y el oro no son sólo redes de seguridad para proteger la riqueza. ¿Se pueden utilizar para generar flujo monetario también?*

-FORESIGHT2FREEDOM

R: En mi caso, cuando tengo dinero de más, en vez de guardarlo en una cuenta bancaria, prefiero cambiarlo a oro o plata. La razón por la que hago esto es porque el oro y la plata se pueden utilizar para evadir políticas monetarias como la de la Fed imprimiendo trillones de dólares e insertándolos en la economía. En vez de tener mi dinero en dólares y verlos depreciarse con la inflación, prefiero tenerlos en oro y plata y ver cómo ganan valor con la inflación. Así que, mientras el oro y la plata no crean flujo monetario, sí me protegen de la inflación. De todas formas, como con cualquier activo, puedes perder dinero en oro y plata si no tienes IQ financiero. No son el oro y la plata lo que te hacen rico, sino lo que haces con el oro y la plata.

P: *¿Crees que durante una hiperinflación las propiedades en alquiler resulten buenas para una cartera de inversiones?*

-COLBYCL

R: Hay más factores, a parte de la hiperinflación, que entran en el juego. Como con cualquier trato, tendrás que hacer tu tarea y asegurarte de que los números estén bien. Por ejemplo ¿hay suficiente flujo de dinero de la renta para cubrir tus gastos y pagar tus deudas? ¿Hay un flujo de gente y sector laboral en el área dónde piensas comprar? Las bienes raíces sólo funcionan si las respuestas a esta y otras preguntas tienen una respuesta positiva. Recuerda, siempre hay tratos inmobiliarios buenos y malos, no importa el estado de la economía. Siempre se resume en flujo monetario.

P: *Qué me dices sobre la conspiración en contra de nuestra salud.*

-OVORTRON

R: No soy un doctor ni un experto en la industria de la salud, pero sospecho que la industria farmacéutica y de seguros tienen un tremendo poder sobre el sistema de salud y los servicios que recibimos. Personalmente, utilizo la medicina alternativa, como acupuntura, homeopatía y tratamientos quiroprácticos, además de la medicina tradicional. También trato de minimizar mi consumo de medicamentos. Como en todo, cuanto más sepas, estarás mejor preparado para tomar decisiones correctas para tu salud y dinero. Te invito a que comiences un curso personal acerca del tema.

P: *Mi pregunta es acerca de empezar de cero. En el libro comentas que hiciste ganancias de capital considerables antes de que tu papá te recordara invertir para tener flujo de dinero. La mayoría de la gente que sé que ha hecho buen dinero invirtiendo lo ha hecho utilizando plusvalías más que liquidez. ¿Cuál es una buena sugerencia para alguien que quiere comenzar inversiones inteligentes con nada o poco capital en el corto plazo?*

-MIGUEL41A

R: Mi respuesta a esta pregunta siempre es la misma; edúcate financieramente. Como he dicho a lo largo del libro, el conocimiento es el nuevo dinero. La mejor manera de aprender es a través de simulacros y prácticas. Vas a cometer errores pero lo importante es aprender de ellos. Si al principio no te sientes muy seguro de usar dinero real, mi juego de *Cashflow* es una excelente forma de aprender cómo analizar y cerrar tratos en un escenario simulado en el que sí puedes aprender de tus errores. Esto te preparará para el verdadero mundo de las inversiones. Yo diría que es más importante saber cómo encontrar, analizar y presentar un buen trato que tener dinero; el dinero no te hace rico, el conocimiento sí. Siempre hay dinero disponible por parte de los inversores y los bancos.

P: *Tengo una hija de 14 años. ¿Qué le sugiero cuando sea adulta para que no sea víctima de la conspiración? Ya leí tus libros para adolescentes.*

–MADELUGI

R: Los mejores maestros de un niño son sus padres. Así que la pregunta no es en realidad que hace el niño sino qué haces tú para enseñarle. Aunque le hayas dado buena información a tu hijo, necesita verte ponerlo en práctica. Tu ejemplo es la influencia más grande sobre la educación financiera de tus hijos. He sabido de niños de 7 u 8 años que ya juegan a mi juego *Cashflow*. Estos niños tendrán, sin duda, una mejor oportunidad de tener un futuro financiero brillante porque han recibido una educación financiera, algo que probablemente sus compañeros no. Creé un juego de mesa para niños desde los seis años para que pueden empezar a aprender sobre dinero e inversiones.

P: *¿Cuál es tu punto de vista acerca de las pólizas de seguros de vida? Tengo dos asesores financieros que las recomiendan.*

–RZELE

R: No me gustan las inversiones en seguros de vida. Personalmente, creo que es un fraude, especialmente con la Fed imprimiendo tanto dinero. La inflación hace que tu póliza valga menos año a año. También, los asesores financieros recomiendan estas inversiones porque ganan dinero a partir de ellas, no porque necesariamente sean la mejor opción para ti. Con eso dicho, las pólizas de seguros de vida son buenas para la gente que no puede ahorrar y para aquellos que utilizan muy poco su educación financiera y no saben cómo invertir. Otra opción para aquellos que no se sienten cómodos invirtiendo son las pólizas de plazo fijo. Te dejo esa decisión.

P: *Como un emprendedor que ha leído casi todos tus libros y he visto por primera vez el camino difícil que tendrán nuestros hijos, me pregunto: ¿hay esperanza para nuestro sistema educativo?*

-JACK47

R: Desafortunadamente, yo no tengo esperanza en el sistema educativo, por lo menos, a corto plazo. Cada industria se mueve con un ritmo de cambio diferente. Por ejemplo, la tecnológica cambia muy rápido y puede cambiar radicalmente cada diez años o menos. La construcción y la educación son industrias que precisan de mucho más tiempo para cambiar como instituciones. A veces, pueden pasar más de cincuenta años para ver un cambio efectivo que sea institucionalmente significativo. Es por eso que soy un defensor de hacerse cargo de tu propia educación financiera y la de tus hijos.

P: *La economía actual se llevo lo mejor de mí, así que sólo trato de sobrellevarla. ¿Cuál es el mejor consejo que le darías a alguien que se está recuperando y quiere hacer funcionar las cosas?*

-MSRPSILVER

R: Como he dicho, el conocimiento es el nuevo dinero. Continúa educándote en dinero e inversiones; incrementa tu IQ financiero. También, estudia el Cuadrante de Liquidez y entiende las cosas que te hacen pobre: impuestos, deuda, inflación y jubilación. Entrénate a pensar en los lados D e I del cuadrante y aprende como minimizar tus pérdidas en esos cuatro elementos. Si cambias tu conocimiento a esas zonas del cuadrante, podrás aprender a ganar millones sin pagar impuestos, a hacer dinero con el dinero de los demás y a encontrar activos que incrementen su valor con la inflación. No hay una fórmula mágica, sólo trabajo duro y educación.

ACERCA DEL AUTOR

Robert T. Kiyosaki

Inversor, empresario, educador

Robert T. Kiyosaki es más conocido como el autor de *Padre Rico, Padre Pobre* —el libro nº 1 en finanzas personales de todos los tiempos— que ha puesto a prueba la manera en la que millones de personas alrededor del mundo conciben el dinero. Los títulos de *Padre Rico* tienen cuatro de los diez puestos de mayores ventas del 2001 al 2008 de Nielsen Bookscan y Robert ha sido invitado, en varias ocasiones, a programas como *Larry King Live, Oprah,* así como a programas y publicaciones de otros países.

Con perspectivas acerca del dinero y las inversiones que contradicen al conocimiento tradicional, Robert se ha ganado una reputación por ser sincero, irreverente y valiente. Su punto de vista de que los «viejos» consejos financieros —consigue un buen trabajo, ahorra dinero, no te endeudes, invierte diversificadamente en el largo plazo— son malos, obsoletos y equivocados, han retado al *status quo.* Su afirmación: «tu casa no es un activo», ha levantado controversias pero ha sido probada por muchos dueños al reventar la burbuja de la crisis inmobiliaria.

Padre Rico, Padre Pobre es el libro que más tiempo ha permanecido en las cuatro listas de los más vendidos de *Publishers Weekly*

—*The New York Times, Bussiness Week, The Wall Street Journal* y *USA Today*— y fue nombrado, por dos años consecutivos, el libro de dinero y finanzas nº 1 por el diario *USA Today.* Además, es el tercer libro de "hazlo tú mismo" que más tiempo ha permanecido en los listados de los más vendidos.

La serie de *Padre Rico* ha sido traducida a 51 idiomas y vendida en 109 países; ha vendido más de 28 millones de copias alrededor del mundo y ha encabezado las listas de los más vendidos en Asia, Australia, Sudamérica, México y Europa. En 2005, Robert entró al Cuadro de Honor de Amazon.com como uno de los 25 autores que más vende. Actualmente, la serie de *Padre Rico* tiene 27 títulos.

Cada dos semanas, Robert escribe su columna «Porque los ricos se hacen más ricos» en la sección de finanzas del portal de *Yahoo!* y cada mes, la revista *Entrepeneur* alberga su columna «La riqueza regresa».

Los libros más recientes de Robert incluyen *Hermano Rico, Hermana Rica,* un libro autobiográfico escrito con su hermana, Emi Kiyosaki, y *La conspiración de los ricos: las 8 nuevas reglas del dinero.*